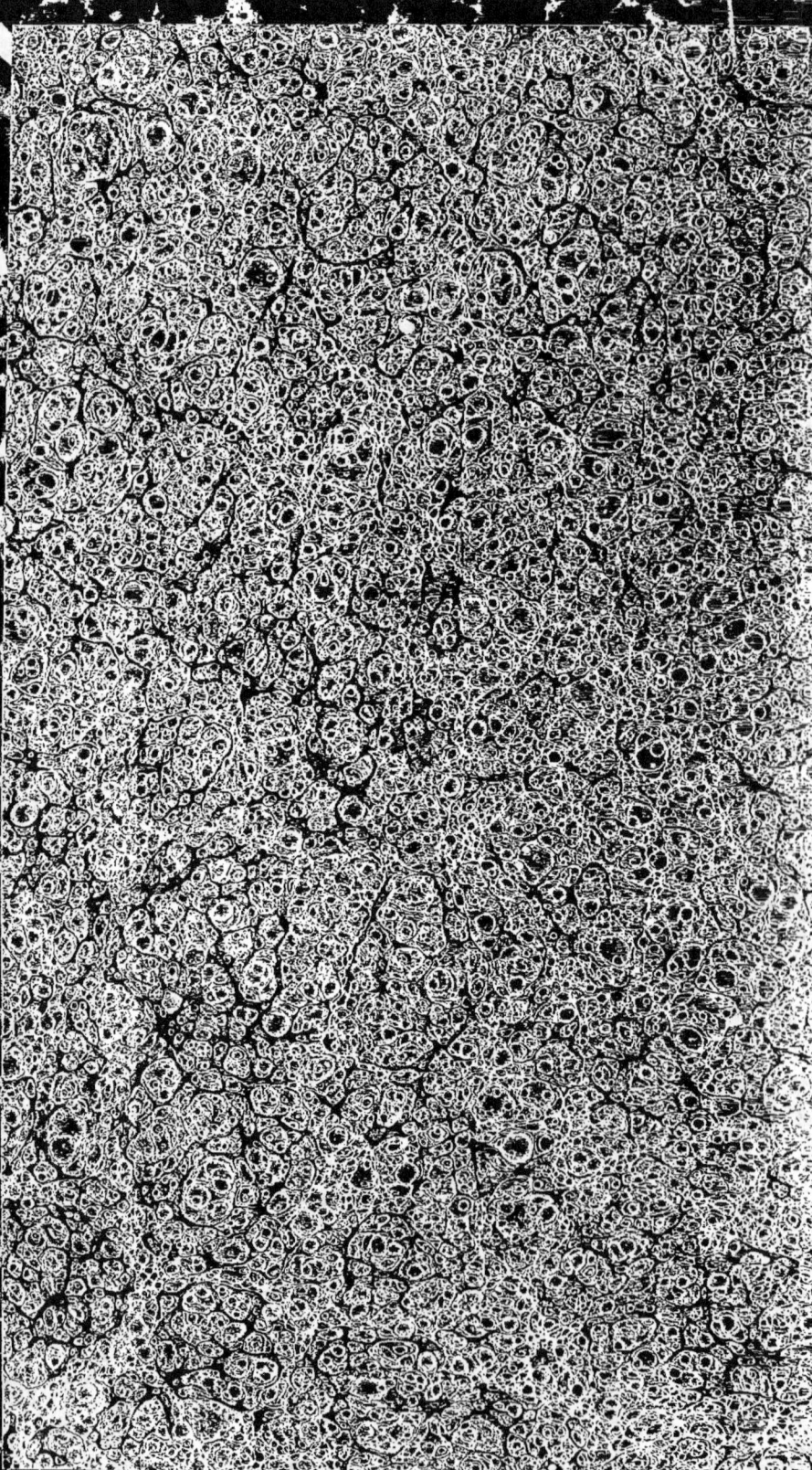

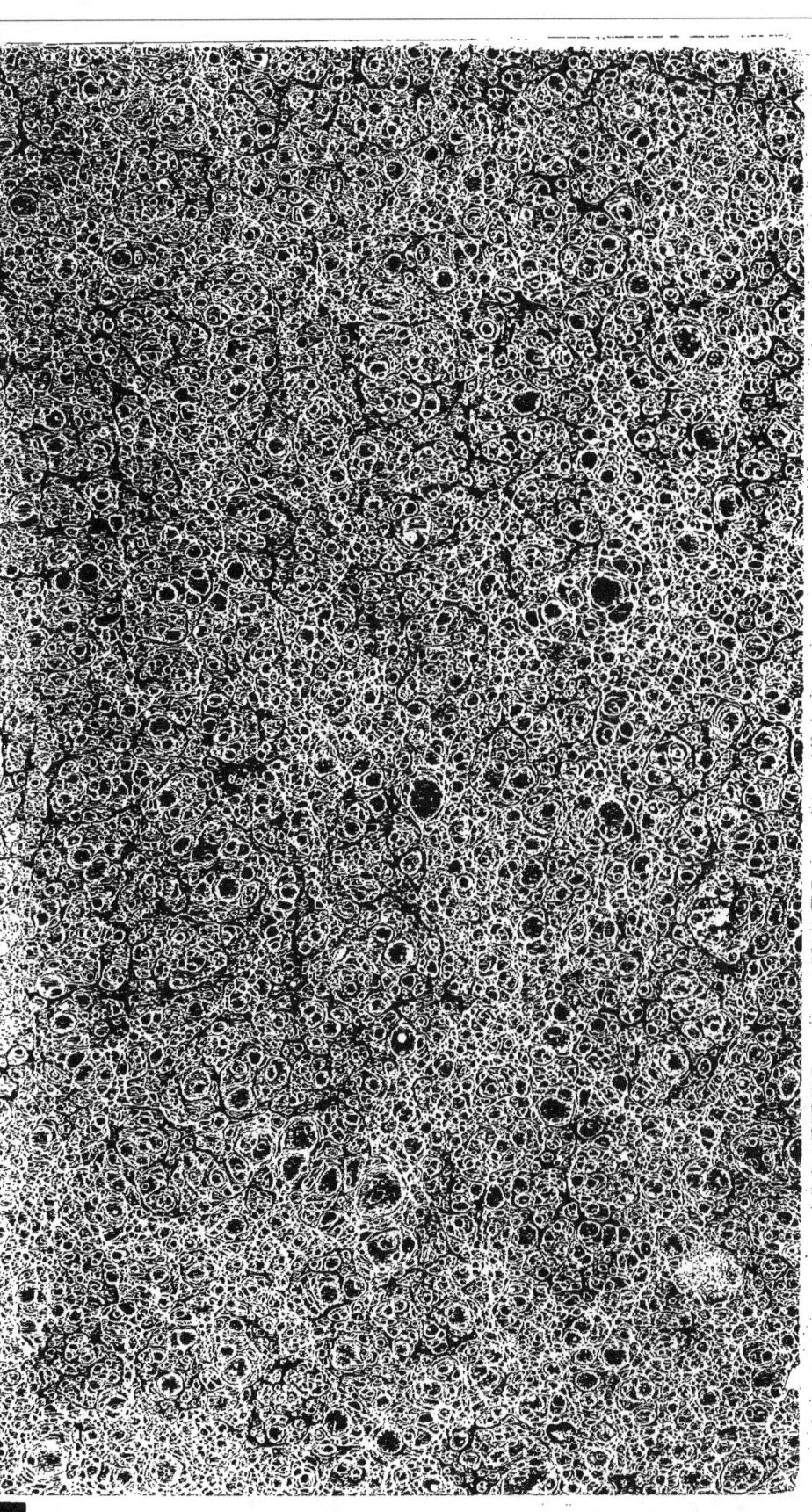

MÉMOIRES

DE MADAME LA DUCHESSE

D'ABRANTÈS.

IMPRIMERIE DE FIRMIN DIDOT FRÈRES.
RUE JACOB, N. 24.

MÉMOIRES SECRETS

DE MADAME LA DUCHESSE

D'ABRANTÈS,

OU

SOUVENIRS HISTORIQUES

SUR

NAPOLÉON,

LA REVOLUTION,

LE DIRECTOIRE, LE CONSULAT, L'EMPIRE ET LA RESTAURATION.

TOME PREMIER

A PARIS.
CHEZ LES LIBRAIRES DU PALAIS-ROYAL.

MDCCCXXXVII.

MÉMOIRES

DE MADAME LA DUCHESSE

D'ABRANTÈS.

CHAPITRE PREMIER.

Attitude des rois de l'Europe. — Prorogation du consulat. — Consulat à vie. — Sénatus-consulte demandant l'empire pour Napoléon Bonaparte. — Détails et incidents. — Appel à la souveraineté du peuple. — 3,777,000 votants. — Calomnies posthumes contre Napoléon. — Gohier, président du directoire. — Napoléon, consul à vie. — Lettre de Duroc à Junot. — Pressentiment de Junot. — Conspiration de Pichegru, Moreau et George Cadoudal. — Le duc d'Enghien. — Regnier, grand-juge et ministre de la police. — Drake, ministre de la cour de Londres à Munich. — Démarches suspectes du duc d'Enghien. — Menées de Pichegru attribuées à ce prince. — Curieuse révélation. — Conversation de Duroc et de Junot. — Long entretien de ce dernier avec le premier consul. — Les généraux Dupas, Mâcon, Laplanche-Mortière. — Clémence de Napoléon. — Son appréciation de Moreau. — Conduite de Bernadotte au 18 brumaire. — Arrivée de Junot à Arras. — Parole remarquable.

Nous sommes enfin à cette époque non-seulement unique dans nos annales, mais dont celles de l'univers n'offrent aucun modèle. L'Europe attentive voit s'accomplir les temps, et les destinées de la France changent à ses yeux, sans que ses rois forment de projets pour en obscurcir l'éclat qui, dès son aurore, s'annonce si étrangement lumineux. L'admiration les captive encore, et la haine et l'envie ne sont pas assez fortes pour attaquer d'ailleurs le colosse dont la main puissante protégeait nos bannières, dans ces jours de victoire.

Maintenant les événements vont se succéder avec une incroyable rapidité, et cependant tous sont d'une telle importance qu'il est impossible d'en omettre aucun; ils font *jalons* dans l'histoire de la France, et l'un d'eux retranché, il en résulterait des lacunes qui s'opposeraient à la clarté du récit. Il faut donc tout dire. C'est d'ailleurs une obligation imposée à l'auteur qui raconte; quelque pénible que soit l'appel qu'il est contraint de faire à ses souvenirs, quelque amertume qu'il ressente à évoquer des jours de gloire dont on proscrit aujourd'hui le nom, il doit se soumettre à cette souffrance. C'est un devoir, il doit le remplir.

J'ai parlé dans les volumes précédents de la prorogation du consulat, puis du consulat à vie, et enfin du sénatus-consulte demandant l'empire pour Napoléon Bonaparte. Je reviens néanmoins sur ces événements, parce que les détails qui les concernent, particulièrement le dernier, sont liés à d'autres incidents qui les réclament.

Jamais peut-être on ne rendit un plus bel hommage à la souveraineté du peuple que le jour où l'on fit cet appel à sa volonté pour répondre sur une question qui regardait d'aussi près ses plus chers intérêts. Aussi, ce que ne peuvent révoquer en doute aujourd'hui les bouches les plus injurieusement mensongères à la mémoire de Napoléon, c'est l'enthousiasme de cœur, le mouvement spontané qui fit accueillir à grands cris, dans les cent vingt-deux départements de la France, la proposition de lui confier ses destinées. On demande que les registres soient ouverts; c'est à qui inscrira le premier son nom sur ces listes mémorables, monument le plus colossal peut-être de la gloire de Napoléon, car elles constatent l'amour d'un grand peuple. C'est en vain que la haine craintive, qui n'osait pas élever la voix pendant les belles années de l'empire, retrouva tout-à-coup la parole en 1814, pour émettre la singulière version qu'on avait gagné les maires et les notaires DE TOUTE LA France, que quelques votes avaient bien été libres, mais que toutes les signatures avaient été apposées par contrainte. La chose n'était pas facile avec *trois millions sept cent soixante-dix-sept mille* votants...

Mais que faisaient alors ces voix éloquentes dont l'extinction a tout-à-coup cessé en 1814 ? Elles gardaient le silence ; et si nous en demandons la raison au citoyen Gohier, président du directoire, lorsque, le cœur gonflé d'une haine rancunière pour la journée qui le *déprésida*, il jeta enfin son venin dans des pages tardives, à une époque où la mort et l'exil empêchaient celui qu'il attaquait lâchement de lui répondre, il nous dira :

Le Français vertueux gémit, et s'enveloppa de son manteau.

Ce pauvre M. Gohier ! comme il était méchant, avec sa coiffure à la patriarche, son air d'Abraham ! il voulait faire le caustique, et était en réalité haineux et mauvais comme une gale invétérée.

Toutefois, et nonobstant *les très-légers obstacles* qu'apportèrent en silence (car le peuple ne les eût pas accueillis s'ils eussent été plus bruyants) M. Gohier et quelques-uns de ses amis, Napoléon fut à L'UNANIMITÉ proclamé consul à vie. Cette marque d'amour du peuple français, dont l'enthousiasme se signalait et redoublait chaque jour, réveilla les ennemis assoupis du héros. Mais ce n'était pas dans l'intérieur de la France qu'il fallait les chercher. On les jeta sur nos bords.

Nous étions à Arras depuis trois mois, lorsque Junot reçut de Duroc une lettre conçue en ces termes :

« Mon cher Junot, si tes occupations te le permettent, écris à Berthier pour avoir un congé de quatre ou cinq jours. Je voudrais te voir ici en ce moment. Je t'expliquerai pourquoi en te voyant. Ne parle pas de ma lettre [1].

« Adieu, mon ami ; crois à ma
« sincère amitié,

« DUROC. »

14 février 1804.

En lisant cette lettre un pressentiment serra

---

[1] Cette lettre, qui sera jointe à toutes les autres pièces rapportées dans mon ouvrage, se trouvera comme elles chez mon éditeur, M. Ladvocat, à qui je les confie. Bien que cette lettre de Duroc ne soit que de quelques lignes, elle montre tout ce que son cœur généreux avait d'attachement pour le premier consul, et combien il comptait sur des amis tels que Junot, dans une circonstance difficile.

le cœur de Junot. Il ne voulut même pas écrire à Berthier; et au risque d'être vivement réprimandé par le premier consul, il fit demander un bidet de poste, n'emmena avec lui que Heldt, son premier valet de chambre, puis, sous le prétexte d'aller à Saint-Pol, petite ville à quelques lieues d'Arras, il prit au grand galop la route de Paris, et arriva pour être témoin de l'arrestation de Moreau.

Cette conspiration de George et de Pichegru est déjà une chose remarquablement étrange par la manière dont le plan en avait été conduit, et presque exécuté; mais ce qui la complique encore d'une façon bizarre, c'est l'introduction d'un personnage jusque-là recommandable aux yeux de la France, et qui, à partir de cette époque, change totalement de physionomie. C'est Moreau. Moreau depuis le 15 février 1804 jusqu'au 27 août 1813 n'est plus qu'un pastel effacé. Et mon jugement est bien doux.

Moreau fut arrêté le 15 février, George Cadoudal le 9 mars et Pichegru le 28 février. Ce dernier fut immédiatement enfermé au Temple. Je vais rapporter à son sujet un fait fort important que je crois peu connu, et qui est relatif à cette conspiration et à la tragédie qui en fut la suite.

L'affaire de M. le duc d'Enghien a sur elle un voile mystérieux et terrible qui rend la main presque frémissante lorsqu'on veut le soulever. Cependant il faut en parler. L'histoire ne connaît aucun ménagement, elle doit tout dire. Que de versions n'y a-t-il pas eu sur cet événement déjà si malheureux par lui-même !

Dans des faits de cette nature, à moins d'avoir des preuves matérielles de ce qu'on avance, il est difficile de faire partager sa propre conviction à celui qui doute. J'ai la mienne relativement à l'empereur. Je la garde et ne prétends l'imposer à personne. Je dirai seulement que, parmi les gens qui l'entouraient, il y en avait (et nous en avons acquis la triste conviction) qui ne cherchaient qu'à le faire dévier de la route droite qu'il devait et voulait tenir. Sans mettre en question l'affaire de M. le duc d'Enghien, je crois que la couronne impériale posée par la volonté unanime de la France sur le front de Napoléon eût été tout aussi solide, tout aussi légitime; que le pacte contracté entre le vainqueur des rois de l'Europe et les hommes de la république eût été tout aussi sacré, tout aussi indestructible, quand bien même le prince serait demeuré à Ettenheim. Mais l'empereur avait autour de lui des hommes qui déjà rêvaient sa chute, parce que ses dépouilles valaient déjà la peine d'être partagées. Je rapporterai tout à l'heure une histoire complètement dans ce sens et qui date de Marengo!... Maintenant je vais parler de ce besoin de faire faire des fautes à celui que son génie n'égarait jamais, mais qui eut le malheur de trop écouter toutes les voix qui l'entouraient.

Lorsque la conspiration de George fut découverte, on fut quelque temps encore avant d'en arrêter les deux principaux chefs, qui étaient ce même George et Pichegru. Des papiers saisis par les agents de Regnier, alors grand-juge et ministre de la police, avaient éveillé d'autres inquiétudes et généralisé les dangers; aussi les recherches s'étendaient-elles à l'infini et s'efforçait-on d'entretenir dans l'esprit de l'empereur bien plus d'inquiétudes que son noble caractère et son cœur, certes trop peu défiant, n'en pouvaient concevoir par eux-mêmes. Ces papiers concernaient, autant que je puis me le rappeler, un M. *Drake*, ministre de la cour de Londres près celle de Munich. Cet homme avait écrit une lettre qui se rattachait à la conspiration *anglaise*, ainsi qu'on l'appelait alors, et cette lettre, dont voici l'une des phrases, avait, comme je l'ai déjà dit, donné des inquiétudes :

Il importe fort peu par qui l'animal soit terrassé, il suffit que vous soyez tous prêts à joindre la chasse lorsqu'il faudra le mettre à mort.

Par suite de la découverte de la conspiration et de tous les bouts de fils que l'on attrapait chaque jour, les agents de police se donnaient non-seulement de grandes peines pour surprendre de nouveaux détails, mais ils se créaient eux-mêmes des dangers dont ils exaltaient la gravité et redoublaient le mystère. C'est ainsi qu'après avoir eu vent du complot, à force de vouloir bien faire ils se trompèrent, et ce fut le moins coupable et le plus sot des conjurés qui fut arrêté le premier. Moreau eut l'honneur de passer avant les autres le seuil de la prison, et ses complices faillirent s'échapper. Dans les rapports qui de toutes parts arrivaient à l'empereur, il était toujours question d'un homme d'une taille assez élevée qui se rendait dans les lieux de rendez-vous, connus des agents de police, mais qui, grâce à l'habileté des conspirateurs, se trouvaient toujours déserts. Cet homme était enveloppé d'un vaste manteau ; un chapeau rabattu sur les yeux cachait entièrement sa figure lorsqu'il marchait dans la rue ; il était (disaient les rapports) blond, assez pâle, fort maigre et d'une tournure distinguée. Lorsqu'il paraissait au milieu des conjurés, nul ne s'asseyait devant lui qu'il ne l'eût permis, et son abord, bien qu'affectueux, ne manquait pourtant pas de hauteur.

Quel est ce personnage? disaient les chefs et les inférieurs de toutes les polices. On prit des informations en Allemagne, en Angleterre, en Suisse, et le résultat de toutes ces enquêtes fut que l'homme devant lequel on demeurait incliné, qui paraissait envelopper toutes ses démarches d'un si profond mystère, n'était autre que M. le duc d'Enghien. On le dit au premier consul et, à l'appui de cette assertion, on lui fournit également les preuves que le prince s'absentait parfois durant cinq et six jours d'Ettenheim. Quarante-huit heures pour venir de Strasbourg, autant pour demeurer à Paris, autant pour retourner, et voilà l'emploi du temps trouvé; on avait déjà la preuve que le prince s'était rendu à Paris à l'époque des affaires du 18 fructidor. On mit cette communication sous les yeux du premier consul. En la recevant, Bonaparte fronça le sourcil et demeura pensif. Cette possibilité de venir ainsi au milieu de Paris le braver jusque dans sa demeure, lui parut non-seulement un délit d'une grave nature, mais d'une conséquence majeure pour les intérêts de l'état. Je sais que la détermination qui lui fut arrachée par des importunités renouvelées, s'appuya principalement sur ces rapports inquiétants. Enfin le général Pichegru fut arrêté le 28 février ; mais ce ne fut que lorsque toute l'affaire du duc d'Enghien fut décidée et presque entreprise que l'on sut que le personnage mystérieux était Pichegru et non le prince, qui jamais n'était venu à Paris et passait les six jours désignés à chasser et à se récréer dans un séjour plus doux qu'un grenier ou qu'une cave remplie de conspirateurs. Toutefois la première impression avait été donnée et reçue ; et bien que l'on sût, à n'en plus douter, que l'homme au manteau était le général Pichegru, la possibilité que le prince fût venu également à Paris n'en demeura pas moins dans toute sa force et son étendue.

Une autre particularité assez singulière est celle-ci. Je la tiens d'une personne à laquelle M. de Tumery l'a racontée.

Il y avait beaucoup d'espions autour d'Ettenheim. Le préfet de Strasbourg, Shee, et le général qui commandait le département avaient tous deux les leurs, et la police ne chômait pas de rapports. Un jour un juif allemand, qui était un des espions les plus assidus, accourt et dit :

Il est árrifé M. Tumerié à Ettenheim; et voilà le général qui croit que le juif, qui prononce en allemand, ne peut dire le nom de *Dumouriez* autrement, et le voilà qui croit que le général Dumouriez est à Ettenheim. On peut penser à l'effet que produisit une telle nouvelle. Elle ne fit qu'accroître, non-seulement l'inquiétude, mais la détermination de faire arrêter le prince qui venait à Paris, et qui recevait le général Dumouriez, arrivant de Londres!...

Junot avait trouvé tous les anciens amis du premier consul dans une agitation de cœur et une inquiétude qu'il partagea, comme on peut le croire, avec toute cette activité de tendresse qu'il avait pour son général. Duroc eut avec lui une longue conversation dans laquelle son âme s'ouvrit tout entière, et qui prouva à Junot combien l'honnête et bon jeune homme aimait aussi celui qu'il chérissait; mais il était triste, et Junot partagea cette tristesse, lorsqu'il eut vu le premier consul, et entendu de sa bouche les mêmes paroles qu'il avait déjà adressées à Duroc.

—Tu as eu tort de quitter Arras en ce moment, dit le premier consul à son ancien aide-de-camp; il est possible que cette arrestation à laquelle ils m'ont contraint de donner mon assentiment, ait quelque retentissement dans l'armée, et chaque chef doit être à son poste... *Mon vieil ami*, tu repartiras cette après-midi même... Tu m'es plus nécessaire à Arras qu'à Paris... Eh bien! qu'as-tu donc?

Junot regardait Napoléon avec des yeux humides, et sa figure naturellement très-expressive révélait une foule de pensées qui se pressaient sur ses lèvres.

— Mon général, dit-il enfin au premier consul, le général Dupas, le général Mâcon, le général Laplanche-Mortière, mon chef d'état-major Clément, tous ces hommes-là sont des hommes de tête et dévoués à votre personne... ils peuvent parfaitement faire en mon absence ce que je ferais moi-même à Arras. Laissez-moi reprendre mon service d'aide-de-camp près de vous, mon général... laissez-moi me rejoindre à mes vieux frères d'armes pour vous garder! C'est un cœur de plus qu'ils auront à percer, les misérables qui vous poursuivent, avant d'arriver jusqu'au vôtre...

Junot était ému, et la voix qui part du cœur est toujours entendue. Napoléon ne répondit rien d'abord, mais il se rapprocha de lui, prit sa main, la serra, démonstration très-rare chez lui, ainsi que je l'ai déjà fait observer, puis enfin il lui dit:

— Junot, nous nous comprenons, mon ami....
ainsi tu m'entendras, lorsque je te répéterai que
tu m'es plus utile à Arras qu'à Paris en ce moment. Je suis entouré de beaucoup de dangers,
il est vrai; mais aussi j'ai des amis qui veillent
sur moi. Et puis, dit-il en souriant, mes ennemis sont moins nombreux qu'on ne le croit...

— Oh! je le sais bien, répondit Junot; mais
je voudrais seulement que le petit nombre qui
existe fût sévèrement puni... et je sais des choses... Mon général, comment pouvez-vous avoir
des pensées de clémence pour des hommes qui
conspirent non-seulement contre vous, mais
contre leur patrie?...

Le premier consul regarda Junot d'un air
étonné : — Que veux-tu dire?

— Je veux dire, mon général, que vous êtes
résolu, je le sais, à *solliciter* la justice d'*être in-
dulgente* pour le général Moreau, et que vous
n'êtes pas le maître d'agir ainsi. Il est coupable.
Il l'est maintenant comme il le fut à l'époque de
l'affaire de 97, lorsqu'il envoyait au directoire le
fourgon contenant les preuves de la culpabilité
de Pichegru. C'est le même homme, traître à la
fois envers la république et envers son ancien
ami. — Il avait le fourgon[1] *depuis plusieurs mois,*

[1] Le fourgon avait été pris, selon la déposition de Moreau,

dit-il à Barthélemy en lui écrivant (bien qu'il sût sa disgrâce.....) Pourquoi ne l'envoyait-il pas? Et il ajoutait : *Les pièces qu'il contient sont aussi claires que le jour; cependant je doute qu'elles puissent être produites en justice..... Mon général, on a accusé l'armée d'Italie de ne pas aimer le général Moreau..... cela est vrai. Mais on a dit que nous ne l'aimions pas parce que sa gloire rivalisait avec la nôtre, cela est faux, et une telle accusation fait lever les épaules. La gloire de Moreau pouvait le coiffer de son auréole, sans que pour cela la nôtre en fût moins brillante et moins pure. Quant à moi, je jure sur l'honneur que jamais cette pensée ne s'est éveillée dans mon âme: j'aime trop la république pour ne pas au contraire me réjouir en lui voyant un fils de plus, vaillant et victorieux.*

Le premier consul avait écouté Junot avec une profonde attention et sans l'interrompre même par un geste. Il se promenait dans son cabinet, les bras croisés, et d'un pas assez lent. Mais au moment où Junot dit :

J'aime trop la république pour ne pas, etc....

le 2 floréal (21 avril), à Offembourg, *vers trois heures après midi*.

Napoléon l'arrêta, le regarda fixement, et parut presque l'interroger ; mais ce mouvement, quel qu'il fût, ne dura qu'une seconde, il se remit à marcher, et dit seulement :

— Tu es trop sévère pour Moreau ; c'est un homme parfaitement inhabile, si ce n'est à la tête d'une armée, et voilà tout.

— Pour inhabile, mon général, cela est positif ; mais sa conduite, comme citoyen, sans parler de lui comme homme d'état, est telle qu'un vrai patriote, un loyal militaire ne peut l'approuver. Lorsque Moreau, *apprenant par les voies ordinaires* les événements du 18 fructidor, fait une proclamation à ses troupes, dans laquelle il leur dit : *Le général Pichegru a trahi la nation!* Pichegru était son ami ; il avait servi sous ses ordres ; c'était Pichegru qui avait nommé Moreau à son premier grade, qui l'avait protégé, soutenu. Il n'est pas un citoyen dans toute la France qui ne sente au fond du cœur que le général Moreau devait à sa reconnaissance, à son amitié pour Pichegru, de cacher les preuves de sa culpabilité ; ou bien, qu'il devait à son titre de soldat français de les céler moins long-temps..... Mon opinion sur Moreau a été fixée dès cette époque. Sa conduite ultérieure en certaines circonstances est venue encore fortifier cette opinion. »

Ici Junot devint plus rouge qu'il ne l'était habituellement. Comme il était très-expansif, il laissait toujours courir sa parole, et souvent il aurait voulu la rattraper. Napoléon s'avança vers Junot, et le regardant en riant :

— Tu veux parler du 18 brumaire, n'est-il pas vrai ?...

Et il riait toujours en prenant de fréquentes prises de tabac.....

— Oui, mon général, répondit Junot, qui se mit également à rire en voyant la gaîté du premier consul.

— Dans le fait, reprit Napoléon, la conduite de Moreau fut aussi extraordinaire dans cette journée que celle de Bernadotte et de quelques autres. Bernadotte criait à tue-tête qu'il était *républicain*..... *qu'il ne voulait pas trahir la république!*.... *qu'il fallait sauver la république!*.... QU'UN RÉPUBLICAIN *comme lui ne pouvait trahir la patrie!*.... Eh! qui songeait à le faire, si ce n'est lui-même à cette même époque, et deux ou trois autres revêtus de cette toge républicaine sous laquelle le manteau du tyran était bien plus caché que sous ma redingote grise?.... Ah! vraiment, la France en *au-*

rait vu de belles [1] si les Russes eussent été battus à Novi..... Mais silence ! paix aux morts [2].....
Quant à Moreau, qui, après avoir reçu pour salaire de ses révélations tardives une destitution, ou du moins une réforme méritée, était à Paris, *battant le pavé*, et n'ayant pas plus le talent que la volonté, j'entends la *détermination*, de délivrer sa patrie d'un gouvernement honteux et pourri, il me servit D'AIDE-DE-CAMP le jour du 19 brumaire, d'assez mauvaise grâce à la vérité, parce qu'il aurait eu le désir, sinon la force, d'être le héros de la fête..... Depuis, on prétend qu'il ne m'a pas pardonné la position dans laquelle lui-même s'était placé..... J'en suis fâché.....
Et s'il est vrai que dans cette dernière tentative, il ait pu donner la main à un transfuge, à un traître, pour s'allier contre moi, plutôt que con-

---

[1] J'ai dit que je conserverais toujours le langage du premier consul et ses manières de dire quelquefois un peu triviales. Si je les changeais, j'ôterais la couleur originale du portrait.

[2] Ce n'est que depuis peu que j'ai eu la clef de ces mystérieuses paroles que Junot lui-même ne comprit pas alors entièrement. Je rapporterai plus tard, et en son lieu, une histoire des plus surprenantes servant à éclairer un point de notre histoire et à donner sa véritable physionomie à une des grandes figures de notre révolution. — C'est Joubert!!....

tre la patrie, je le plaindrai, mais je ne me vengerai pas.

— Mais, mon général, laissez cette affaire suivre son cours naturel; n'influencez en rien les juges. D'après tout ce que j'ai recueilli depuis quelques heures, cette importante affaire doit être jugée avec toute la sévérité et l'intégrité des lois. Voulez-vous donc, mon général, encourager la trahison?.... Que le général Moreau se raille avec son cuisinier d'une récompense honorable accordée au courage, il en est le maître, le ridicule n'en retombe que sur lui; mais qu'il joue avec le salut de la patrie, que votre vie soit l'enjeu de sa partie, voilà ce qui ne peut se souffrir.

— Eh! malheureux, s'écria Napoléon, en saisissant fortement le bras de Junot, veux-tu qu'on dise que je l'ai fait *assassiner* parce que j'en suis jaloux [1]!....

Junot demeura stupéfait. Le premier consul parcourait la chambre à grands pas et était vivement ému. Mais on sait que tout ce qui le dé-

---

[1] Ces paroles sont textuellement celles qu'a dites Napoléon. — Je les ai rapportées avec fidélité, ainsi que toute cette conversation, parce qu'elle tient essentiellement à l'époque remarquable où nous sommes arrivés. Ce mot sur Moreau explique pourquoi sa peine ne fut pas celle de la mort; car enfin, le code à la main, il était coupable.

bordait et l'entraînait plus loin qu'il ne voulait, était maîtrisé à l'instant même. Il se rapprocha de Junot, et lui parla de la belle division des grenadiers d'élite qui se formait alors à Arras. Junot, encouragé par sa bonté, lui fit une foule de demandes pour ses soldats, et en obtint TOUT ce qu'il voulut obtenir. Mais il reçut aussi l'injonction de reprendre la route d'Arras à l'instant même. — Au moment où Junot ouvrait la porte pour sortir, Napoléon le rappela, et lui demanda comment il avait appris un fait que le Moniteur n'avait annoncé que le matin, c'est-à-dire l'arrestation de Moreau. — Junot hésitait à répondre; le premier consul répéta sa question, et cette fois avec une sorte d'impatience. Mon mari réfléchit enfin que la lettre de Duroc ne pouvait prouver qu'en sa faveur, et il la mit sous les yeux du premier consul; Napoléon la relut deux fois et la rendit avec un sourire doux; une expression de bonté parfaite avait remplacé cette sorte d'irritation qui l'avait précédée. Cependant il blâma Duroc; mais il était facile de voir que la *colère* ne serait pas orageuse. En effet, un si tendre attachement ne pouvait que le toucher; et, quoi qu'en ait pu dire M. Bourrienne, Napoléon sentait et appréciait *alors* le dévouement qu'il inspirait.

Junot descendit chez Duroc, l'embrassa après l'avoir prévenu qu'il avait montré sa lettre, puis, *sans aller même embrasser sa sœur*, qui habitait alors notre hôtel rue des Champs-Élysées, il reprit au galop la route d'Arras, où il arriva au milieu de la nuit suivante, sans que personne se fût aperçu de son absence, si ce n'est pourtant son chef d'état-major, qui dut nécessairement en être informé.

Les amis de Junot le tenaient au courant de toute l'affaire de Moreau. Nous apprîmes ainsi l'arrestation du général Pichegru, qui eut lieu quatorze jours après celle de Moreau, puis celle de George qui, le 9 mars, fut, comme on le sait, arrêté au bas de la rue de Tournon dans un mauvais cabriolet de place. Les événements se succédaient avec une rapidité qu'on avait peine à suivre. Bientôt on apprit l'affaire tragique du duc d'Enghien. Je dois à ce sujet rapporter un mot qui fut dit le jour où nous en reçûmes la nouvelle à Arras. Junot, fort inquiet de tout ce qui pouvait avoir lieu en cet instant, entretenait une correspondance très-active avec ceux de ses amis que leur position mettait à même de l'informer promptement et sûrement de ce qui arrivait. Le 22 mars au matin, un homme de confiance de Duroc arriva au point du jour dans la cour de la maison que nous habitions. Il était porteur de dépêches que Junot lut avec empressement, mais auxquelles il était loin de s'attendre. Il fut d'abord profondément préoccupé. Bientôt je le vis rougir et pâlir... puis, portant la main à son front qu'il serra fortement, il s'écria :

« Que je suis heureux de ne plus être commandant de Paris!... »

CHAPITRE II.

Expédition d'Angleterre. — Camp d'Arras. — Division de grenadiers commandés par Junot.— Les généraux Mâcon, Laplanche-Mortière, Dupas, placés sous les ordres de Junot, ainsi que Clément, adjudant-général, chef d'état-major. — Leur portrait. — MM. de Déban-Delaborde, Édouard de Colbert, Auguste de Verdière, Charles Vanberchem. — MM. de Limoges et Magnien.—M. et Mme de Lachaise. — Fait remarquable dans les annales de la toilette militaire. — Quiproquo plaisant. — Mon mari projette la suppression des chapeaux de feutre pour les troupes, et la *tonte* générale des queues. — Lannes et Bessières. — Duels entre militaires à propos de queues. — Lettre de l'empereur à Junot.—Singulière requête d'un jeune grenadier. — Caprices de ma fille.—La sœur de lait du grand Buffon.

L'EXPÉDITION d'Angleterre, ainsi qu'on nommait la descente que l'on préparait sur tout le littoral de la Normandie, dans le département du Pas-de-Calais, et dans les ports de la Hollande et de la Belgique, se poussait avec une activité magique dont il faut avoir été témoin pour s'en faire une idée. Le camp d'Arras, formé de cette fameuse division de grenadiers forte de douze mille hommes, et commandée par Junot, était destiné à former une sorte d'avant-garde, et devait commencer la descente. J'ai vu former ce magnifique corps que l'empereur lui-même a trouvé *presque plus beau que sa garde*[1]; j'ai vu de près tous les soins que Junot a donnés à cette admirable troupe; j'ai vu l'empereur au milieu d'elle; et les souvenirs que ce temps me rappelle doivent trouver leur place dans des mémoires contemporains.

Les grenadiers réunis, comme ils s'appelèrent ensuite, ne formaient pas plusieurs régiments. Bien loin de là, le colonel d'un corps n'avait quelquefois sous ses ordres que quelques hommes de ce même corps. Je ne perdrai pas mon temps, et je n'abuserai pas de celui de mes lecteurs, en leur décrivant ici la formation de la division des grenadiers; je me bornerai à dire, qu'usant de la facilité qu'il avait de connaître par ces mêmes chefs de corps les meilleurs et

[1] Ce furent les expressions de Napoléon lorsqu'il passa la première revue, et l'on sait qu'alors ce qu'on appelait *la garde*, était ce qui depuis a été nommé la vieille garde, ou *les grognards*; c'est-à-dire le plus beau camp de l'armée.

les plus beaux sujets de leurs régiments, Junot les faisait demander; et c'est ainsi que cette fameuse réserve des grenadiers d'Arras devint une des plus belles troupes de l'armée. Junot, qui adorait sa profession, et qui vénérait en elle la base glorieuse sur laquelle reposaient nos destinées, éprouvait un vrai bonheur à former un corps qu'il voulait rendre unique.

Le premier consul lui avait donné pour servir sous ses ordres quatre officiers supérieurs de sa garde, le général Mâcon, le général Laplanche-Mortière, le général Dupas, et l'adjudant-général Clément comme chef d'état-major. Tous les quatre étaient adjudants supérieurs du palais. Le général Mâcon était un brave et loyal militaire, franc, honnête homme, et toujours disposé à rendre deux coups de sabre pour un. Le général Dupas était un courageux soldat. Il avait fait la guerre d'Égypte, et sa bravoure était bien plus positive que sa politesse, quoique cependant il n'eût jamais l'intention d'en manquer. Mais il jouait de malheur. Le général Laplanche-Mortière était un ancien page de la petite Écurie. C'était un de ces mangeurs de cœurs de province, une de ces mauvaises traditions de mousquetaire qui impatientent sans prêter à rire. Il n'en était pas moins brave, disait-on, mais cela ne faisait rien à l'affaire. Il était alors si simple et si ordinaire d'être brave, qu'on ne parlait que de ceux qui ne l'étaient pas. L'adjudant-général Clément était un homme aimable, poli, bien élevé, républicain et fils de ses œuvres, et fort habile comme officier d'état-major. Il était marié, ainsi que le général Laplanche-Mortière. Je parlerai plus tard de mesdames Laplanche-Mortière et Clément.

L'état-major de Junot se composait de trois aides-de-camp et de quelques officiers d'ordonnance. Les trois aides-de-camp étaient M. de Déban-Delaborde, M. Édouard de Colbert, aujourd'hui lieutenant-général, et M. Auguste Verdière, fils du général Verdière qui avait commandé à Paris. Il est aujourd'hui officier général comme son père. Je ne sais pas s'il est demeuré aussi comique qu'il l'était dans ce temps-là; mais je le souhaite pour ceux qui ont le plaisir de le voir, car il était bien plaisant, bien aimable et bien spirituel. Il aurait fallu le sérieux d'un mourant pour résister à ce rire qu'il savait si bien provoquer. Il y avait aussi un officier que Junot avait pris avec lui par amitié pour son frère M. Billy Vanberchem, son ami intime, et qui bientôt se fit aimer de son général pour ses qualités aimables et son esprit si gai et si malin.

M. Charles Vanberchem nous a fait passer de bonnes et joyeuses heures. La bonté de son cœur était égale à son esprit, et Junot le regardait comme un frère. Il y avait aussi avec nous, deux *quasi-militaires* qui faisaient partie de notre intérieur intime : l'un était M. de Limoges, mari d'une de mes amies les plus chères, l'autre M. Magnien, camarade de collége de Junot et du maréchal Marmont, ayant un jour rêvé qu'il était officier de hussards, puis chirurgien-major, mais n'étant au fait que le plus lourd et le plus ennuyeux des hommes. Parmi les colonels, il s'en trouvait quelques-uns de fort bonne mise dans un salon ; mais on sait que Napoléon ne leur faisait pas prendre leurs degrés dans une salle de bal ; aussi mon jugement pourrait-il se ressentir de la prévention de femme que j'y puis apporter, et j'aime mieux ne parler que de leurs qualités bien reconnues.

Nous avions eu le bonheur de trouver un préfet fort aimable. M. de Lachaise, autrefois lieutenant-colonel de Royal-Normandie [1], était un homme parfaitement capable de bien faire les honneurs d'une province. Il était poli et prévenant sans être obséquieux, avait un esprit re-

---

[1] Ou major, je ne me le rappelle plus.

marquable, savait son monde de bonne compagnie autant qu'homme de France, et, bien qu'il fût vieux et laid, il était toujours bien venu et bien accueilli. Sa femme, dont il eût été le père, était la bonté même. Elle rendait la maison de M. de Lachaise non-seulement agréable à ceux que sa place le forçait à recevoir quelquefois sans plaisir, mais aussi à son vieil époux, qui l'aimait et en était tendrement aimé. A peine arrivés à Arras, Junot et moi nous distinguâmes aussitôt tout ce qu'il y avait de bienveillant et d'aimable dans l'intérieur de cette famille. Nous fûmes au-devant des prévenances que nous firent M. et madame de Lachaise, et une amitié que le temps n'a fait que resserrer, s'établit bientôt entre nous. La préfecture était dans un superbe local que M. de Lachaise destina, aussitôt l'arrivée des troupes, à leur faire les honneurs de sa ville, comme il le devait en ancien frère d'armes. Il nous donna des bals, des dîners; nous lui en rendîmes : les généraux s'en mêlèrent aussi. Puis on faisait des petites guerres, des chasses; enfin on s'amusait fort bien à Arras, et cependant la besogne allait son train.

Ce mot de besogne me rappelle un des faits les plus remarquables dans les annales de la toilette militaire. Comme l'empereur intervint dans la querelle qui pensa s'engager entre la garde et les grenadiers, et que le résultat fut d'agir sur l'armée tout entière, je dois le rapporter ici.

Junot venait de passer une revue. Il pleuvait, et ceux des soldats qui avaient de vieux et même de bons chapeaux, portaient, il faut en convenir, non-seulement une sotte, mais une incommode coiffure. Junot, après avoir quitté son habit mouillé, se mit dans une bergère, les pieds dans de bonnes pantoufles, et là, pensant à *ses enfants* (c'est ainsi qu'il appelait les grenadiers), il se mit tout-à-coup à dire [1] :

« Je ne veux pas de ces chapeaux !... De quelque manière qu'ils soient posés, il y a toujours une corne qui fait gouttière. Je n'en veux pas ! »

J'avais reçu la veille une caisse de Paris expédiée par Mlle Despaux, et, en vraie femme, je crus que Junot parlait de mes chapeaux, et je lui dis tranquillement :

« Comme je trouve qu'ils vont bien, je les porterai ; et puis cela ne te regarde pas, tu n'y entends rien. »

Junot, comme tous ceux qui poursuivent une idée qui les occupe fortement, ne crut pas que je

---

[1] On sait que tous n'avaient pas le bonnet de grenadier, notamment les nouveaux arrivés.

pouvais parler d'autres chapeaux que de ceux de ses grenadiers, et me regardant, il me dit avec le plus beau sang-froid :

« Je voudrais bien t'y voir toi, avec le temps qu'il fait aujourd'hui! une corne sur le nez et l'autre au milieu du dos. »

Je me mis à rire ; nous nous expliquâmes, et Junot rit avec moi. Mais les chapeaux cornus lui revenaient à l'esprit. Il se mit en tête de changer la coiffure de *ses enfants*, et dès-lors il ne pensa plus qu'à faire réussir son projet. Car ce n'était rien moins qu'un plan très-vaste ; et Junot voulait que toute l'armée subît le changement qu'il avait d'abord l'intention de faire adopter à la division des grenadiers.

Il désirait qu'il n'y eût pour toute la ligne qu'une seule et unique coiffure, le schakot et le bonnet de grenadiers ; de même pour la cavalerie, le casque des dragons excepté. Mais ce qui devait offrir des difficultés, c'était de faire abattre toutes les queues de l'armée ; car c'était, puisqu'il faut le dire, pour arriver à une *tonte* générale, que Junot réformait surtout les chapeaux, mesure à laquelle l'aidait merveilleusement leur inconvénient naturel.

C'est une chose odieuse, disait-il, de voir, un jour de pluie, un soldat avec son habit couvert d'une pâte blanchâtre et graisseuse, ses cheveux mal contenus dans le sale ruban qui les retient, le front et les joues ruisselants d'une eau laiteuse, et tout cela recouvert d'un mauvais feutre mal retapé qui ne préserve le soldat ni du vent, ni du soleil, ni de la pluie. Et c'est pour ce beau résultat que vous faites au soldat une retenue de 10 sous par semaine, qui seraient bien mieux employés à la masse de linge et de chaussure. S'il avait les cheveux coupés, sa santé s'en trouverait mieux, parce que rien n'est plus facile à tenir propre que des cheveux coupés. La chose est donc avantageuse en entier pour lui.

Junot parla de son projet à ses officiers généraux : tous l'adoptèrent avec transport. Depuis long-temps, à partir du sous-lieutenant jusqu'au général en chef, les officiers de l'armée entière avaient les cheveux coupés, et, pour le dire en passant, le général Lannes et le général Bessières étaient les seuls de tout ce qui entourait le premier consul, qui eussent gardé leur étrange coiffure [1]. Aussitôt que Junot eut l'assentiment de

[1] Le maréchal Lannes et le maréchal Bessières étaient à peine âgés de trente ans à l'époque dont je parle, et malgré, non-seulement la mode, mais l'usage général, ils portaient une queue et de la poudre. Le maréchal Bessières

ses officiers, il écrivit à l'empereur pour lui faire part de son projet et demander son autorisation. L'empereur avec son coup d'œil rapide aperçut tout le bien que le soldat pouvait retirer de l'exécution d'un pareil plan. Mais il ne voulut pas *l'imposer*; Junot reçut pour réponse l'ordre d'aller à Paris pour conférer directement avec l'empereur de cette affaire. Junot partit à l'instant. L'empereur lui dit que le projet était bon, qu'il désirait le voir exécuté, mais qu'il ne voulait pas que ses soldats fussent contraints à couper leurs cheveux.

« Persuade-les, lui dit-il; mais rien ne doit être fait par la force. »

Junot parla ensuite de la nouvelle coiffure qu'il donnerait à sa troupe; car le projet de *tonte* ne concernait encore que la division des grenadiers réunis; mais comme ils étaient douze mille, leur exemple devait entraîner l'armée. Ce fut ce qui arriva.

Maître d'agir à sa volonté, Junot revint tout joyeux à Arras. Il fit aussitôt proclamer dans les casernes que ceux de ses soldats qui voudraient

---

a gardé cette coiffure jusqu'à sa mort. Le maréchal Lannes l'avait, je crois, quittée l'année même où la France perdit en lui son Roland.

couper leurs cheveux lui feraient plaisir, mais que nul n'y était contraint. Le lendemain, les perruquiers d'Arras avaient abattu plus de deux mille queues; mais, le soir, il y eut deux duels, et Junot n'était pas content.

« Tu verras qu'ils vont me faire quelque histoire de ces malheureux duels auprès de l'empereur, me dit-il; là où il y a pâture pour une mauvaise chose, on est sûr que dans ce pays de cour où nous entrons, car nous y sommes déjà, les bonnes âmes telles que D....C....F....S.... (et il me nomma plusieurs hommes qui, en effet, entouraient l'empereur d'une continuelle et cruelle méfiance pour lui-même, en ayant soin de faire paraître sous un jour défavorable ses plus fidèles serviteurs), ces bonnes personnes vont dire à l'empereur que mon armée *s'insurge*. Heureusement que j'ai écrit la chose telle qu'elle est à Duroc. Celui-là ne trompe ni son général ni ses amis.

Ce que Junot avait prévu arriva effectivement. L'empereur lui adressa de sa propre main un petit billet contenant ce peu de mots :

« Junot, j'ai accueilli ton projet parce qu'en effet il est utile, mais je défends les *façons prussiennes*. Je n'entends pas que rien s'opère dans mon armée, ni à coups de sabre, ni à coups de canne. Les bruits qui me sont revenus m'affligent.

« Adieu [1],

« Bonaparte. »

Qui donc avait pu parler et de coups *de sabre* et de coups *de canne?* Junot écrivit d'abord à Berthier, bien qu'il fût certain que le rapport ne venait pas de lui ; mais les bureaux pouvaient être influencés par des hommes qui plus tard y furent les maîtres, et qui prouvèrent alors à Junot, ainsi qu'à l'armée entière, qu'ils n'étaient amis que d'eux-mêmes ; encore la chose était-elle douteuse, car ils se faisaient haïr de tous. Junot écrivit donc à Berthier, puis au premier consul. Il raconta les faits tels qu'ils s'étaient passés, et fit observer que dans un camp aussi nombreux que le sien, et lorsqu'il était question d'une réforme ou d'un changement, quelque léger qu'il fût, c'était merveille en vérité qu'il n'y eût que deux ou trois querelles particulières, et cela, parce qu'un soldat en aura appelé un autre : *Caniche tondu*, et que le camarade lui aura répondu :

---

[1] Il n'était pas encore empereur.

J'aime encore mieux être un caniche tondu qu'une vilaine tête à perruque. Telles avaient été en effet les véritables paroles dites par les deux soldats qui s'étaient battus avec leurs briquets dans la rue des Capucins à Arras, à la suite d'un souper dans lequel tous deux s'étaient enivrés.

« Au surplus, ajoutait Junot, si la mesure que
« j'ai proposée comme bonne pour la santé du
« soldat, utile pour ses intérêts, remarquable-
« ment lucrative pour l'État, et enfin plus agréa-
« ble à l'œil pour l'uniformité de la tenue ; si
« cette mesure paraît néanmoins défectueuse
« sous quelque rapport, je suis prêt à l'aban-
« donner. »

En écrivant ces derniers mots, Junot éprouvait une vraie peine. Il tenait à l'exécution de ce projet, enfant de sa création. Mais avec Napoléon on était certain d'obtenir prompte et sûre justice dans de semblables occasions. Huit jours n'étaient pas écoulés depuis le départ de cette lettre, que Junot en reçut une des plus aimables sur ce qu'il voulait faire, et l'ordre *presque officiel* de continuer et de préparer la nouvelle coiffure pour l'époque du 15 août. *Nous* avions du temps devant *nous*, et Junot sauta de joie comme un véritable enfant.

Maître d'agir, et libre d'arriver à son but par des moyens permis, Junot n'en mit pas d'autres en œuvre que sa bonté et l'attachement que les soldats lui portaient en retour. Il fut lui-même dans les casernes, parla aux sous-officiers qui, soit dit en passant, étaient les plus tenaces à repousser le changement des têtes. En effet, c'est ordinairement le caporal, le sergent et le sergent-major qui sont ce qu'on appelle les *farauds* du régiment. A cette époque, la coutume *faraude* consistait surtout dans une queue bien poudrée, bien pommadée, ornée d'un ruban noir formant une rosette à *flots;* et plus cette queue était chargée de poudre et de pommade, plus le soldat était fier, mais aussi plus son habit ressemblait à celui d'un garçon perruquier; et si la pluie venait à s'en mêler, la tête du *faraud,* son collet, son chapeau, tout cela n'était plus qu'un vrai gâchis. Mais enfin, le dimanche, le *faraud* enfarinait sa crinière, et tout allait bien. Comment quitter la boîte à poudre pour une éponge et des cheveux en brosse? et puis, disait le *loustic* de la chambrée, nous ressemblerons à ces coquins d'*angliches.*

Une fois qu'ils se furent mis cette idée dans la cervelle, la chose avança un peu moins.

Cependant Junot avait juré qu'il mènerait à

bien son entreprise, et cela sans violence aucune. Il était aimé de ses soldats, ainsi que je l'ai dit; il leur parla lui-même, et, dès qu'ils entendirent de sa bouche qu'ils lui faisaient de la peine en se refusant à la mesure générale (car plus des trois quarts de la division avaient les cheveux coupés), il se fit une sorte de révolution parmi eux, si je puis dire ce mot. Les douze ou quinze cents hommes récalcitrants qui restaient encore eurent la tête tondue avant que la semaine fût écoulée. Plusieurs traits remarquables eurent lieu relativement à cette petite affaire à laquelle l'empereur, au reste, portait un très-vif intérêt. Je choisis parmi ces faits celui que je vais rapporter, parce qu'il s'est passé devant moi.

Un matin, tandis que nous étions à déjeuner, on dit à Junot qu'un soldat demandait à lui parler. L'aide-de-camp de service fut envoyé vers lui, il répondit que c'était au général qu'il voulait s'adresser, et qu'il reviendrait s'il était occupé. Junot était accessible; il n'avait pas oublié qu'il avait été soldat, et qu'il eût trouvé fort mauvais à cette époque que son général le reçût insolemment; il donna donc l'ordre de faire entrer le jeune militaire dans le salon. Néanmoins il fronça le sourcil lorsque le lieutenant-colonel Laborde lui dit à demi-voix :

« C'est *un toupet*, mon général, et un toupet rudement enfariné, encore. »

Lorsque nous entrâmes, nous vîmes un jeune homme de vingt-six ans, grand, bien fait, d'une figure agréable et dont la tenue en général n'était pas celle d'un *faraud troupier*. Il salua d'une manière qui n'avait rien d'emprunté; toutefois il s'embarrassa lorsqu'il vit le regard sévère de Junot s'arrêter sur lui, et particulièrement sur sa tête poudrée. Mais une circonstance qui me surprit, ce fut de voir le jeune et beau soldat faire un salut d'intelligence à ma fille Joséphine, que je tenais par la main en ce moment. Elle était alors âgée de trois ans et demi, et toujours habillée en garçon. Aussi presque tous les grenadiers ne l'appelaient-ils que *leur petit général*. Elle répondit à son tour par un signe de sa jolie tête blonde, et me dit tout bas avec sa douce voix d'ange :

« C'est M. *Ansème*. »

— Que voulez-vous de moi, mon ami? demanda Junot au jeune soldat.

— Mon général, je désirerais savoir, avec votre permission, *s'il est ordonné* de couper les cheveux? Comme je ne l'ai pas vu à l'ordre de ce matin, j'ai pensé que.....

— Je n'ai rien *ordonné*, répondit Junot, je

n'ai rien *exigé*. J'ai seulement demandé, comme preuve d'attachement, à mes grenadiers, à ceux que je regarde comme mes frères, mes enfants, mes amis, je leur ai seulement demandé une chose qui leur coûtait d'autant moins qu'elle est dans leur intérêt. J'avais dû penser, qu'en retour de tout ce que j'ai fait pour eux, de ce que j'ai obtenu pour ce corps le plus favorisé peut-être de toute l'armée française, mes compagnons de dangers et de gloire feraient pour moi le léger sacrifice d'une poignée de cheveux qui leur est aussi incommode qu'elle est désagréable à l'œil de celui qui regarde maintenant défiler les beaux bataillons que je commande. Car je dois être juste; tous mes braves grenadiers n'ont pas agi comme toi, poursuivit Junot en apostrophant directement le jeune soldat, presque tous ont coupé leurs cheveux; ce qui rend encore plus sensible l'obstination de ceux qui te ressemblent..... Mais au fait que veux-tu?.... »

Junot était en colère, et je voyais qu'il se contenait avec peine. Le jeune homme ne fut pas effrayé, mais il était ému; il fit quelques pas et dit à Junot :

— Mon général, dans toute la division il n'est pas un cœur qui vous soit plus dévoué que celui d'Anselme Pelet..... Je ne suis pas désobéissant, mon général, je ne suis pas obstiné..... et je vais vous le prouver.....

Le pauvre jeune homme avait la voix tremblante; on comprenait, on sentait plutôt qu'il y avait presque des larmes dans cette voix-là.

— Mon général, poursuivit-il, j'ai une mère que j'aime et que je respecte comme on dit que vous aimez et que vous respectez la vôtre; quand je suis parti du pays, ma mère m'a demandé de couper mes cheveux pour les lui laisser, je l'ai refusée..... J'ai une maîtresse que j'aime bien aussi. — Et le pauvre jeune homme devenait tout rouge. — Eh bien! elle m'a demandé de mes cheveux pour se faire un collier, je n'ai pas voulu lui en donner même une mèche...... J'y tiens, moi, à mes cheveux..... Je les refuserais, je crois, à l'empereur..... Mais je vois bien qu'il faut en faire le sacrifice..... Je suis le seul dans ma compagnie..... Ils l'ont tous fait pour vous, mon général, et moi qui vous aime plus que pas un d'eux, je serais le seul à vous désobéir!.... Non, non, cela ne se peut pas. Seulement, mon général, voilà toute la grâce que je vous demande.

Et nous le voyons qui tire de sa poche une de ces grandes paires de ciseaux de perruquier, et les présente à Junot qui, déjà ému par le discours du jeune soldat, lui demande avec intérêt ce qu'il désire de lui.....

— Que vous *donniez vous-même* le premier coup de ciseaux dans ma chevelure, mon général, mais que ce soit *vous-même*. Si c'est un sacrifice, du moins je ne le sentirai pas autant.

Et il avançait une tête chargée des plus beaux cheveux blonds que j'aie vus de ma vie. Ils étaient longs, épais, bouclés et d'une charmante couleur. En recevant ces ciseaux, en voyant cette tête se courber devant lui pour se dépouiller de sa parure, Junot, naturellement impressionnable, se sentit ému, et sa main n'était pas assurée.

— Mon ami, dit-il au jeune homme, c'est un *sacrifice*, comme tu le disais tout à l'heure, et je n'en veux aucun; garde tes cheveux.

— Non, mon général, il faut qu'ils soient coupés. Je serais le seul dans ma compagnie... Je ne suis pas querelleur, mais je ne fuis pas celui qui me cherche..... et je ne veux pas être la cause du tapage que tout cela ferait..... Mais, mon général, donnez le premier coup de ciseaux.

Et, de nouveau, il penchait sa tête devant Junot.

— Réfléchis, dit encore mon mari..... Veux-tu quitter les grenadiers et retourner à ton corps?

Le soldat se releva brusquement; son œil étincelait quoique humide.

— Voulez-vous donc me renvoyer comme insubordonné, mon général? Je suis un bon sujet, mon général; et le général Dupas vous dira qu'*Anselme Pelet* est un bon et loyal soldat.

Junot ne dit plus rien, et, s'approchant du jeune homme, il *faucha* toute sa blonde chevelure qui tombait par masses autour de lui, et dont la chute devait résonner douloureusement à son oreille.

— De quel pays es-tu? demanda Junot après avoir terminé son opération.

— Je suis bourguignon, mon général.

— Ah! ah!

— Je suis d'Étormay, bien près de Bussy-le-Grand.

— Et pourquoi ne me disais-tu pas que nous étions compatriotes?....

— J'aurais eu l'air de solliciter une grâce, mon général. Ce que je veux obtenir, je le demanderai au nom de mes bons services.

Nous nous regardâmes, Junot et moi. « Ce jeune homme ira loin, me dit plus tard mon mari: avec un tel caractère on fait de grandes et belles choses. »

En entendant nommer Étormay, *la connaissance* de ma fille et du jeune soldat me fut expliquée. La bonne qu'elle avait, sœur de lait de M. de Buffon, le fils du grand Buffon, était d'Étormay. En promenant ma fille sur les remparts d'Arras, Fanchette avait habitué l'enfant à s'asseoir souvent sur un canon qu'elle appelait *le sien*, et auquel elle s'était tellement attachée qu'il fallait l'y mener tous les jours. Cette fantaisie-là était bien opposée à celle qui lui faisait envahir la barrette du cardinal. Néanmoins, le résultat de la fantaisie était toujours le même, c'était *de vouloir*. Un jour elle *voulut*, non pas mettre le canon sur sa tête comme la barrette, mais le traîner à la maison. Fanchette se vouait à tous les saints du paradis pour persuader à Joséphine que le canon ne pouvait pas bouger; mais quand l'enfant voulait une chose elle la voulait bien, et Fanchette qui l'adorait allait tenter, je crois, d'emporter le canon sous son bras, lorsque Anselme Pelet vint à passer. Tous les grenadiers de la division connaissaient *le petit général*, et tous l'aimaient. Il n'y avait pas une revue, une petite guerre, une manœuvre, soit aux champs, soit dans la ville, que je n'y fusse avec ma fille. Souvent même nous faisions notre partie dans ces jeux si nouveaux pour moi. Un jour, je me rappelle que, le général Dupas commandant *le corps ennemi* contre l'armée à la tête de laquelle était Junot, ma calèche et moi et le petit général nous fûmes capturés, puis délivrés..... Ah! c'étaient d'heureux jours en attendant les jours de gloire auxquels ils préludaient!.... Mais pour en revenir au jeune soldat, il fit si bien, que Joséphine se consola et ne parla plus du canon. Fanchette apprit, à travers tous les remercîments, que le jeune homme était bourguignon, puis d'Étormay; et comme elle n'était plus jeune et qu'il n'y avait pas lieu à médisance, elle était charmée de trouver le compatriote autour du canon, parce qu'il faisait rire et jouer *le petit général* de trois ans et demi, et voilà pourquoi Joséphine connaissait si bien M. *Ansème*.

Cette Fanchette, sœur de lait du comte de Buffon, fils du grand Buffon, était fille d'un de ses fermiers. Elle avait été jolie comme un ange, et, à 16 ans, Fanchette était la plus charmante comme la plus pure des jeunes filles de Montbard. M. de Buffon s'en aperçut, et bientôt Fanchette fut tout aussi jolie, mais ses compagnes la plaignirent au lieu de l'envier. Elle eut un fils, que M. de Buffon avait, disait-on, l'intention de reconnaître; mais sa mort tragique empêcha toute décision à cet égard. Fanchette était une honnête fille malgré son malheur. Elle se dévoua tout entière au sort à venir de son fils. Son travail, sa vie, tout lui fut consacré. Elle fit voir qu'une faute peut être grandement rachetée. Un brave et digne homme d'Étormay, nommé Bergerot, lui offrit le partage de sa petite fortune, et sa protection pour son fils. Elle se maria, et fut la meilleure des femmes. Ce fut alors que je sevrai ma fille, dont la nourrice était sœur de Fanchette. Je pris cette dernière pour bonne de Joséphine, et pendant quinze ans elle fut à mon service. Junot porta un grand intérêt, non-seulement à elle, mais à son enfant. Il en parla au premier consul, et *Victor Buffon* fut nommé élève du Prytanée. Junot se chargea entièrement de lui. Il le fit entrer au service. Il était un sujet des plus distingués de l'armée. En 1814, il était capitaine de dragons. Fidèle au nom de Napoléon, ce fut lui qui eut cette affaire à Strasbourg avec le colonel Mermet. Je parlerai de cela en son temps.

CHAPITRE III.

Détails sur le général Dupas. — Récit de sa querelle avec un officier autrichien. — Opinion de Napoléon sur les qualités exigées pour faire un bon général. — Lannes et Kellermann. — La malveillance interprétant méchamment mes paroles. — Manie du préfet d'Arras pour les particules. — Mésintelligence à ce sujet entre lui et M. Clément. — Dîner à la préfecture. — Scène plaisante dont MM. de Lachaise et Barral font les frais. — Motion faite au tribunat par le tribun Curée, et adoptée par le sénat. — Harangue de Cambacérès et réponse de Napoléon. — Trente mille proscrits rendus à leur patrie. — Digression sur le siècle d'Auguste. — Pamphlets. — Révélation curieuse.

C'ÉTAIT un drôle d'homme que ce général Dupas dont j'ai parlé dans le précédent chapitre. Il avait surtout une manière si grave et si solennelle de faire ce qu'on est convenu d'appeler *des pataquès*, qu'il n'y avait pas moyen d'y tenir. Il joignait à cette façon toute digne d'errer sérieusement dans toutes ses phrases, une figure longue, jaune et blême, qui contrastait étrangement avec les paroles burlesques qui sortaient de sa bouche. Non pas qu'il voulût être drôle, il n'en avait jamais l'envie; mais il le devenait à son insçu, et cela tout innocemment. Il avait, entre autres, une certaine histoire qu'il racontait assez volontiers, et qui me rendit bien heureuse la première fois que je l'entendis. C'était une dispute qu'il avait eue en Allemagne ou en Italie, je ne sais plus lequel des deux pays, avec un officier autrichien qui s'avisait, disait-il, de prétendre que la France n'était pas la première des nations ; ce qui pouvait être permis à un pauvre diable qui venait d'être battu par ceux qu'on voulait lui faire proclamer les premiers de l'univers. Il faut être soi-même à une grande hauteur pour convenir de la gloire d'un ennemi; mais le général Dupas ne voulait faire aucune concession à la médiocrité de son prisonnier, et lorsque le souvenir de cette conversation lui revenait à l'esprit, il devenait éloquent comme en ses plus beaux jours : « A peine eut-il parlé aussi impertinemment, disait-il, que *je me leva, je l'empogna, et je le lança dans la cheminée où je le rencogna, et là*..... »

Et le général figurait une correction manuelle

qui n'était pas fort en usage parmi les gens qui mangent à table. C'était, du reste, un homme fort brave, qui donnait aussi sérieusement un coup de sabre qu'il disait : *je l'empogna;* et Napoléon, qui n'avait pas besoin de poète à la tête d'une brigade, l'avait nommé l'un des quatre commandants sous les ordres de Junot, certain que lorsqu'il *empognerait* un ennemi, il le tiendrait bien.

Comme tous les souvenirs s'enchaînent! Ce que je viens de dire du général Dupas, me rappelle un mot de Napoléon, qui paraît d'abord contredire ma dernière phrase, et qui pourtant est également l'expression de ma pensée.

Il disait un jour que la bravoure n'était pas la première qualité exigée dans un général, et surtout dans un général commandant. Je ne compris pas d'abord le sens véritable de ce qu'il avançait; mais il développa ensuite si clairement son idée, que je la saisis tout entière.

« Pourquoi, dit-il, le soldat porte-t-il un si grand respect à son supérieur? c'est parce qu'il le sait instruit. Il le suit avec confiance, au travers des déserts, des montagnes, des pays inconnus pour lui, mais qu'il sait ne pas l'être de son chef. Lorsque la bravoure se joint au savoir, alors l'homme de guerre est complet. Mais il faut encore que cette bravoure ne soit pas téméraire, ni la vie des hommes compromise par la tentation d'aller donner ou recevoir un coup de sabre. On s'étonne quelquefois de la nomination rapide d'un chef d'escadron au titre de colonel, puis immédiatement de général de brigade. C'est que le chef d'escadron nommé colonel ne justifie pas les espérances qu'il donnait ; qu'étant à la tête de son régiment, il le conduisait bravement, il est vrai, mais en véritable étourneau, à la bouche du canon de l'ennemi, et qu'il s'en revenait à chaque affaire avec une blessure de plus, mais cinquante hommes de moins. Voilà donc un mauvais colonel ; il est bon soldat, mais on ne peut pas le remettre à la chambrée, et c'est un officier général de plus, excellent à donner à un général en chef pour qu'il le place en lieu convenable. Voilà le talent d'un ministre de la guerre. » Napoléon donna une grande extension à sa pensée. Il cita des noms que je me rappelle parfaitement, mais qu'il est inutile de retracer ici, et qu'il offrait comme exemple de ce qu'il avançait. Il nomma le général Kellermann (depuis duc de Valmy[1]) comme réunissant le savoir à la plus belle bravoure. Le général Lannes était présenté par lui

---

[1] Les amis du duc de Valmy, dont je m'honore de faire

comme le type parfait de l'homme de guerre. Il nomma ensuite l'un des noms les plus fameux de l'armée, et dit en souriant : « Eh bien! cet homme est d'une immense habileté, et pourtant il n'aime pas la poudre à canon. Mais que m'importe!.... tant que les soldats n'en sauront rien, je l'aime mieux à la tête d'un corps d'armée qu'un paladin coureur d'aventures..... Mais d'un autre côté, il ne faut pas que la troupe sache que son chef est..... »

Et Napoléon se servit d'un terme qui, dans sa langue naturelle, comme dans la nôtre, ne serait pas à sa place ici. Cette opinion de l'empereur, je ne l'ai point saisie dans une seule occasion, ainsi qu'on peut bien le penser. Ce n'est même qu'à l'aide de ma nullité de femme que je recueillais des paroles dites par lui, soit lorsqu'il se promenait dans l'allée qui longe le château de la Malmaison, tandis que nous étions avec madame Bonaparte sur le pont qui mène au jardin, soit pendant qu'il parcourait la petite galerie à côté du salon, dans laquelle on se tenait souvent, et qui alors était la pièce la plus vaste du château. On sait que le premier consul

---

partie, s'étonnent qu'avec cette façon de penser, Napoléon n'ait pas donné au général Kellermann un des bâtons brodés d'abeilles. C'est un des torts de Napoléon.

n'était pas autrement gracieux dans ses manières avec les femmes, et certes, ce n'eût pas été pour causer de choses de la nature de celles que je viens de rapporter qu'il se serait assis près de l'une de nous. Comme il paraît que la malveillance commence à s'éveiller en ma faveur, que l'on interprète mes paroles, qu'on me fait dire ce que je ne dis pas, que de trois pages on en fait cinquante, je dois bien établir ce que je rapporte; car, à la façon dont cela commence, il arriverait que l'on me ferait affirmer que le premier consul s'est expliqué avec moi sur le plus ou moins de bravoure des généraux de l'armée. Je savais bien qu'il existait une malveillance à laquelle doivent s'attendre tous ceux qui mettent du noir sur du blanc, mais j'avoue que j'ignorais qu'elle pût laisser la partie littéraire, pour s'occuper *méchamment* et *personnellement* d'un auteur ! aller remuer la tombe pour y chercher ceux qu'il aimait et qu'il respectait, et blesser ainsi toutes les convenances sociales ! M. de Feletz avait déclaré à madame de Staël une guerre un peu vive; mais jamais sa mordante et spirituelle épigramme ne dépassa les bornes que prescrit le bon goût, et par suite l'esprit, car le mauvais goût, les expressions sottisières lui sont antipathiques. Aussi se rappellera-t-on les feuilletons qui parlent de Corinne, aussi long-temps que le nom de madame de Staël sera prononcé.

Je disais tout à l'heure que les souvenirs s'enchaînaient : celui du général Dupas m'a rappelé des paroles remarquables de l'empereur; ce même général Dupas me remet en présence d'un brave et excellent homme qui était son aide-de-camp, et qui donna lieu un jour à une scène fort gaie.

Cet aide-de-camp, qu'on appelait Barral, était bien le meilleur, le plus digne des humains. Il était brave comme son général; ils s'étaient connus et appréciés en Égypte où le lieutenant Barral était alors *dromadaire*[1]. Il avait de la timidité dans le monde, où il allait assez peu, et c'était un vrai supplice pour lui que d'accompagner son général chez le préfet du département.

J'ai parlé déjà, je crois, de M. de Lachaise, préfet du département du Pas-de-Calais. C'était un homme d'un esprit des plus distingués, mais ayant une manie qui était devenue *monomanie:* il professait un culte, une vénération pour les titres et pour les généalogies. Ce qui rendait ce

---

[1] L'empereur, qui mettait tout à profit, avait rassemblé tous les dromadaires qui se trouvaient au Caire et à Alexandrie, et les ayant fait monter par des hommes résolus, il en avait formé un régiment.

sentiment plaisant, c'est que M. de Lachaise, qui du reste n'était pas royaliste, pensait fort bien, et servait la république en loyal Français, avait un amour pour les noms à particules, dont il ne pouvait se défaire, et peu s'en fallait quelquefois qu'il ne dît : *Madame de Liberté.*

Dans les premiers temps de notre établissement dans la capitale de l'Artois, il eut un vrai travail à faire avec lui-même pour cette immense liste de noms tout roturiers qu'il lui fallut apprendre par cœur. Comme il était parfaitement spirituel et bon, qu'il ne voulait blesser personne, tant pour ne pas offenser que pour ne pas être ridicule, il se tenait dans une continuelle observance de ses paroles; mais malgré lui il tombait souvent dans d'étranges erreurs.

Junot avait pour chef d'état-major un officier supérieur, adjudant-général de la garde des consuls, M. Clément, dont j'ai déjà, je pense, tracé le portrait. Mais, sans que ce soit *une longueur,* je puis bien répéter ici que M. Clément était un homme d'esprit. Il était en même temps fort républicain, et ennemi *des particules* autant qu'elles étaient chéries de M. de Lachaise. Cette diversité de sentiment avait produit entre le chef d'état-major de la division d'élite, et le préfet du Pas-de-Calais, une sorte de mésintelligence qui souvent amenait des scènes un peu vives, mais qui étaient presque toujours plaisantes, parce que les deux interlocuteurs avaient de l'esprit et de bonnes manières, et qu'ils savaient plaisanter : cependant Clément prenait quelquefois de l'humeur ; alors il allongeait la patte, et les griffes sortaient un peu plus longues.

Le capitaine Barral venait d'arriver à Arras où il avait rejoint son général. La présentation d'usage une fois faite au préfet, celui-ci envoie au capitaine dromadaire une invitation à dîner pour le lendemain. C'était un des grands dîners d'apparat que M. de Lachaise donnait souvent dans le courant du mois ; car il était fort honorable dans sa représentation. Un moment avant dîner il s'approche de Clément et lui dit :

— Ah çà, parlez-moi sérieusement. Quel est ce nouveau venu ? Vous l'appelez Barral ; serait-il parent de l'archevêque de Tours ?

— Son propre neveu, répond Clément avec assurance. Je croyais vous l'avoir dit.

M. de Lachaise se rapproche de M. Barral, lui parle avec une grâce toute particulière, et l'engage à regarder l'hôtel de la préfecture comme sa propre maison pendant son séjour à Arras. On passe dans la salle à manger ; M. de Lachaise ne pouvant pas placer M. Barral à côté de madame de Lachaise, s'occupe de lui autant que le lui permettent les fonctions de maître de maison qu'il remplissait toujours à merveille. Mais voulant donner à M. le neveu de l'archevêque une preuve toute particulière de son attention, à peine est-on assis que, s'adressant à lui au milieu du silence solennel qui suit toujours le premier moment du dîner, il lui dit d'une voix très-sonore :

— M. *de* Barral, y a-t-il long-temps que vous n'avez reçu des nouvelles de Monseigneur?

Le dromadaire mangeait sa soupe au moment de l'interpellation. Il tenait, comme chose de rigueur pour *un militaire bien élevé*, sa fourchette et sa cuiller de main droite et de main gauche. Effrayé pour ainsi dire de se voir l'objet de l'attention directe de soixante regards braqués sur lui; étonné pour le moins autant de *la particule* adaptée à son nom, il laissa tomber ses armes, et regardant M. de Lachaise, il ne répondit que par la plus burlesque expression de physionomie. Je m'aperçus à l'instant qu'il y avait quelque méprise, dont je ne voulais pas que M. de Lachaise ni M. Barral fussent victimes, en servant de sujet à une plaisanterie que le ridicule rendrait pour eux plus amère. Déjà le rire commençait à ne se pouvoir plus contenir, et Clément, qui éclata le premier, me mit au fait du fond de l'affaire. Je me hâtai de dire à M. de Lachaise qu'il y avait sans doute erreur, et il se mit aussitôt en devoir de généraliser la conversation. Le pauvre dromadaire n'avait pas eu la force de reprendre sa cuiller, et fut ainsi privé d'une partie très-essentielle de son repas. On se mit à manger, on rit, et au bout de quelques instants on eut la possibilité de donner un motif à l'hilarité qu'avaient excitée les deux figures tout aussi bonnes dans leur genre à la suite de leur étonnement mutuel. Mais M. de Lachaise ne riait pas aussi gaîment que nous, et sa physionomie malicieuse reprenait de la verdeur lorsque son regard rencontrait celui de Clément.

— M. Clément, lui dit-il dans un intervalle de repos, vous êtes sans doute l'un des descendants du *Clément*[1] qui fut le premier maréchal de France?

— M. le préfet, répondit l'adjudant-général avec un grand sang-froid, cela est fort possible. Tout ce que je puis vous affirmer, c'est que mon grand-père était maréchal-ferrant.

M. de Lachaise ne dit plus rien.

---

[1] Le premier maréchal de France s'appelait en effet **Clément**.

Nous étions établis depuis plusieurs mois à Arras, lorsqu'un matin le *Moniteur* nous annonça que la motion avait été faite au tribunat de confier le gouvernement de la république à *un empereur*, et de déclarer l'empire héréditaire dans la famille du premier consul Bonaparte. Ce fut un tribun nommé *Curée*[1] qui fit cette motion. Son discours contenait de bonnes choses et des raisons puissantes à l'appui de ce qu'il proposait.

« Le temps se hâte, disait-il en terminant, le siècle de Bonaparte *est à sa quatrième année*, et la nation veut un chef aussi illustre que ses destinées. »

Le sénat suivit l'exemple du tribunat et adopta la motion. Ce n'est pas ici le lieu de rapporter ce qui se passa alors. L'enthousiasme de la France entière, cette acclamation réunissant en une seule voix l'assentiment de tout un peuple !... ce sont là des souvenirs éternels. Ils sont écrits sur un airain que jamais la jalousie ni la basse envie ne pourront détruire. La harangue de Cam-

---

[1] Le tribun Curée est un homme fort remarquable. C'est un ancien conventionnel, chose assez bizarre. Mais il est juste de dire qu'il n'a pas voté la mort du roi. Il proposa la motion de parfaite bonne foi. Il vit toujours, et est retiré chez lui dans le Midi au milieu de chefs-d'œuvre des arts, dont il est enthousiaste.

bacérès est dans le *Moniteur*, je me dispenserai donc de la répéter ici. Mais il est plusieurs phrases de la réponse de l'empereur que je juge utile de placer en ce moment sous les yeux de mes lecteurs, parce que je doute qu'elles aient été mentionnées alors dans cette réponse.

« J'accepte le titre que vous croyez UTILE à la
« nation... Je soumets à la sanction du peuple
« la loi de l'hérédité... J'espère que jamais il ne
« se repentira des honneurs dont il environne
« ma famille... Dans tous les cas, MON ESPRIT NE
« SERA PLUS AVEC MA POSTÉRITÉ, le jour où elle
« cessera de mériter l'amour et l'estime de la
« grande nation. »

On a dit (car que ne dit-on pas en France?) que Napoléon avait pris le titre d'empereur pour suivre l'exemple de Cromwell et d'Auguste. Je relève cette grossière erreur, parce que, toute sotte et tout impertinente qu'elle est, il se trouve encore aujourd'hui des stupides qui nous la répètent. C'est-à-dire que le mot *stupides* n'est pas juste, je devrais me servir d'un autre plus sévère peut-être... Mais enfin il fallait que Napoléon portât la peine de sa faute... il fallait qu'il trouvât ingratitude au lieu de reconnaissance dans les trente mille proscrits auxquels il avait rouvert les portes de leur patrie et rendu la plus grande partie de leurs biens. Toujours est-il que Cromwell et Auguste, non plus que cent autres personnages dont les noms sont dans l'histoire, ne furent jamais les *modèles* de conduite de Napoléon dans la plus importante circonstance de sa vie et de celle de l'état depuis le commencement de la révolution. Il choisit le nom ou *le titre* d'empereur, parce qu'il se trouvait plus en harmonie avec les sympathies militaires, et qu'il ne blessait aucune des oreilles civiles. *La France entière* à cette époque aurait frissonné au nom de *roi*. Personne n'aurait accepté un pacte présenté au nom de la *royauté*. C'est un fait duquel peuvent répondre des millions d'individus qui existaient alors et qui vivent toujours. Je soutiens que, quelque éloquent que fût Régnault-de-Saint-Jean-d'Angely comme orateur du gouvernement, il eût été hué, et sa harangue repoussée, s'il fût entré en matière au nom de la royauté. Ce fut donc pour *obéir* à l'esprit national que Napoléon prit le titre d'empereur. Quant à Auguste, il le prit par des raisons à lui connues, et que nous ne pouvons pas savoir, attendu que ce fut un homme passablement dissimulé, et qu'il y a bien long-temps de cela. Ce qu'il y a de certain, c'est que les Romains ne craignaient pas la royauté, mais bien le pouvoir,

Ce n'est pas pour avoir dit qu'il voulait être *roi* que César fut assassiné, mais plutôt parce que Brutus et ses compagnons, gens de cœur et tous hommes habiles, au regard pénétrant, avaient deviné le despote. Il se serait appelé tribun ou consul, qu'il eût de même péri. Car les Romains savaient par expérience que le nom ne faisait rien à la chose; et Sylla, quoiqu'il ne fût plus que dictateur *dédictaturé*, n'en faisait pas moins étrangler les gens dans sa chambre la veille de sa mort à lui-même[1]. Auguste prit le titre d'empereur, non pour plaire à aucun des Romains : depuis la destruction du parti de Pompée qu'avait-il à craindre d'eux ?.... il n'en était pas d'assez redoutables parmi eux pour qu'il prît la moindre peine de les flatter. En voilà bien long sur des gens morts depuis tantôt deux mille ans... mais ce n'est pas hors de propos. Car à l'époque du couronnement de Napoléon, il parut

---

[1] « Le jour de devant qu'il trespassast, dit Plutarque, étant
« adverti qu'un nommé *Granius*, qui devoit de l'argent à
« la chose publique, différoit de payer attendant sa mort,
« il l'envoya quérir, le fist venir en sa chambre, là où tost
« qu'il fust venu il le fit environner par ses ministres et
« leur commanda de l'étrangler devant luy. Mais à force
« de crier et se tormenter, il fist crever l'aposthume qu'il
« avoit dans le corps, etc., etc. »

quelques brochures assez secrètes à la vérité, mais qui depuis ont bravement vu le jour, et dans lesquelles on ne se faisait pas faute de comparaisons, de *parallèles entre l'empereur et Cromwell* [1], *entre l'empereur français et l'empereur romain;* il n'y manquait que le roi Priam, auquel il ne ressemblait guère, car alors il n'avait pas d'enfants. Mais pour rendre justice aux radoteurs, cette époque reculée ne leur a pas échappé, et nous avons vu en 1806 un homme, dont l'esprit avait probablement baissé, comparer *Madame* à la pauvre reine Hécube qui, comme chacun sait, rêvait qu'elle accouchait de flambeaux allumés; ce qui était assez incommode.

Mais un fait que je dois consigner dans ces mémoires, parce que ce fait n'est que le résultat d'observations, de remarques faites avec soin autour de moi et parmi mes amis, c'est la douleur, je dois dire le mot, qu'éprouvèrent la plus grande partie des généraux même les plus dévoués à l'empereur. Ils étaient enfants de la ré-

---

[1] Noms de quelques-unes de ces plates et injurieuses productions. Je ne nomme pas ici le poète qui improvisa dans une maison où je dînais le méchant sonnet que je rappelle. Mon silence n'est que pour sa mémoire. Mais la chose fut assez connue pour que le souvenir que j'en évoque la rappelle entièrement.

publique, ils l'aimaient. Et je puis certifier que plusieurs, au moins, ne virent nullement en beau l'avenir qu'on leur présentait à eux-mêmes si lumineux d'honneurs et de dignités. C'est une chose dont on n'a fait mention dans aucune histoire que cette révélation. On ne la trouvera dans aucun journal. Les livres écrits depuis l'empire respirent la passion, et sont presque tous mensongers. Ceux qui paraissaient alors ne parlaient que de l'enthousiasme du peuple, et il était réel. Et puis, dans ce que j'avance, il faut bien se garder de voir ce que je ne peins pas; il ne faut pas substituer d'autres couleurs aux miennes... Le sentiment qu'éprouvèrent plusieurs des généraux de Napoléon fut un amer regret de voir s'effacer tout ce qui rappelait la république. Ce regret n'avait rien d'hostile contre l'empereur, tout au contraire. Ainsi, par exemple, je puis parler avec connaissance de cause de ce que pensait mon mari; et je l'ai vu pleurant sur l'adieu qu'il fallait dire à toutes les coutumes, à tout ce qui constatait si parfaitement ce que les Français ont toujours voulu bien plus que la liberté : l'*égalité*. Mais lui, ainsi que plusieurs autres, n'en votaient pas moins de cœur et de conscience pour que Napoléon fût empereur. Seulement ils craignaient pour lui-même le résultat de l'admission de tant d'intrus, devenus étrangers, peut-être même ennemis, dans les rangs de notre armée, comme dans ceux de nos administrations. L'altération de la constitution de l'an VIII sanctionnait toutes ces choses, dont tous les fidèles amis de l'empereur entrevoyaient par instinct les funestes suites pour sa propre destinée. Que de fois j'ai entendu des hommes, dont *plusieurs vivent encore aujourd'hui*, reconnaître qu'il était *le seul* qui pût nous gouverner et prendre la conduite du navire en ces moments d'orage! Cependant ils étaient républicains, *et républicains purs*. Il eut sans doute le tort d'admettre en France, sans de fortes garanties, trente mille proscrits qui revenaient avec le cœur gros de haine et avides de vengeance. Mais cette faute, si cette action *est faute* en effet, fut conseillée par des hommes qui devaient être les défenseurs de cette patrie dont ils livraient ainsi les plus belles parties à l'ennemi. Et puisque nous en sommes sur ce sujet, je consacrerai une partie du chapitre suivant à la relation d'une histoire bien antérieure, et que je donne comme aussi authentique qu'une chose de cette nature peut l'être; aussi bien, elle aura l'avantage de servir de fanal pour arriver à un point plus certain.

CHAPITRE IV.

Anecdote piquante sur certain fauteuil. — Moreau, Joubert, Bernadotte et M. d'Azara — Clément de Ris. — Départ pour Marengo. — Déconvenue de certaines gens. — Enlèvement d'un sénateur. — Conduite de Fouché, ministre de la police. — Lettre de Clément de Ris à Fouché. — Bizarrerie de sa délivrance. — Visite à Beauvais. — Secret surpris. — Paroles de l'empereur à Junot. — Davout. — Marmont. — Les généraux Oudinot, Friand, Durute. — Le contre-amiral Magon. — Parodie et paraphrase de Napoléon. — Le colonel Bory. — Comment Davout traitait son beau-frère.

On connaît le fameux enlèvement de M. Clément de Ris. C'était un homme d'honneur, d'âme, et possédant de rares qualités dans des temps révolutionnaires. Fouché et un autre homme d'état encore, vivant aujourd'hui comme homme privé et comme homme public, ce qui m'empêche de le nommer, non que j'en aie peur, je ne suis pas craintive de ma nature, mais parce que la chose est inutile pour ceux qui ne le connaissent pas, et que ceux qui le connaissent n'ont que faire même d'une initiale. Ce personnage donc qui avait coopéré comme beaucoup d'autres à la besogne du 18 brumaire, besogne qui, selon leurs appétits gloutons, devait être grandement récompensée, ce personnage vit avec humeur que l'on mît d'autres que lui dans un fauteuil où il aurait voulu s'asseoir. — Quel fauteuil me dira-t-on?... Celui de sénateur? — Quelle idée! non vraiment. — Celui de président de la chambre des députés? — Eh non! — Celui de l'archevêque de Paris? — Ma foi!... mais non. D'abord il n'y en avait pas encore de remis en place. — De fauteuil? — Non, d'archevêque. Enfin ce n'était pas celui-là non plus. Mais ce qui est certain, c'est que le personnage en voulait *un* qu'il n'eut pas, ce qui le fâcha. Fouché, qui avait eu bonne envie de s'asseoir dans le beau fauteuil de velours rouge, s'unit non pas de cœur, mais de colère avec le personnage dont je vous ai parlé : il paraît (selon la chronique du temps) qu'ils commencèrent par plaindre la patrie (c'est l'usage).—Pauvre patrie!... pauvre république!... moi qui l'ai si bien servie! disait Fouché. — Moi qui l'ai si bien desservie! pensait l'autre. — Je ne parle pas pour moi, disait Fouché; un vrai républicain s'oublie toujours... Mais vous! — Je n'ai pas un moment pensé à moi, répondait l'autre, mais c'est une affreuse injustice que de vous avoir préféré Calotin!

Et de politesse en politesse, ils en vinrent à trouver qu'il y avait deux fauteuils, et que leur fatigue politique pouvait souffler, en attendant mieux, dans les deux fauteuils tant désirés.

— Mais, dit Fouché, il y a même trois fauteuils!

Vous allez voir quel fut le résultat de cette conversation, toujours d'après la chronique, et elle n'a guère eu le temps de s'altérer, car elle est de l'an de grâce 1800, cette histoire que je vous raconte. J'aurais pu vous la dire dans les volumes précédents, mais elle est mieux dans son jour maintenant. C'est par les contrastes qu'eux-mêmes apportent dans leur conduite qu'on peut juger et apprécier les hommes, et Dieu sait si l'un de ceux dont je parle en ce moment en a fourni matière. Le premier exemple qu'il donna, exemple qui pourrait être mis en tête de son catéchisme (car il en a fait un), fut celui d'une entière soumission aux volontés de *l'empereur*, après avoir voulu jouer au premier consul le tour que voici : c'est toujours, comme je l'ai dit, la chronique qui parle.

Tout en devisant ensemble sur le sort de la France, ils en vinrent tous deux à rappeler que Moreau, ce républicain si vanté, que Joubert, Bernadotte, et quelques autres, avaient ouvert l'oreille à des paroles de l'Espagne portées par M. d'Azara à l'effet de culbuter le directoire, lequel, certes, était bien digne de faire la culbute, même dans la rivière; il y avait donc abus à rappeler le fait et à comparer les temps. Mais les passions ne raisonnent guère, ou plutôt ne raisonnent pas du tout. Les deux hommes d'état se dirent donc :

«Pourquoi ne ferions-nous pas faire la culbute aux trois consuls?» car, puisque vous voulez le savoir, je vous dirai donc enfin que c'était le fauteuil de consul-adjoint que convoitaient ces messieurs; mais, comme la faim vient en mangeant, tout en grondant de n'avoir ni le second ni le troisième, ils jetèrent leur dévolu sur le premier; ils se l'abandonnèrent sur le tapis avec une politesse toute charmante, se promettant bien, comme je n'ai pas besoin de vous le dire, de le prendre et de le garder le plus long-temps qu'ils pourraient chacun pour soi. Mais là ou jamais, c'était le cas de dire qu'*il ne faut pas vendre la peau de l'ours, avant de l'avoir jeté par terre.*

Clément de Ris était, comme je vous l'ai rapporté, un honnête homme, un consciencieux républicain, et l'un de ceux qui de bonne foi s'étaient attachés à Napoléon, parce qu'ils voyaient enfin que LUI SEUL pouvait faire aller la machine. Les gens qui ne pensaient pas de même probablement, puisqu'ils avaient le projet de tout changer, lui retournèrent si bien l'esprit en lui montrant en perspective le troisième fauteuil, qu'il en vint au point de connaître une partie de leur plan et même de l'approuver. C'est en ce moment qu'eut lieu le départ pour Marengo. L'occasion était belle, il ne fallait pas la manquer; si le premier consul était battu, il devait ne pas rentrer en France, ou n'y rentrer que pour y vivre sous de bons verroux. De quoi s'avisait-il aussi d'aller faire la guerre à plus fort que lui? (C'est toujours la chronique.)

Clément de Ris étant donc chez lui un matin, déjà coiffé de sa perruque de sénateur quoiqu'il eût encore sa robe de chambre, reçut cette communication dont je viens de parler, et comme il faut toujours penser à tout, observe la chronique, on lui demanda de se charger des proclamations déjà imprimées, des discours et autres choses nécessaires aux gens qui ne travaillent qu'à coups de paroles. Tout allait assez bien, ou plutôt assez mal, lorsque tout à coup arrive, comme vous savez, cette nouvelle qui ne fut accablante que pour quelques méchants, mais qui rendit la France entière ivre de joie et folle d'adoration pour son libérateur, pour celui qui lui donnait un vêtement de gloire immortelle; en la recevant, les deux postulants aux fauteuils changèrent de visage (c'est ce que l'un d'eux pouvait faire de mieux), et Clément de Ris aurait voulu ne s'être jamais mêlé de cette affaire. Il le dit peut-être trop haut, et l'un des *candidats* lui parla d'une manière qui ne lui convint pas. Il s'aperçut assez à temps qu'il devait prendre des mesures défensives, s'il voulait prévenir une offense dont le résultat n'eût été rien moins que la perte de sa tête; il mit à l'abri une grande portion des papiers qui devenaient terriblement accusateurs. Il le fit, et fit bien, dit la chronique; et je répète comme elle, qu'il fit *très-bien*.

Quand les joies, les triomphes, les illuminations, les fêtes, toute cette première manifestation d'une ivresse générale fut apaisée, mais en laissant pour preuves irréfragables que le premier consul était l'idole du peuple entier, alors ces hommes au pâle visage, dont je vous ai parlé, ne laissèrent même pas errer sur leurs lèvres le sourire sardonique qui les desserrait quelquefois. La trahison frémissait devant le front radieux de Napoléon, et ces hommes qui trouvaient tant d'échasses loin de lui, redevenaient pygmées en sa présence. Clément de Ris demeura comme il était, parce qu'il se repentit, et que d'ailleurs il n'en savait pas assez pour avoir le remords tout entier. Néanmoins il se tint en garde contre les hommes pâles, mais il avait à faire à plus forte partie que celle qu'il pouvait jouer.

Ce fut alors que la France apprit, avec une surprise que des paroles ne peuvent pas exprimer, qu'un sénateur, un des hommes considérables du gouvernement, avait été *enlevé*, à trois heures de l'après-midi, dans son château de Beauvais près de Tours, tandis qu'une partie de ses gens et de sa famille était à Tours pour voir célébrer une fête nationale (je crois le 1ᵉʳ vendémiaire de l'an IX). Il y avait bien eu de ces enlèvements lorsque le directoire nous tenait sous son agréable sceptre, mais depuis que le premier consul avait fait prendre, dans toutes les communes de l'Ouest qui vomissaient les chauffeurs, brillante écume de la chouannerie, des mesures aussi sages que vigoureuses, cette sorte de danger s'était tellement éloigné, surtout des habitations comme celles du château de Beauvais, qu'on n'en parlait presque plus. Les bandes qui furent quelque temps inquiétantes, en 1800 et 1801, étaient sur les bords du Rhin et sur les frontières de la Suisse. Ce fut donc une stupéfaction générale. Le ministre de la police, alors Fouché, dit *de Nantes*, comme l'appelle une autre chronique, se conduisit fort bien dans cette circonstance; il n'avait pas à redouter la surveillance de Dubois, notre préfet de police, qui n'aurait pas laissé échapper vingt-cinq hommes enlevant en plein jour une poulette de la taille et de l'encolure de Clément de Ris, sans qu'il en restât des traces après lesquelles ses limiers du moins auraient couru. L'affaire s'était passée à soixante lieues de Paris, Fouché avait donc beau jeu, et pouvait tenir les cartes ou bien écarter à son aise : ce fut ce qu'il fit. Pendant dix-sept à dix-huit jours on eut quelques éclairs d'indices sur la marche des fugitifs, qui entraînaient Clément de Ris, sous prétexte de lui faire donner une somme d'argent considérable. Tout à coup Fouché reçoit une lettre qui lui était adressée par Clément de Ris lui-même, qui ne voyant que le ministre de la police qui pût le sauver, lui demandait secours et assistance. Ceux qui ont connu l'âme pure et vertueuse de Clément de Ris ne seront pas étonnés de cette candeur et de cette confiance. Il avait bien pu avoir quelques craintes, mais je sais (du moins la chronique me l'a-t-elle dit) que c'était plutôt un sentiment vague de méfiance pour l'autre visage pâle que pour Fouché, qui lui avait fait prendre quelques précautions. Enfin cette lettre, mise avec grande emphase dans le *Moniteur*, fut apparemment un guide plus certain que tous les indices que la police avait pu recueillir jusque-là, chose cependant fort étonnante, car Clément de Ris n'y voyait pas clair, et ne savait pas où il était. Toujours est-il que peu de jours après l'avoir reçue, Fouché annonce que Clément de Ris est retrouvé. Mais où l'a-t-il été?.... Comment?.... Dans une forêt, les yeux bandés, marchant au milieu de quatre coquins qui se promenaient ainsi tranquillement comme pour une partie de colin-maillard ou de quatre coins. On tire des coups de pistolet, on crie, et voilà la victime délivrée, absolument comme dans *ma Tante Aurore*; excepté cependant que l'honnête et bon Clément de Ris fut pendant trois semaines au pouvoir d'infâmes scélérats, qui le promenaient au clair de lune tandis qu'ils faisaient les clercs de Saint-Nicolas.

Dans la première effusion de sa reconnaissance, il appela Fouché son sauveur, et lui écrivit une lettre que l'autre fit aussitôt insérer dans le *Moniteur* avec un beau rapport. Mais cette lettre n'eût pas été écrite peut-être quelque temps après, lorsque Clément de Ris, voulant revoir ses papiers, n'y trouva plus ceux qu'il avait déposés dans un lieu qu'il croyait sûr. Cette perte lui expliqua toute son aventure. Il était sage et prudent, il se tut, et fit encore bien; car avec les gens qui sont méchants, *parce qu'ils le veulent*, il faut bien se garder de le leur *faire vouloir*, et surtout par vengeance. Mais le cœur de l'homme de bien fut profondément ulcéré.

Quelques jours après son retour chez lui (je ne sais pas précisément l'époque), une personne que je connais fut voir Clément de Ris à Beauvais.... Elle le trouva triste, et d'une tristesse tout autre que celle qu'eût produite l'accablement, suite naturelle d'une aussi dure et longue captivité. Ils se promenèrent; en rentrant dans la maison, ils passèrent près d'une vaste place de gazon, dont les feuilles jaunes et noircies contrastaient avec la verdure chatoyante et veloutée des belles prairies de la Touraine à cette époque de l'année. La personne qui était venue le visiter en fit la remarque, et lui demanda pourquoi il permettait à ses domestiques de faire du feu sur une pelouse qui était en face de ses fenêtres? Clément de Ris regarda cette place, qui pouvait avoir quatre pieds de diamètre, mais sans surprise. Il était évident qu'il la connaissait déjà. Néanmoins son front devint plus soucieux ; une expression de peine profonde se peignit sur son visage toujours bienveillant. Il prit le bras de son ami, et s'éloignant d'un pas rapide :

— Je sais ce que c'est, dit-il... Ce sont *ces misérables !*.... Je sais ce que c'est.... je ne le sais que trop. Et il porta la main à son front avec un sourire amer.

Clément de Ris revint à Paris. Il n'avait pas assez de preuves pour attaquer celui qui avait voulu le sacrifier à sa sûreté.... Mais un monument s'éleva dans son cœur, et quoique inaperçu alors, il n'en fut pas moins durable.

N'ayant pas relaté cette histoire en son lieu d'*époque*, je l'ai gardée pour l'inauguration de l'empire. Elle me sert à prouver que Napoléon était de tous les hommes peut-être le moins haineux et le moins vindicatif. Il *a connu* cette histoire de Clément de Ris, mais plus tard; et lorsqu'elle lui parvint, il était tellement *assis* que les tentatives qui pouvaient être faites par des hommes n'ayant jamais manié que le canif, ne l'effrayaient pas. Mais il eut tort de pardonner, et de mettre sur les deux têtes qui avaient rêvé sa perte, des honneurs, des biens, des récompenses enfin, comme il en donnait à de fidèles serviteurs.

— Ils s'attacheront à moi.... ils m'aimeront, répondit-il un jour à Junot, qui lui parlait de son imprudente bonté avec sa franchise habituelle relativement à Fouché.

Et voilà le commencement de ses fautes..... Napoléon ne devait s'asseoir sur le trône impérial qu'entouré de cœurs et de bras fidèles.

On parle toujours de *sa tyrannie*, de ses violences, de son despotisme!.... Je suis, comme on le sait, dévouée à sa mémoire, je lui ai consacré une sorte de culte; mais je ne suis pas insensée, et je n'en fais pas un Dieu. Il était homme, il devait tenir de l'humanité les défauts qu'elle engendre. Néanmoins je dois dire avec une entière franchise, avec cette franchise presque religieuse que je dois apporter dans ces mémoires destinés à le faire connaître, que ce que je sais de lui, et ce que *je sais bien*, prouve une âme grande, oublieuse des injures, et cette volonté de récompenser le talent là où il était. Junot qui depuis Toulon ne l'avait jamais quitté, qui connaissait toutes les affections haineuses ou tendres de son âme, en développait tous les replis devant moi, et cette époque est peut-être celle de sa vie où Napoléon fut le plus grand, parce que long-temps en butte à des inimitiés envieuses, à de petites et lâches persécutions, il oublia tout à l'instant où le vœu national lui conféra la suprême puissance. Il ne se vengea *de personne ;* il fit plus, il imposa silence aux préventions personnelles, parce que les préventions portaient sur des hommes dont il avait d'ailleurs à se plaindre.

— *On croirait que je me venge*, répondait-il à Junot qui lui témoignait une fois son étonnement de ce que lui Napoléon venait de donner un commandement à un homme qui passait pour son ennemi en Égypte....

Lorsque le général Davout revint avec l'armée d'Orient, Junot me dit :

— Voilà un compatriote que je voudrais voir mieux accueilli qu'il ne le sera. Le premier consul n'aime pas Davout, parce qu'en Égypte il était lié avec tous ceux qui faisaient état d'être ses ennemis. Je ne crois pas que le premier consul ait raison, mais il n'en est pas moins vrai que Davout lui inspire une de ces antipathies les plus entières que l'on puisse avoir dans la vie contre un objet quel qu'il soit. J'en suis d'autant plus fâché que Davout est mon compatriote et qu'il a du talent.

Cette antipathie personnelle, dont toutes les personnes attachées au général Bonaparte en

Égypte ont pu avoir des preuves, mais qui, du reste, disparut dès les premiers instants de son retour, puisqu'il était en Italie avec Brune, cette antipathie avait une singulière origine; elle venait du cynisme du général Davout qui, pour le dire en passant, était bien alors l'homme le plus sale, le plus mal tenu qu'il fût possible de rencontrer. La chose me frappa comme tellement extraordinaire que, malgré ma bonne volonté d'être polie pour un ami de mon mari, je ne pus m'empêcher de témoigner mon étonnement, peut-être un peu trop haut, en voyant des bottes si crottées même en été (il fallait qu'il marchât au milieu du ruisseau, ce qui pouvait lui arriver en plein midi, car il n'y voyait pas clair), des mains petites et blanches, mais avec des ongles en demi-deuil, et tenant à un vieux gilet de flanelle bien crasseux. Je dis *tenant*, car c'est le mot propre ou plutôt *impropre*. Enfin, le général Davout était d'un cynisme dégoûtant dans toute sa personne, chose que Napoléon avait en aversion, lui qui était toujours[1] et en tout temps si propre et si soigneux. Puis,

---

[1] On me rappellera peut-être *les bottes* qui faisaient tant gronder ma mère lorsque le général Bonaparte venait nous voir à l'hôtel de la tranquillité. Mais alors il ne pouvait pas faire autrement que de les avoir crottées.

Davout était *gouailleur;* il avait de l'esprit, mais le premier consul n'aimait pas cette manière frondeuse, cette façon sardonique d'accompagner une louange d'un sourire; tout cela lui déplaisait, et il ne s'en cachait pas. Junot et Marmont, qui étaient les deux anciens auprès du général Bonaparte, et qui auraient voulu que Davout fût bien accueilli par leur général, parce qu'il n'était ni riche ni heureux, le reçurent à son arrivée avec toutes les démonstrations de la fraternité d'armes la plus loyale et la plus tendre. Madame Marmont et moi, malgré la répugnance que nous avions à voir crotter nos appartements si clairs et si luisants, nous accueillîmes aussi l'ami de nos maris avec une cordialité qui d'ailleurs n'était pas simulée; car alors j'étais, ce que je suis restée, une personne pas trop méchante, et madame Marmont était encore bonne.

Mais Davout qui, tout en ayant la vue basse, savait parfaitement démêler les écheveaux les plus embrouillés, démêla le sien avec tant d'habileté qu'il en fit une bonne petite pelote bien ronde et bien roulante. Il se mit en grâce auprès du premier consul qui, ayant chaque jour les oreilles frappées de cet éternel refrain, que Davout ne lui avait jamais voulu de mal, lui accorda non-seulement ce que celui-ci, je crois, désirait avant tout, des emplois et des honneurs, mais bien aussi de la confiance, mettant, comme on le voit, en oubli tout ce qu'il pouvait avoir contre lui de motifs de mécontentement et, par suite, de ressentiment. Davout fut d'abord nommé à l'un des commandements de la garde ; il épousa la sœur du général Leclerc, qui, deux ans plus tôt, avait été fiancée au général Lannes, et sa faveur fut toujours croissante. Il commandait à cette époque le camp appelé de Bruges, et qui pouvait s'appeler autrement puisque le quartier-général fut d'abord à Ostende. Il avait sous ses ordres le général *Oudinot* qui commandait la première division, le général *Friand* la seconde, et le général *Durute* la troisième. La division d'Oudinot était au nord du canal et le général se tenait à Schlikem, la division Friand au sud d'Ostende, et Durute était au Rosental sur Dunkerque. Les environs de Gravelines et de Furnes avaient la cavalerie. Ce ne fut qu'au bout d'un an que l'armée de Davout quitta les boues d'Ostende pour aller à Dunkerque. C'est à cette époque que le général Oudinot vint remplacer Junot qui allait en Portugal, et fut lui-même remplacé par le gigantesque Bisson auprès de Davout.

Un de nos amis les plus intimes, un de ces

amis qui ne se remplacent pas, car il m'avait bercée dans mon enfance, le contre-amiral Magon, commandait la flottille. C'était lui qui, selon les premiers projets de Napoléon, devait conduire la division d'élite d'Arras (qui devint ensuite la réserve) sur les côtes d'Angleterre.

— Mon ami, disait-il à Junot, si quelque coup de vent nous sépare du reste de la flotte, nous débarquerons toujours, je vous descends avec vos braves grenadiers. Vous serez attaqués, cela doit être ; alors je viens vous prêter secours avec mes marins, qui sont gens de cœur : nous battons les Anglais avec votre division, comme avec vos trois cents braves vous battîtes les Turcs à Nazareth. Nous allons à Londres, et nous arrivons tout exprès pour recevoir le premier consul.

Et le brave marin secouait la main de Junot de manière à la lui séparer du bras. Junot le lui rendait encore plus vivement, car on le connaît assez pour savoir qu'il accueillait comme très-possibles les chevaleresques et aventureuses idées du contre-amiral Magon.

Davout n'était pas maréchal lors de la formation du camp de Bruges. Napoléon n'était que consul à vie, puisque le consulat à vie précéda, comme on sait, l'empire de deux années, et qu'il fut conféré à Napoléon le 2 août 1802. Mais Davout commandait une portion de la garde consulaire comme Soult, Bessières et Mortier. Il avait épousé mademoiselle Leclerc, et, comme je l'ai dit, sa faveur aussi rapide que peu prévue était alors au commencement de sa carrière. Car, comme toute chose en ce monde, la faveur naît, vit et meurt.

Pour alimenter le souffle vital de la sienne, on dit, mais je n'en crois pas un mot (je ne fais que rapporter ici les bruits vulgaires), que Davout avait imaginé un moyen assez bizarre. Il avait trop d'esprit pour devenir tout-à-coup l'admirateur passionné de l'homme qu'il blâmait, dont il se moquait même deux ou trois années plus tôt; mais il prit pour tâche unique de copier le premier consul dans sa mise, dans sa tenue militaire. Il avait un peu dans sa figure la charge de Bonaparte, cette *demi*-ressemblance fut exploitée de cent manières. Mais une autre similitude fut aussi mise à profit. Quant à celle-ci, elle fut moins bien mise en œuvre; elle était toute morale, et, dans cette partie-là, Napoléon n'était pas facile à copier. Cependant la partie sévère étant plus aisée probablement à aborder, ce fut elle que Davout s'attacha non-seulement à imiter, mais à *paraphraser*. Cette époque était celle d'une sorte de régénération générale pour la France, mais surtout pour la discipline militaire, qui avait bien été observée, mais d'une manière peu uniforme. Le premier consul songeait donc à faire marcher toute l'armée sous d'égales lois dont l'observance devait être strictement suivie. Il s'expliqua souvent à cet égard devant plusieurs de ses généraux, et l'on dit que Davout fut l'un de ceux qui lui promit le meilleur compte des hommes qui lui seraient confiés. A cette époque, je vivais au milieu d'un monde tout militaire, j'étais à l'armée et mes oreilles étaient continuellement frappées de plaintes formées par les inférieurs, de blâme porté par les égaux ou les supérieurs, qui tous, pour ainsi dire, enfants de la révolution, n'admettaient pas encore ce système, qui vint plus tard, mais dont le plus grand nombre eut le bon esprit de se préserver. La hauteur du maréchal Davout n'avait donc que fort peu d'approbateurs, si même elle en avait. On se demandait pourquoi le général Davout n'était pas poli. On avait de l'humeur lorsqu'on était colonel, par exemple, ou bien officier général, et que le général en chef vous recevait en pantoufles, en robe de chambre et sans prendre la peine de se lever pour vous saluer. Cela n'é-

avait pris le mousquet, à la garde de Dieu. Tu n'as rien, mais je t'ai donné de bons et de vertueux principes. Sois honnête ; songe à notre père, et ne m'oublie pas.

Le jeune homme était parti. Je ne sais s'il avait pensé à son père, mais ce qui est certain, c'est que du frère pauvre et gendarme il n'en était non plus question dans sa cervelle que si jamais il n'avait eu de frère pauvre et gendarme.

Le frère mourut; il était dans une profonde misère qui ne fit que redoubler pour sa veuve et ses deux petits enfants qu'il laissait par-devers lui. Mais avant de mourir il écrivit à son frère le colonel une lettre touchante pour les lui recommander.

La veuve attendit une réponse ; elle ne vint pas. Elle écrivit elle-même, toujours même silence. Elle était mère, elle voyait ses enfants mourir de faim, elle s'informa où était le 22e de ligne dont d'Arsenne était colonel, et prenant ses enfants par la main, elle se mit en route *à pied* avec eux, pour aller au camp de Bruges. Il y avait loin; elle était du département de l'Hérault.

Arrivée à Ostende, la pauvre femme demande la demeure du colonel d'Arsenne. Elle était couverte de haillons, misérable, les domestiques la chassèrent. Elle pleura, dit qu'elle était *la sœur* du colonel, on ne l'en chassa que plus durement; mais la singularité du fait engagea l'un des serviteurs à aller prévenir son maître; le colonel fronça le sourcil; la mémoire lui revint, il se rappela qu'il avait UN FRÈRE, mais ce fut pour ordonner à ses gens de jeter à la porte l'aventurière qui osait prendre le nom de sa belle-sœur.

Il y avait alors au camp de Bruges un homme appelé *Florainville*, chef d'escadron de gendarmerie, qui mettait ce qu'on appelle *l'ordre* dans le camp et même au-delà. D'Arsenne fut le trouver, et lui dit que son frère avait eu une maîtresse, une vagabonde, qui venait, profitant de la position dans laquelle il se trouvait, pour l'exploiter à son profit, et qu'il lui demandait *de la faire partir*. M. Florainville, sans s'informer si la chose était ou non véritable, promit ce que demandait le colonel, et le même soir la pauvre veuve reçut ordre de quitter le camp de Bruges, sous peine de se voir enfermée comme vagabonde et coureuse.

La pauvre femme, au désespoir et de sa misère et d'une conduite si barbare, raconta à quelques bonnes âmes toute son histoire. Elle était courte et touchante. Rien n'était controuvé; tout était vrai. Ses papiers étaient en règle, elle avait son contrat de mariage ainsi que l'extrait mortuaire du pauvre gendarme; quelqu'un lui conseilla de s'adresser au maréchal. — Il est dur, mais il est équitable, lui dit-on, il vous rendra justice. — Je ne sais comment elle s'y prit, mais le maréchal reçut en même temps et la pétition de la veuve et les preuves de la justice de ses réclamations. Il fit inviter à dîner tous les colonels de la division de d'Arsenne qui, autant que je puis me le rappeler, était celle d'Oudinot. Il y avait vingt-cinq personnes à table. Le plus profond silence régnait comme toujours pendant les premiers instants du dîner. Tout-à-coup le maréchal prend la parole, et s'adressant à d'Arsenne :

— Colonel d'Arsenne, vous aviez un frère?

Le colonel demeura stupéfait de la question, et surtout du ton avec lequel elle lui était faite.

— Mon général...

— Oui, oui, vous aviez un frère... un brave homme... qui vous a élevé, monsieur... qui vous a montré à lire... un digne homme enfin; sa veuve est ici, monsieur...

— Mon général, c'est une aventurière...

— Silence! monsieur... Je ne *vous interroge pas*... je vous dis *moi*, que la *veuve de votre frère*, *votre belle-sœur*, monsieur, est ici à attendre, dans la plus profonde misère... et que vous avez osé la faire *chasser* comme vagabonde... C'est infâme, monsieur... J'ai vu son contrat de mariage, j'ai vu tous ses titres... ils sont légaux... ils sont en règle... Votre conduite est affreuse dans cette circonstance, colonel d'Arsenne.

Le colonel avait les yeux attachés sur son assiette, et c'était ce qu'il avait de mieux à faire. Je tiens l'histoire de témoins oculaires du fait, qui me racontaient qu'eux-mêmes étaient dans une position toute gênante. Cet homme, courbé sous une parole toute-puissante, et sous une honte réelle qu'elle proclamait, faisait même pitié à ceux dont il n'était pas aimé ; et, pour le dire en passant, son air gourmé et sa hauteur lui attiraient un grand nombre d'ennemis.

— Monsieur le colonel, dit le maréchal Davout, il faut réparer votre faute et promptement. Vous ferez à votre belle-sœur douze cents francs de pension. Je les lui ai promis en votre nom, et lui en ai donné un quartier d'avance, que je vous prierai de vouloir bien me rendre.

Et le maréchal s'inclinait en regardant le colonel. — Vous prendrez soin de vos neveux. Je me charge de demander pour eux à l'empereur des bourses dans un collége... Quant à vous, monsieur, songez à remplir toutes les conditions que je viens de vous présenter... autrement... je raconterai toute cette histoire à l'empereur... et vous savez si elle lui plairait.

D'Arsenne fut docile et fit bien. Il donna une pension à sa belle-sœur, qu'il n'a pas maltraitée davantage, et tout s'arrangea. C'était une bonne mère et une respectable femme que la pauvre veuve; elle ne voulait aucunement faire de la peine à son beau-frère... elle ne voulait *que du pain*, l'infortunée!... et lorsqu'elle entendait dire combien la conduite de son frère était répréhensible, pour ne pas dire un mot plus dur, Ah! que voulez-vous? disait-elle, *l'hauteur* du grade, *l'hauteur du grade*, *il fait tout*.

CHAPITRE V.

Inquisition de Davout. — Anecdote plaisante du camp de Bruges. — Le général Lamothe. — Affaire du général Fournier. — Opinion sur les hommes qui entouraient Napoléon. — M. Quatremère-de-Quincy. — Portique triomphal à la place du grand Châtelet. — Réponse de Napoléon au conseil général de la Seine. — Cavalerie de mer inventée par M. Quatremère-Disjonval. — Moyens de repousser les boulets de canon et de naviguer sans navire, par le même. — Le général Mathieu Dumas. — Disgrâce de M. Quatremère-Disjonval. — Napoléon à Arras. — Accueil cordial qu'il fait à mon mari. — Ma correspondance avec Mme de Limoges, aujourd'hui vicomtesse de Puthod. — Voyage à Boulogne. — Incidents remarquables.

Tous ceux qui ont particulièrement connu le maréchal Davout, doivent se rappeler qu'il avait une haine profonde contre la noblesse ancienne et même avant l'empire contre toute autre. Mais le motif en est peu connu, le voici.

M. Davout est d'une excellente famille, et d'une noblesse qui est, de toute manière, fort capable de soutenir les honneurs dont l'empereur l'a comblée dans son chef. Il était au service avant la révolution, et quoique fort jeune lors qu'arrivèrent les voyages à Coblentz et à Worms, il se souvint avant tout qu'il était Français, désapprouva hautement le départ de ses camarades, et refusa de les suivre. Son opinion manifestée avec franchise lui attira quelques affaires désagréables et, entre autres, un duel. Mais il n'en fut pas moins toujours dans les mêmes sentiments, et refusa de partir. Il reçut d'abord des avertissements, il n'en tint compte, des lettres anonymes les suivirent, il les eut en mépris... mais un jour, il reçut une boîte soigneusement fermée, dans laquelle étaient une quenouille et un fuseau!... Son cœur fut blessé profondément.

Ah! dit-il, en brisant l'insulte muette et pourtant si parlante, vous voulez qu'il y ait guerre entre nous? Eh bien oui, nous nous battrons : mais à vous le parti de la honte, à moi celui de la gloire et celui de l'honneur... celui dans lequel je défends mon pays.

Et, à partir de ce moment, Davout fut l'ennemi déclaré de tout ce qui était noble de l'ancien régime, bien que lui-même en fût un, et un des *bons*, comme on en faisait la remarque toutes les fois qu'on parlait aux Tuileries, parmi les chambellans, de la noblesse qui se rattachait à l'empire, et parmi laquelle il s'en trouvait de *bons*, mais aussi de bien mauvais.

Un des grands griefs qu'on reprochait à Davout, et que j'entendais raisonner partout autour de moi dans mes différentes *courses militaires* au travers de tous nos camps, c'était cette inquisition morale, cette surveillance portée à un point terrible de rigidité qu'il exerçait sur son armée. On n'aime déjà guère l'inquisition en Espagne, là où cependant *sa crainte* et *son amour* se sucent avec le lait; qu'on juge de son effet en France, au milieu d'une armée dont les soldats comme les officiers étaient tous fils de la révolution, et avaient encore de ces belles pensées de liberté, d'égalité,... de ces pensées qui avaient hissé le drapeau tricolore au plus haut du sommet des nations!

A cette époque le général Soult commandait à Boulogne, lieu bien plus important encore qu'Ostende, surtout si l'on veut voir le but, je crois, véritable, pour lequel l'empereur avait placé là toute cette belle armée sous les ordres de Soult, la destinant à conquérir le monde. Le général Soult était bien sévère, plus peut-être que Davout, mais il était juste, soit par calcul, soit par nature, mais il avait derrière lui un homme qui le forçait d'aller droit, et cet homme était l'empereur. Soult eut le bon esprit de ne chercher à plaire que par l'exécution *littérale* de son devoir. S'il outre-passait quelquefois les ordres, c'était relativement au bien du service, mais jamais dans un but répréhensible. Ainsi donc, jamais, au travers des choses que plus tard on a reprochées au maréchal Soult, dans sa campagne de Galice et de Portugal, et dont le pauvre maréchal Ney m'a laissé de si singuliers documents, jamais on ne lui a reproché ce que je viens de dire pour Davout et qui partait alors de la voix générale. Je n'aime pas dans le maréchal Soult l'oubli dans lequel il semble laisser trop souvent le souvenir de ses anciens frères d'armes. Je l'ai toujours trouvé armé de réponses *au nom de la loi*, de cette pauvre loi si souvent violée pour d'autres et jamais respectée.

Qu'on me passe cette digression, je reviens à mon sujet; aussi bien ce que j'ai dit de Davout me rappelle une histoire assez plaisante arrivée à cette époque au camp de Bruges. Presque tous ceux qui ont figuré dans cette aventure vivent encore, notamment le héros de l'affaire.

Le général Oudinot, brave et loyal comme je l'ai dépeint, et comme tout le monde le connaît, avait été souvent compromis auprès du premier consul par les conspirations qui pullulaient alors, et dans lesquelles il était aussi inconnu et innocent qu'un maillot d'un jour de vie; il l'avait toujours prouvé, et s'en était constamment tiré avec l'honneur qui lui revenait, mais aussi avec tout l'ennui que devaient nécessairement amener de telles platitudes.

Dans toutes ces affaires, un homme que Fouché n'aimait pas avait été marqué de son méchant index, et chaque fois que du trouble s'élevait au nom du général Oudinot, soit relativement au premier consul, soit dans son propre intérêt, Fouché trouvait toujours moyen de faire entrer le nom du chef d'escadron Lahe dans bien des désagréments.

J'ai déjà parlé du général Lahe dans les deux premiers volumes de mes mémoires; j'ai dit qu'il avait été fort beau, qu'il avait de l'esprit, mais je n'ai pas assez donné de détails sur cet esprit fort remarquable à la fois par l'originalité, la variété et la solidité qui en faisaient le fond. Le général Lahe est du très-petit nombre des hommes dont mon humeur morose me ferait goûter aujourd'hui l'esprit et les manières.

Il est ce que je veux que soit un homme possédant la réputation d'homme d'esprit. Il ne porte avec lui aucun désappointement comme tant de gens dont on parle et qui n'offrent en réalité qu'une toile peinte derrière laquelle il n'y a rien, et qui pendant presque toute leur vie ont subsisté à l'aide de l'aumône que chacun leur fait d'un peu de bonnes manières, d'un peu d'esprit, d'un peu de politesse, d'un peu de bon sens même ; car on se dit :

« Mais je me trompe sûrement ; cette personne doit être spirituelle ; elle doit être polie ; elle doit bien juger de tout, car enfin, *tout le monde le dit.* »

Le général Lahe n'est pas de ces gens-là. Sans doute il se trouvera quelques personnes qui, ayant passé sous son *scalpel* un peu incisif, tâteront leur cicatrice avant de répondre ; mais celles qui seront impartiales conviendront avec moi que c'est un homme tout-à-fait agréable et d'un esprit fort distingué. La chose n'est pas commune aujourd'hui, on peut la faire remarquer.

Il y avait antipathie entre le général en chef du camp de Bruges et les hommes tels que M. de Lahe qui prenaient leur sujet de raillerie là où ils le trouvaient à leur convenance ; mais il en existait un autre qui datait de l'affaire du colonel Fournier. Cette affaire dans laquelle M. de Lahe, ami lui-même du colonel Fournier, n'avait aucun tort, même le plus léger, lui avait causé assez d'ennuis pour qu'il en eût conservé beaucoup d'humeur contre ceux qui les avaient fait naître, et l'on sait qu'en général la conscience est une cloche qui tinte avant toutes les autres. Aussi voit-on toujours ceux qui ont tort, crier d'avance après les offensés.

Le général Oudinot avait apprécié M. de Lahe et l'avait pris pour aide-de-camp. Davout, comme je viens de le dire plus haut, l'avait dans la plus belle des grippes, et lorsque le général Oudinot fut nommé pour commander la première division du camp de Bruges, et servir sous les ordres d'un homme moins ancien divisionnaire que lui, ce qu'il accepta sans humeur comme un brave homme qu'il était, Davout lui dit avec un ton qui n'admettait pas de réplique :

« Je ne veux pas que tu mènes au camp ton beau Lahe. Je ne le veux pas voir. »

C'était un premier acte de despotisme. Car si Davout, en sa qualité (pour ne pas dire un autre mot) de compagnon d'Oudinot, titre qu'il méritait parfaitement sans en avoir l'air le moins du monde, eût dit en buvant un verre de vin de Champagne :

«Frère, n'emmène pas Lahe,» la chose eût été ridicule, et rien de plus. Mais, le commandant en chef disant en style d'ordonnance :

Je ne veux pas que tu emmènes Lahe, l'affaire devenait despotique, n'en demeurant pas moins ridicule.

Le général Oudinot aimait son aide-de-camp, mais il aimait encore plus la paix, et tout brave qu'il était devant la bouche d'un canon, il pouvait ne pas l'être devant celle de Davout, quoiqu'elle ne fût pas si grande. Le résultat de cet ordre fut de causer une grande joie à M. de Lahe, parce que Oudinot le laissa effectivement à Paris, et de donner au général en chef du camp de Bruges une grande idée de ce qu'il pourrait obtenir en parlant de sa grosse voix.

M. de Lahe, qui à cette époque était jeune, agréable et fort à la mode, goûta fort cette façon d'arranger les choses, se réservant la faculté d'enfourcher un bidet de poste au premier coup de canon qui se tirerait à gauche ou à droite. Il allait au bal, au bois de Boulogne ; il faisait en même temps l'amour et des peurs de l'autre monde à Fouché : tout cela marchait ensemble, et il passait très-bien son temps. Mais il n'est rien qui ne lasse en ce monde, le bonheur et la joie comme le reste. Un beau matin, M. de Lahe s'éveilla en songeant encore, par suite d'un rêve, qu'étant aide-de-camp de l'un des généraux les plus distingués de l'époque, il lui fallait être à son poste. En conséquence de ces réflexions, il quitte Paris et arrive à Ostende.

Oudinot fut charmé de le voir; mais chacun fut surpris, parce que tout le monde connaissait les mauvaises dispositions du général en chef à son égard. L'effet répondit à ce que les antécédents avaient fait présumer; Davout fit tout ce qu'il était possible de faire dans le cercle circonscrit où M. de Lahe l'avait placé, parce qu'il avait trop de tact et de finesse, et surtout de sentiment de sa dignité personnelle, pour se mettre dans une position au pouvoir de l'ennemi.

Lorsqu'un gros chien aboie, tous les roquets japent pour faire comme lui; ce fut ce qui arriva dans le camp de Bruges. Alors, quoique toujours en riant de cette guerre ridicule, M. de Lahe rêva aux moyens de la terminer. Il était jeune, vif, tout cela pouvait se gâter; il valait mieux en finir quand la chose était encore sortable. Il y songeait, lorsque le hasard lui en fournit le moyen.

Il était un jour dans une salle basse de la maison qu'occupait Oudinot, rêvant précisément à ce qu'il devait faire, lorsque des pas se firent entendre près de la fenêtre ouverte contre laquelle il se trouvait assis. Il était presque nuit, et il ne pouvait distinguer quelles étaient les personnes qui causaient en se promenant, mais il les reconnut bientôt à la voix. C'étaient Davout et Oudinot; tous deux parlaient avec feu et très-haut. Oudinot affirmait, Davout réfutait; et dans un moment d'élan, il ajouta en s'arrêtant précisément au-dessous de la fenêtre : « Je te « dis que j'en suis sûr! Que diable viens-tu me « soutenir là. Je te répète que le chef d'escadron « de gendarmerie *Florainville* ouvre toutes les « lettres des gens dont on se méfie, et qu'il « m'en donne un extrait. Voilà comment je le « sais. Qu'as-tu à dire ? »

Ah! dit M. de Lahe, dans son petit coin noir, tu lis toutes les lettres des gens dont tu te méfies!... Tu ne m'aimes pas, tu dois donc lire les miennes... Eh bien! à nous deux!

Et voilà que le lendemain il part du camp de Bruges, à l'adresse du beau-frère de M. de Lahe, M. Lay, qui alors était, je pense, exilé en Hollande pour opinion, mais je ne sais pas laquelle, une longue lettre remplie de plaintes sur la douleur qu'il éprouvait d'être au camp du général Davout.

« Je suis souvent tenté de retourner à Paris, « lui disait-il, mais on parle de guerre, il n'y « faut pas penser... Il me faut voir continuelle- « ment un homme dur, injuste, que je ne puis « que haïr!... Quel malheur que cet homme, si « difficile à vivre, si désagréable, soit pourtant « un génie supérieur qu'on est contraint d'ad- « mirer!... Imagine-toi qu'hier je suis rentré de « la revue presque furieux... Les manœuvres les « mieux exécutées, parce qu'il forme les soldats « mieux qu'aucun des autres commandants en « chef; et dire qu'il faut que j'en convienne!... « etc., etc. »

Venait ensuite le correctif. La pilule avait été assez dorée pour un jour. La semaine suivante, une seconde lettre part pour la Hollande, et toujours dans le même style. Mais, cette fois, il parle du dévouement à la personne de l'empereur, et, ce dévouement, personne ne peut le contester à Davout.

« Ce qui me frappe, disait-il, c'est surtout le « soin que cet homme apporte à présenter l'em- « pereur aux troupes comme un demi-dieu. Je « t'assure que moi, qui suis ici comme un juge « tout-à-fait partial, moi qui, certes, n'aime et

« n'aimerai jamais Davout, eh bien! je suis forcé
« de convenir que l'empereur n'a pas de plus
« fidèle serviteur, etc., etc. »

Une troisième suivit celle-ci, et puis M. de Lahe attendit l'effet du médicament administré à la haine du général en chef. Il fut rapide. L'orgueilleuse faiblesse avait été chatouillée, elle le montra bientôt. Un jour, Oudinot est invité à dîner au quartier-général, et devant tout l'état-major, en sortant de la parade, Davout lui dit :

« Tu mèneras avec toi ton aide-de-camp Lahe, je veux le voir. »

Oudinot se rendit à six heures du soir chez Davout, mais avec un nommé Hutin, son second aide-de-camp. M. de Lahe donna une excuse présentable; mais, gardant sa dignité, il ne fut pas chez le général en chef au premier caprice de retour qu'il lui plaisait d'avoir. Le lendemain une nouvelle lettre part d'Ostende.

« Voilà ce que j'ai fait, dit-il à son beau-frère,
« et je crois avoir bien agi; car, si je n'aime pas
« Davout, je l'estime, et suis convaincu que le
« patelinage et la soumission ne font rien près
« de lui. Son caractère est de fer, sa volonté iné-
« branlable. C'est sur le champ de bataille, si je
« suis assez heureux pour m'y trouver avec lui,
« que je veux me venger de ses mépris. Lui,

« *juste* pour tous, injuste pour moi seul ! Lui,
« si brave que personne ne peut le suivre au feu...
« hé bien ! il me verra à ses côtés ; je lui prouve-
« rai qu'il peut inspirer l'héroïsme, mais non
« pas la bassesse, etc., etc. »

Cette dernière lettre fut le coup de grâce. L'invitation fut renouvelée avec une telle insistance que M. de Lahe ne put refuser plus longtemps de s'y rendre, et à dater de cette époque, il devint l'objet d'une prédilection constante qui effarouchait les favoris les plus aimés. Lorsque nous serons arrivés à la triste époque de 1815, j'ai à raconter une histoire qui est un fait remarquable dans l'époque, et où le maréchal Davout et le brave et loyal général Lahe se trouvent en scène d'une manière singulière, ainsi qu'un de mes amis. Je me suis servie du mot *loyal*, parce que le général Lahe fut, dans cette circonstance, l'organe d'un bien beau sentiment patriotique. Ce fait est d'un haut intérêt, et me donne de l'émotion lorsque je me le rappelle.

Avant de quitter le camp de Bruges pour celui de Boulogne, en repassant par Arras, il me faut raconter une histoire arrivée dans ce même temps, qui amusa, comme il sera facile de le croire, tous les voisins du camp de

Bruges, et qui est d'autant plus étonnante que Davout était un homme d'un esprit supérieur.

Qu'est-ce que des mémoires contemporains? C'est une réunion de tout ce qui, pendant un certain nombre d'années, a passé devant les yeux de celui ou de celle qui écrit. C'est une mosaïque des plus variées, entourant une figure principale et lui servant de cadre. Ainsi donc, je ne me borne pas, dans ce que j'appelle à bon droit *mes Mémoires*, à ne parler que de l'empereur. Sans doute, ainsi que je l'ai déjà fait remarquer, c'est sur lui que porte la plus éclatante lumière, mais un tableau qui ne serait que lumineux fatiguerait l'œil qui le regarderait. Il faut, sinon des contrastes trop tranchants, au moins des tons plus adoucis. C'est pourquoi je n'omets rien de ce que me rappelle ma mémoire pour ces époques auxquelles nous sommes arrivés maintenant. D'ailleurs, il est une chose qui tient essentiellement, qui est même inhérente à l'histoire et à la personne de Napoléon, c'est tout ce qui se rapporte à ses chefs, non-seulement militaires, mais administratifs. Il marche entouré de cette troupe, fort remarquable, au reste, par elle-même, mais qui prend et reçoit un intérêt positif de ses rapports avec lui. C'est donc toujours *son histoire* que j'écris en parlant de ces vingt-quatre grands officiers de l'empire, qu'il regardait lui-même comme de fortes colonnes soutenant l'édifice de la patrie. Hélas! la foudre en a beaucoup brisé!... et les autres!... Mais poursuivons notre narration.

Tout le monde connaît M. Quatremère-de-Quincy; c'est un de ces noms européens dont nous sommes fiers : ce fut lui qui, à l'époque du traité d'Amiens, fut chargé du rapport qui devait prononcer sur le témoignage monumental que la reconnaissance de la ville de Paris offrirait au premier consul, et qui proposa une chose qui fut adoptée non-seulement par le conseil-général du département de la Seine, mais acceptée par le premier consul, et qui est tombée dans l'oubli, parce que l'exécution fut alors indéterminément ajournée. Il était question d'élever un portique triomphal à la place du grand Châtelet. Un fonds de six cent mille francs fut ordonné pour l'érection de ce monument. Il devait être pris par moitié, *d'année en année, sur la portion du revenu de l'octroi excédant les dépenses ordinaires de la commune votées par le conseil général.* Ce rapport est signé :

BELLART, *président.*

QUATREMÈRE-DE-QUINCY, *secrétaire.*

La ville de Paris offrit cet hommage au premier consul le 3 nivôse an X. La réponse de Napoléon est trop remarquable pour ne pas la mettre ici dans son entier.

« J'ai vu avec une profonde reconnaissance les sentiments qui animent les magistrats de la ville de Paris. L'idée de dédier des monuments aux hommes qui se rendent utiles aux peuples, est honorable pour les nations. J'accepte l'offre du monument que vous voulez m'élever : que la place en reste désignée; *mais laissons aux siècles à venir le soin de le construire, s'ils vérifient la bonne opinion que vous avez de moi.* »

J'ai rapporté ici cette réponse, parce qu'elle est peu connue et qu'elle mérite de l'être. La malveillance la plus outrée ne peut la traduire dans un autre langage que celui d'une grande et noble pensée.

Je reviens maintenant, non pas à M. Quatremère de Quincy, mais à son frère, M. Quatremère-Disjonval, le héros de mon histoire : ce dernier, fou à être breveté, mais pas assez cependant pour être mis en cage, avait été nommé adjudant-général en 93, et cela comme on nommait à cette époque, assez légèrement toutes les fois qu'on criait bien haut. Au retour de l'ordre, il fut réformé; et comme la manie militaire le tenait avec force, il courait par les chemins, par les camps, par tous les lieux où l'on battait un rappel. Il avait toujours ses poches remplies d'une foule de projets plus absurdes les uns que les autres; sa folie (car il était vraiment un peu atteint) était d'autant plus déplorable qu'il avait beaucoup d'esprit et une profonde érudition. Il était venu plusieurs fois trouver Junot avec des plans, tantôt pour amener des sardines vivantes de Nantes à Paris, tantôt pour que Junot présentât au premier consul un projet avec lequel l'armée devait aller en Angleterre, sans essuyer ni bourrasque, ni attaque des ennemis. C'était à n'en plus finir. Junot, par égard pour son frère, le recevait toujours bien et l'éconduisait en riant, en lui donnant le conseil de s'occuper un peu moins de la descente en Angleterre; car à cette époque cette idée formait toute sa monomanie, et il errait comme une âme en peine d'un camp à l'autre, colportant toujours un nouveau projet, lorsque son mauvais génie lui souffla d'aller à celui d'Ostende.

Davout ne le connaissait pas. Mais le général en chef n'était pas d'un facile abord, et bien qu'il ne sût pas qu'il était un peu frappé du marteau, il ne lui donnait pas l'audience qu'il demandait. Enfin, un jour où le général revenait de passer en revue la division Friand, M. Quatremère l'attendit à sa porte, et à l'instant où il descendait de cheval, lui présenta un beau cahier, noué avec des rubans roses et bleus, et lui dit :

— Mon général, c'est un nouveau moyen de transporter nos braves soldats en Angleterre (c'était la phrase obligée); ce moyen est sûr, mon général, fort économique..., un peu extraordinaire, peut-être; mais les choses grandes et héroïques sont faites pour un homme comme vous, mon général.

Davout avait pour coutume d'aller au galop dans les rues boueuses d'Ostende, étant entouré, comme le savent ceux qui ont été près de lui, de vilains petits Arabes qui pataugeaient et décrivaient un cercle de boue autour du général en chef. L'état-major ne se souciait pas d'être crotté des pieds à la tête et se tenait à honnête distance; de manière qu'à sa descente de cheval Davoust ne trouva personne qui pût lui dire ce que c'était que *Quatremère-Disjonval;* il prit son mémoire, laissant le pauvre adjudant-général dans le corridor, qui se trouvait, comme dans toutes les maisons d'Ostende, entre l'escalier et la porte de la rue, et il entra de suite dans la salle à manger, qui était au rez-de-chaussée. Pendant ce temps, tous les officiers d'état-major, les aides-de-camp arrivaient en foule, et entourèrent le pauvre faiseur de projets en lui bourdonnant tant de choses aux oreilles qu'il pensa redevenir une personne raisonnable. Il aperçut au milieu de cette troupe jeune et joyeuse un collègue dans la science (il était vraiment fort instruit malgré sa folie); c'était Bory de Saint-Vincent, alors capitaine d'état-major et attaché à celui du général Davout. Il fut à lui, lui prit la main et le supplia de le recommander au général en chef. L'autre bonne pièce, qui savait par cœur toutes les folies de Quatremère, lui promit son assistance, quoiqu'il ne le connût pas personnellement; mais Quatremère avait invoqué Pline, et quand ce n'eût été que pour l'empêcher d'aller plus loin, Bory lui aurait promis bien plus encore.

Le lendemain matin, le général demanda :

— Quel est cet homme qui m'a remis un mémoire hier en revenant de la revue? Il y a de fort bonnes choses dans ce mémoire.

Et voilà ce que disait le mémoire, composé dans un paroxisme plus violent qu'un autre :

« Qui eût imaginé avant de l'avoir exécuté,
« que le bœuf labourerait pour l'homme, que le
« chien chasserait pour lui, que le cheval le

« porterait, que l'éléphant lui obéirait, que le
« faucon lui serait aussi soumis enfin? que les
« animaux des deux éléments de la terre et de
« l'air changeraient leurs mœurs pour devenir es-
« claves de l'homme? Cela se voit cependant, car
« cela est. L'eau *seule* n'a pas été utile à l'homme.
« Et pourquoi? voici le moment de conquérir
« cet élément et d'en faire servir les habitants à
« la gloire des armées françaises!....

Comme il serait trop long de rapporter la foule de rêveries de Quatremère, j'en viendrai tout de suite à dire qu'invoquant l'autorité de Pline, rappelant l'histoire naturelle de tous les pays et ce qu'on a dit de l'intelligence des bêtes, il concluait que les poissons n'étaient pas *plus bêtes* que le chameau, le cheval, l'éléphant et même le serin. On les dirigeait, pourquoi ne pas diriger un poisson? Et citant encore Pline, rappelant les médailles d'Athènes avec la vue du Pyrée et d'un dauphin portant un homme sur son dos, il en venait à proposer de dresser une certaine quantité de dauphins (autrement dit de marsouins), destinés à porter sur leur dos quelques compagnies de tirailleurs. Rien n'était plus facile pendant le séjour de l'armée au bord de la mer. On pouvait employer les marins de la flottille à pêcher des marsouins, on les mettrait dans les bassins du port, on les y nourrirait, on les apprivoiserait, et voilà une cavalerie marine pour passer en Angleterre. Quatremère décrivait fort bien comment devait être la bride, le mors, (on sait que les marsouins ont une grande bouche), enfin tout l'équipement du dauphin; car l'auteur du projet tenait à ce nom poétique. Il avait même pensé que le *marsouin* une fois en plein champ, c'est-à-dire en pleine eau, pourrait bien rencontrer quelque ancienne maîtresse, ou quelque ami, avec lesquels il aurait peut-être envie d'aller causer, et alors le plongeon s'en serait suivi. Pour prévenir cet inconvénient, il ajoutait à l'équipement du *marsouin-cheval* deux vessies entourées de liége, une manière de *scaphandre* enfin. — Tel était le mémoire de Quatremère-Disjonval.

Maintenant soyons sérieux. J'ai pu plaisanter, et le texte y prête bien un peu; mais un *fait positif*, c'est le mémoire tel que je l'ai cité, et le projet de faire une cavalerie *marine*, avec de gros marsouins bridés et sellés. Le plus curieux peut-être du mémoire, dont j'ai des extraits entre les mains, c'est qu'il est parfaitement écrit, plein de citations savantes fort remarquables. Car il parle de plusieurs autres autorités plus respectables que Pline; enfin c'est l'œuvre d'un homme d'esprit, qu'on pourrait croire plaisanter d'une manière spécieuse sur un objet, si l'on n'avait pas connu l'homme. Junot a eu pendant huit jours à Arras, sur son bureau, un autre mémoire de Quatremère-Disjonval pour faire doubler des vaisseaux avec de la laine ou de la bourre, afin de repousser les boulets de canon. Quant à son projet des grandes cloches sous lesquelles un soldat pouvait se mettre à l'abri pour passer le détroit, étant soutenu comme le marsouin par de grosses vessies, tout le monde l'a connu dans Paris, car il fut imprimé, et l'auteur en répandit une foule d'exemplaires.

Davout, qui ne connaissait pas du tout M. Quatremère-Disjonval, fut frappé au premier abord de tout ce clinquant, du chameau portant des charges, du chien rapportant la perdrix sans la manger, du cheval sentant la main de l'homme et lui obéissant au point de partir d'un pied plutôt que d'un autre ; tout cela l'éblouit un moment, et pour le malheur du pauvre Quatremère, il dit à son déjeuner :

« Pardieu ! le premier consul sera bien étonné
« quand je lui présenterai un régiment de tri-
« tons..... Ils ont beau faire là-haut à Boulogne,
« ils bâtiront bien des baraques avant d'en ar-
« river là. » —

Mais tout en déjeunant il relut quelques lignes, et la chose s'isola davantage de son cadre mythologique. Davout se pinça les lèvres et parut réfléchir. — Vint ensuite son chef d'état-major, le général Mathieu Dumas, qui s'éclata de rire à la seule première parole de cette étrange affaire. Davout gardait le silence, mais ce silence était sinistre pour le pauvre Quatremère. Le général en chef crut qu'il était mystifié.

« Florainville, s'écria-t-il tout-à-coup en s'adressant au chef de gendarmerie de son quartier-général, vous allez faire saisir ce fou de Quatremère-Disjonval. *Qu'on l'attache*, et que deux gendarmes le conduisent *à pied* de brigade en brigade jusqu'à Paris.»

Ce qui fut dit fut fait.

Nous allions à miracle dans notre triste ville d'Arras. Junot se donnait tout entier à son affaire; je n'avais aucune idée de l'activité qu'il pouvait déployer dans de pareilles circonstances. Il mettait un orgueil bien légitime à présenter à l'empereur une troupe aussi belle, tout-à-fait l'œuvre de sa création. Elle était vraiment admirable. Les cheveux étaient tous coupés; plus de poudre, plus de vieux, de vilains feutres; partout des têtes bien rondes, bien propres, des schakots ou des bonnets de grenadiers, et surtout une discipline et un talent de manœuvres que l'empereur, au reste, reconnut et loua, comme on va le voir incessamment.

Nous étions alors au milieu de l'été. L'empire était proclamé, et l'empereur nous avait fait espérer sa visite pour le mois de juillet. Tout était prêt; mais ce ne fut que dans les premiers jours d'août que nous eûmes le bonheur de le posséder. Junot ne dormit pas pendant la semaine qui précéda sa venue.

La préfecture est dans un superbe local, du moins était-ce ainsi en 1804. L'hôtel vaste, magnifique, était, autant que je puis croire, celui de l'archevêché. L'empereur y descendit. Comme ses équipages n'étaient pas encore arrivés, nos voitures et nos chevaux furent mis à ses ordres, et il s'en servit toute la journée.

A peine fut-il dans le cabinet du préfet qui devint à l'instant le sien, que Junot fut admis près de lui. J'avais redouté ce moment, parce que depuis la proclamation de l'empire, Junot n'avait pas vu Napoléon et que je craignais quelque manifestation peut-être hors-d'œuvre, puisque tout était fait. Une chose cependant me tranquillisait; c'était *la passion*, je puis dire ce mot, que l'aide-de-camp de Toulon conservait pure et aussi enthousiaste qu'elle l'était à la batterie des sans-culottes, lorsqu'il y prit la résolution de lui consacrer sa vie. Je le vis donc partir sans inquiétude comme je l'ai dit, et j'avais raison de n'en point avoir. L'empereur fut pour lui le meilleur des amis. Il lui parla avec une confiance qui devait aller droit au cœur de Junot. Cette entrevue fut remarquable sous bien des rapports. Au reste la journée le fut également, et je crois ne pouvoir mieux la retracer qu'en reproduisant en entier une lettre de moi, une lettre écrite à l'une de mes amies[1] qui était à Paris. Au surplus, pour mettre de l'ordre dans mes relations de cette époque, je vais consulter ma correspondance de ce même temps. J'y retrouve une ponctualité de dates et de noms que je ne puis espérer de mes souvenirs, quelque exacte que soit ma mémoire.

[1] Cette amie est Mme de Limoges, aujourd'hui Mme la vicomtesse de Puthod. J'étais liée avec elle comme on l'est à vingt ans avec une personne qu'on aime beaucoup et avec une entière confiance. Je lui écrivais très-exactement lorsqu'elle ne venait pas me joindre dans le lieu que j'habitais; elle avait de moi peut-être deux cents lettres qu'elle me rapporta l'année dernière de sa terre de Mondespit, pour que je pusse y trouver des détails de noms et de dates que ma mémoire pouvait n'avoir pas conservés : c'est une véritable obligation que je lui ai, et dont je lui sais gré comme nouvelle marque de l'amitié qui nous lie.

Pour placer les choses selon leur ordre, je parlerai dans le chapitre suivant d'un voyage que nous fîmes à Boulogne et de deux autres incidents fort remarquables arrivés avant la visite de l'empereur à la réserve des grenadiers réunis. L'un est la création des vingt-quatre grands-officiers d'empire, et l'autre la distribution des croix de la légion-d'honneur, c'est-à-dire des brevets.

CHAPITRE VI.

Distribution de croix à Boulogne. — Mon mari nommé grand-officier de la légion-d'honneur, puis grand'croix. — Noblesse d'âme de l'empereur. — MM. Auguste et Édouard de Colbert. — Reproches de l'empereur à Junot. — Junot demande conseil à Berthier, puis à Duroc. — Billet de ce dernier à mon mari. — Opinion sur l'expédition d'Égypte. — Désunion entre le général en chef et les officiers supérieurs. — Les cheiks turcs. — Appréciation de Kléber. — M. Édouard de Colbert, aide-de-camp de Junot. — Napoléon lui refuse la croix. — Ma querelle avec mon mari à ce sujet. — Comment l'empereur se vengeait. — Serment des légionnaires à cette époque. — Rœderer. — Création de 24 grands officiers de l'empire. — Voyage à Boulogne, à Douai et à Saint-Omer. — Le général Boursier. — Mme Gaillan et sa famille. — Camp du général Soult. — Lettre à Mme de Puthod. — Mme Pétiet et sa fille. — Amours de M. Alphonse de Colbert. — M. Pétiet intendant-général des armées. — Sa biographie.

La distribution des *croix* se fit à Boulogne, le 15 août suivant. Je fus témoin de cette cérémonie unique dans l'histoire des mondes, et j'en retracerai les pompes merveilleuses avec fidélité, car le souvenir m'en est présent comme si elle avait eu lieu seulement hier.

Lorsque la légion-d'honneur fut créée, il y eut, ainsi que je l'ai dit dans le volume précédent, une opposition terrible; cependant le premier consul l'emporta. Mais l'affaire avait été chaude; il sentit qu'il fallait ne pas heurter, peut-être, des opinions encore fraîches dans leurs blessures et leurs souffrances, et pendant deux ans l'on n'entendit pas parler de la légion-d'honneur. Ce n'est qu'à l'époque où l'empire fut déclaré (non pas le sacre, qui n'eut lieu que sept mois plus tard), que l'empereur fit son *classement*, si je puis m'exprimer ainsi, des différentes croix; ce qui surprit beaucoup, car, dans l'origine, on croyait que la récompense devait être uniforme, et peut-être cela aurait-il dû être ainsi. Quoi qu'il en soit, Junot reçut un jour une sorte de *lettre close*, ou, pour parler plus juste, de brevet qui lui annonçait que, pour acquitter la dette de l'État envers lui, et remplacer les *armes d'honneur* qui lui avaient été accordées à différentes époques (l'ordre du jour de Nazareth en était une remarquable, par exemple), il était nommé grand-officier de la légion-d'honneur, et presque immédiatement, il fut nommé grand'-croix. L'empereur lui faisait dire en même temps de lui envoyer la liste des officiers de sa division ayant eu des armes d'honneur, et celle de ceux qui, par leur conduite militaire, avaient mérité la grande récompense. Ceci me rappelle une circonstance qui prouve à quel point le cœur de Napoléon avait été ulcéré par la conduite que le parti de l'opposition avait tenue avec lui en Égypte, ainsi que la noblesse de ce même cœur, qui, plus tard, dépouilla sa prévention pour récompenser celui qu'il en jugeait digne.

Quelques mois avant notre départ de Paris, le colonel Auguste Colbert, notre ami, et l'un des hommes les plus excellents, les plus loyaux qui soient au monde, vint demander à Junot une marque de son amitié. Son frère aîné, Édouard Colbert, parti de France comme adjoint aux commissaires des guerres, avait été quelque temps en Égypte dans cette carrière; il avait repris du service comme aide-de-camp du général Damas, et, revenu en France, il avait coiffé le turban et servi dans l'escadron de mamelucks qu'on avait formé dans la garde. Il s'y déplaisait, je ne sais par quel motif, et il en voulait sortir. Auguste, qui aimait tendrement son frère, qui le lui rendait à sa manière, sollicita Junot de prendre son frère avec lui comme aide-de-camp, cette place se trouvant vacante par le départ du capitaine Lallemand, qui avait été à Saint-Domingue. Junot aimait beaucoup les trois frères Colbert, mais Auguste était son préféré. Son caractère vif et franc était plus en rapport avec le sien que l'esprit, remarquable du reste, mais roide et compassé de l'aîné. Il dit donc à Auguste, avec la franchise qui lui était habituelle, que le premier consul avait une forte prévention contre son frère, et que peut-être ce choix lui déplairait. Auguste insista, et Junot promit d'en parler au premier consul. Il avait bien deviné. A peine eut-il prononcé le nom d'Édouard Colbert, que Napoléon fronça le sourcil ; puis souriant avec une amertume qui ne lui était pas ordinaire, car ce mouvement de sa physionomie était toujours gracieux chez lui :

« Pourrais-tu me dire quelle est la raison qui te fait choisir dans toute l'armée un homme qui me déteste et qui m'en a donné mille preuves en Égypte?... En vérité, Junot, il faut que je sois aussi convaincu que tu m'es attaché, pour ne pas prendre de l'humeur de quelques-unes de tes actions. Au surplus, fais ce que tu voudras. » Et il lui tourna le dos.

Junot rentra chez lui soucieux et mécontent. Il avait donné sa parole trop légèrement peut-être, mais il l'avait donnée. Il aimait Auguste et savait qu'il allait l'affliger en lui rapportant les paroles du premier consul. Dans tout ce conflit, il résolut d'aller chez Berthier, qui était alors ministre de la guerre. Il lui avait parlé de son projet de prendre Édouard Colbert pour aide-de-camp, et Berthier, qui ne faisait presque jamais attention à ce qu'on lui disait lorsque la chose ne lui paraissait pas en mériter fortement la peine, lui avait répondu, tout en mangeant ses ongles, qu'il faisait à merveille. Mais, lorsque Junot lui demanda conseil en lui rapportant les paroles de Napoléon, Berthier s'écria :

— Il a raison ! il a raison ! Que diable, aussi, Junot, *pourquoi choisir dans l'armée un homme qui n'aime pas le premier consul?* Car il n'aime pas le premier consul;... il ne l'aime pas !

— Mais, répondit Junot presque impatienté, il ne le *hait* pas. Qu'importe au premier consul que l'un de mes officiers ne lui soit pas attaché comme toi et moi, pourvu qu'il fasse son devoir, et je réponds pour cela du capitaine Colbert...

— Il ne l'aime pas;... il ne l'aime pas, je te dis, que diable, il ne l'aime pas !

Je ferai remarquer que deux ans après, le général Berthier avait pris M. de Colbert dans son état-major.

Junot, ennuyé de ces réponses presque niaises de Berthier, s'en alla trouver Duroc. Celui-ci l'écouta, le comprit, et le lendemain Junot reçut de lui ce petit billet.

« Mon cher Junot, le premier consul a eu un
« premier mouvement d'humeur en apprenant
« ta résolution de prendre le capitaine Colbert
« pour aide-de-camp. Mais cette humeur n'a été
« que passagère. Remplis ta parole envers ce bon
« Auguste, tu le peux en toute assurance.

« Amitiés.

« Duroc. »

C'était bien l'intention de Junot de remplir la promesse faite à Auguste Colbert; car, pour lui, une parole donnée était une chose inviolable. Mais il fallait braver l'humeur de son général, et arrivé là, il avait, comme il le disait lui-même, un cœur d'enfant. Le courage lui manquait. « C'est à présent qu'il va me répéter quand il sera mécontent, me disait-il, que *je vois* ses ennemis; » et Junot m'expliqua alors pourquoi le général en chef de l'armée d'Égypte n'avait pas disparu dans le premier consul pour de certains ressentiments qu'il conservait encore.

« Tu sais bien, me dit-il, combien le premier consul a été malheureux de la perte de l'Égypte? Tout ce qui a contribué à cette perte est marqué dans son cœur d'un stygmate peut-être injuste, mais terrible. L'une des causes que la multitude ne voit et n'apprécie pas, c'est l'opposition, la continuelle désunion qui existait entre le général en chef et quelques généraux et autres officiers supérieurs. Ces généraux et ces officiers avaient auprès d'eux des inférieurs qui réfléchissaient leurs opinions, et de tout cela il résultait que le char marchait mal. Il n'y avait pas unité d'action. Les cheiks turcs, espions tout à la fois du grand-visir et des Anglais, ne distinguèrent que trop cette désunion terrible dans ses résultats, et que la fermeté seule du général en chef sut en partie neutraliser par sa présence. Mais le mal était produit; il le savait, le sentait douloureusement. Aussi jamais n'est-il revenu sur le compte de quelques-uns de nos camarades qui voulurent trop braver son autorité. Nul doute que le général Damas ne soit le plus honnête, le plus probe des hommes, un vrai *Cimon* dans notre armée; eh bien!

il est fort malheureux pour nous comme pour lui, qu'il ait tenu la conduite qu'il a tenue en Égypte, car jamais le premier consul ne reviendra sur son compte; et quant à moi, poursuivit Junot, bien que j'estime le général Damas avec toute la vénération que m'inspire son beau caractère, je ne puis m'empêcher de dire qu'il n'était pas *bon Français*, ni bon patriote, puisqu'il ne sacrifiait pas de petites passions à l'intérêt général de l'armée : il prit parti pour Kléber, et en vérité il faut convenir que cette opposition de Kléber était plus que puérile dans ses causes, quelque funeste qu'elle ait été dans ses résultats. Édouard Colbert, alors adjoint aux commissaires des guerres, ainsi qu'Alphonse, le plus jeune des trois, bon et aimable garçon, avait servi dans le commencement de la révolution, dans ce temps où il donnait des coups d'épée aux gens que madame de Fontenay trouvait plus beaux que lui. Il a du courage, de l'intelligence; le général en chef pensa avec raison qu'un officier de la sorte était une bonne acquisition à faire dans un pays où les rangs éclaircis offraient tant de places à remplir. Il offrit du service à Édouard Colbert qui *refusa*, mais qui, tout aussitôt après le départ du général en chef, devint aide-de-camp du général Damas[1]. Cela joint à plusieurs discours qui furent rapportés et commentés, selon l'usage, au premier consul, depuis qu'il faisait partie de sa garde, a causé cette antipathie qu'il a conservée aujourd'hui malgré son amitié pour ses frères, notamment pour Auguste. »

Junot prit donc M. de Colbert pour aide de camp, à la grande joie d'Auguste. Le premier consul ne dit rien à Junot, et ne manifestait son éloignement pour M. de Colbert que par un silence complet lorsqu'il accompagnait Junot à la parade ou bien à l'ordre, tandis qu'il avait toujours une parole aimable pour le chef d'escadron Laborde, ou pour le capitaine Lallemand, lorsque ce dernier était à Paris. Un fait de cette nature, quoique nul en apparence pour

[1] Le général Damas est mort à Paris, rue des Saints-Pères, au milieu de sa nombreuse famille. C'était, dans l'acception littérale du mot, un homme de bien, ayant quelquefois des idées erronées sur divers points, mais toujours honnêtes. Ses funérailles furent celles d'un homme presque indigent, n'empruntant leur solennité que de la présence de beaucoup de généraux distingués qui vinrent accompagner leur vieux frère d'armes jusqu'à sa dernière demeure. Le général Édouard Colbert prononça le discours funèbre sur sa tombe. Il professa hautement son estime et sa reconnaissance pour son ancien général.

la chose générale, s'y rattache pourtant par plusieurs anneaux, en ce qu'il montre le caractère de Napoléon sous un aspect autre que celui sous lequel il est continuellement représenté. Mais le fait entier doit pour cela être suivi dans son entier.

A l'époque où l'on distribua les croix de la légion-d'honneur, nous étions à Arras, ainsi que je l'ai dit. M. de Colbert, malgré la roideur de son caractère, se décida cependant à demander à son général de le mettre sur la liste de ses officiers. Je ne me rappelle pas s'il avait une arme d'honneur, mais je ne le crois pas, attendu qu'il aurait eu la croix sans la solliciter. Junot, qui savait qu'il éprouverait un refus, hésita; mais voyant que M. de Colbert prenait la chose tout autrement qu'il la devait prendre, il ne voulut pas lui laisser le soupçon d'une préférence en faveur de M. Laborde, qui, d'ailleurs, avait un sabre d'honneur reçu à Marengo, où la plus brillante action l'avait fait remarquer; il était alors aide-de-camp de Berthier. Junot, sans dire à M. de Colbert la cause de son hésitation, le mit sur sa liste, mais Napoléon refusa.

Bien des années se sont écoulées depuis cette époque. Il est étrangement amusant pour moi de rappeler aujourd'hui l'impression que me fit ce refus. Je le trouvai injuste, et je le dis à Junot. Il me soutenait le contraire ; nous nous querellâmes presque pour le *oui* ou le *non* de l'affaire; et le plaisant, c'est que j'avais tort et mon mari raison. Au fait, pourquoi Napoléon aurait-il récompensé un homme dont il connaissait le peu d'attachement pour lui, dont les services militaires étaient à cette époque trop peu connus, ou, pour parler plus juste, trop nuls pour avoir un *prix national?* La belle carrière que le général Colbert a fournie depuis lors, permet la vérité à cet égard; il est un de nos généraux de cavalerie les plus distingués, parfaitement brave, loyal, et pur de tout reproche. Ses amis peuvent hautement proclamer cette opinion. Néanmoins à l'époque dont nous parlons, l'empereur pouvait, sans être injuste, agir comme il l'a fait. Mais ce qui prouve la grandeur de son âme, c'est la conduite qu'il tint plus tard. Ayant reconnu dans le général Colbert des qualités remarquables, il oublia ou du moins fit taire les griefs qu'il pouvait avoir contre lui. Il le mit en position de prouver ses talents et sa bonne volonté; ce qui, à cette époque, était une faveur, car il y avait foule à l'entrée du temple de la gloire alors, et ne prouvait pas qui voulait qu'il était brave et savant. Vinrent ensuite les récompenses. Le général Colbert en fut comblé. Les faveurs suivaient immédiatement le service, si même elles ne le précédaient pas. Cette conduite de Napoléon est d'autant plus remarquable, que jamais, j'en suis *certaine*, il n'a pu *aimer* M. de Colbert. Les souvenirs d'Égypte étaient trop fortement incisés dans son cœur. Mais il était juste; et voilà cet homme qui *toujours se vengeait*.

Je ne sais si l'on se rappelle quel devait être le serment de la légion-d'honneur dans son origine. J'en ai une copie que je veux placer ici comme pièce à l'appui de l'opinion que j'ai souvent émise que Napoléon était arrivé graduellement à tout ce qu'il a fait. J'entends graduellement pour lui-même, c'est-à-dire, que le 18 brumaire, il n'eut aucunement l'intention de saisir le pouvoir pour l'associer à la couronne. Cette opinion, je ne veux l'imposer à personne, mais qu'il me soit quelquefois permis de la développer et de la fortifier de plusieurs preuves.

Ce serment de la légion-d'honneur était ainsi conçu. Je ne sais si, par la suite, on n'y changea pas non-seulement quelques mots, *mais quelques lignes*. Au surplus, le voici tel qu'il fut proposé en même temps que la création de l'ordre, et adopté par les principales autorités, telles que le sénat, le tribunat et le corps législatif.

« Je jure sur mon honneur, de me dévouer au service de la république, a la conservation de son territoire dans son intégrité, a la défense de son gouvernement, de ses lois et des propriétés qu'elles ont consacrées [1]; de combattre par tous les moyens que la justice, la raison et les lois autorisent, toute entreprise tendant a rétablir le système féodal, a rétablir les titres et qualités qui en étaient l'attribut ; enfin, de concourir de tout mon pouvoir au maintien de la liberté et de l'égalité. »

Voilà quel était originairement le serment que devaient prêter les légionnaires, celui qu'ils ont prêté, je crois même, dans les premiers temps. Ils ne devaient porter aussi qu'une simple étoile, les légionnaires simples, en argent; les officiers, en or.

Vint ensuite la création des vingt-quatre of-

---

[1] Ce fut Rœderer qui, comme orateur du conseil d'état, présenta le projet de loi relatif à la légion-d'honneur. J'ai parlé dans mon dernier volume de l'opposition qu'il trouva. Ce fut en l'an X, et l'ordre ne fut en activité qu'en l'an XIII.

ficiers de l'empire. Cette création fut dès sa formation étrangement interprétée. Les maréchaux qui en faisaient partie, au nombre de seize, voulurent dès lors établir une ligne de démarcation qui n'existait qu'à l'armée, mais point du tout en temps de paix, ni même en temps de guerre, dès qu'on était, soit aux Tuileries, soit dans tout autre lieu qu'un camp, ou bien au milieu d'une armée. Là, par exemple, le maréchal commandait le colonel-général. Mais devant l'empereur, au château par exemple, dans une cérémonie publique, quelque solennelle qu'elle fût, comme le sacre par exemple, les vingt-quatre grands-officiers de l'empire avaient un rang parfaitement égal. Ils se tenaient indistinctement sur les marches du trône; et lorsque le genre de la cérémonie exigeait qu'ils fussent appelés, les maréchaux et les colonels-généraux l'étaient par ordre alphabétique. Ainsi Junot, bien jeune et presque enfant à côté de Masséna, passait avant lui, parce que c'est le droit du J de passer devant l'M. — Mais parlons d'Arras. Au reste, il ne faut pas croire que tout ceci nous en ait écarté; bien au contraire, nous allons nous retrouver avec les hommes que j'ai nommés et les prérogatives que j'ai expliquées.

Nous attendions l'empereur chaque jour à

Arras. Junot reçut enfin l'annonce positive de son arrivée. Nous avions le temps, selon son calcul, d'aller faire un tour à Boulogne, en passant par Douai et Saint-Omer, où le général Boursier nous engageait, depuis long-temps, à aller passer une journée. Il me proposa cette course; j'acceptai avec le plaisir que mon âge trouvait à voyager *en dansant*, comme cela était toujours alors, et nous partîmes. Je ne connaissais pas Douai, et je n'eus pas le temps de m'y ennuyer, car nous n'y restâmes qu'un jour; mais, je crois que la chose serait arrivée si mon séjour y eût été plu long, malgré la distraction que nous offrirent madame Gaillan et sa famille...; car c'était précisément le jour de la fête de Gaillan [1] que je passai à Douai. Je fus beaucoup plus contente de me retrouver pour ainsi dire en famille chez le général Boursier, qui nous donna un excellent déjeuner, fit galoper Junot toute la

---

[1] On connaît les *dukasses* de Flandre. Celle de Douai a cela de particulier, qu'elle est consacrée à fêter quelque souvenir dont j'ignore l'origine, et qui peut-être même n'en a pas. On promène dans les rues de Douai trois mannequins d'osier revêtus de beaux habits, coiffés en turban comme de vrais masques, et dont le plus petit, qui est le fils, a quinze pieds de haut. Le père avait son horrible tête auprès de la mienne, et j'étais au second étage.

matinée au milieu de ses beaux escadrons, et que nous quittâmes enchantés de sa politesse aimable et de sa bonne hospitalité.

Boulogne offrait à cette époque un spectacle unique :

« Beaucoup en ont parlé. — Beaucoup l'ont bien connu. »

Je n'irai donc pas faire ici la description d'une chose qui se trouve dans mille historiens plus habiles que moi. Mais je veux parler de l'impression que j'en ai reçue; de cette surprise qu'on éprouvait en se rencontrant, au détour d'une baraque en bois, dans le camp que le général Soult avait fait faire à ses soldats, pour les occuper. Joseph Bonaparte, alors colonel du quatrième régiment de ligne, nous reçut à merveille dans sa baraque; il y était, comme partout, poli, prévenant, spirituel, enfin le meilleur des hommes. Nous trouvions à chaque pas des amis et des prévenances.

« Je ne vous ai pas écrit de Boulogne, ma
« chère amie, disais-je à madame de Puthod, en
« lui écrivant à mon retour à Arras, parce que
« je n'ai pas eu *un seul* instant de libre pendant
« mon court séjour à Boulogne. J'ai trouvé là
« d'anciens amis, et Junot, des frères d'armes, heu-
« reux de le revoir; et nous avons été presque

« en famille pendant deux ou trois jours, que
« j'aurais bien voulu voir se prolonger ; mais il
« nous fallait revenir ici, car on attend l'empe-
« reur à chaque instant, et nous n'avons pas de
« temps à perdre pour faire préparer les loge-
« ments nécessaires à toute sa suite. »

Je retrouvai à Boulogne une famille fort intéressante que j'avais rencontrée avant mon mariage chez l'une de nos amies communes, madame de Luynes. C'est la famille Pétiet. Madame
Pétiet était une femme parfaitement aimable et
d'une grâce toute féminine. Ses manières étaient
élégantes, son esprit doux, et son ensemble
était ce qu'on aime à rencontrer.

Sa fille, Isidore, était alors une jeune personne toute charmante de bonne grâce, d'esprit et de gaîté. Nous nous étions connues
enfants, nous nous retrouvâmes avec un égal
plaisir, moi femme, elle prête à le devenir ; car
à l'époque dont je parle, il y avait tous les soirs
près du piano sur lequel elle s'accompagnait en
chantant d'une manière ravissante : *la neve alla
montagna Nice mia nice addio....* un jeune
homme qui s'appelait alors comme aujourd'hui
Alphonse Colbert, lequel jeune homme en était
amoureux à perdre le boire, le manger et le dormir ;
et cela, je le concevais à merveille, car, je le répète,

elle était une charmante personne. Et voilà qu'en relisant ce que j'ai écrit d'elle, je vois que je n'ai pas dit un mot de sa figure. Ceux qui ne l'ont pas connue sauront qu'elle était non-seulement jolie, mais fort jolie, ce qu'elle est encore, et de plus, bonne épouse et bonne mère. Vous voyez qu'avec ce que je vous ai dit de son esprit, c'est une personne avec laquelle il n'est pas malheureux de vivre; et le général Alphonse Colbert n'était pas si mal inspiré en s'appuyant sur le piano.

Mais un homme dont je dois parler avant de quitter cette famille, c'est son chef, c'est M. Pétiet. Son nom est trop honorablement connu en Europe, pour que j'aie besoin de faire ici son portrait. Mais je lui dois un tribut de profonde estime et de reconnaissance, car j'aime ma patrie avec cet enthousiasme chaleureux qui me pénètre et me fait aussi aimer *comme frères* tous ceux qui l'ont servie avec le même désintéressement que M. Pétiet, lui donnant, comme lui, soins, veilles, tout ce qu'on peut donner enfin; et sa vie fut pure et irréprochable. Aussi jamais une voix ne s'est-elle élevée contre lui, si ce n'est le souffle empoisonné de quelque crapaud sortant de dessous la pierre qu'on lui a jetée pour l'écraser, qui lance son venin sur l'honnête homme comme sur le fripon; mais cela n'atteint pas.

Lorsque l'empereur réunit cette nombreuse armée sur les côtes de l'Océan, ce fut à M. Pétiet qu'il en confia les soins administratifs, sous le titre créé pour lui d'intendant-général de ses armées; car il savait qu'avec lui ses soldats auraient un père.

Lorsqu'en 1796 et 1797 M. Pétiet eut le portefeuille du ministère de la guerre, il trouva cette administration dans une grande confusion. Il y mit de l'ordre, de la régularité; et lorsqu'il sortit du ministère, ayant été *fructidorisé* avec Carnot et Barthélemy, il rendit ses comptes, ce qui avant lui ne s'était pas encore vu, et il sortit des affaires moins riche qu'il n'y était entré. Paix et honneur à l'homme de bien !

Une particularité de son ministère, c'est que ce fut lui qui expédia en même temps le brevet de général en chef de l'armée d'Italie au général Bonaparte, et le brevet de général en chef de l'armée d'Allemagne au général Moreau.

Une vérité qui doit être consacrée dans des mémoires contemporains, c'est que les victoires de 1805 remportées par l'armée des côtes de l'Océan, doivent beaucoup des lauriers de leur couronne à M. Pétiet, d'abord par l'organisation première, ensuite par ce dévouement entier de sa personne pour que *tout* fût toujours bien. Le jour, il recevait les ordres de l'empereur; la nuit, il veillait pour qu'ils fussent exécutés, pour que les subsistances ne manquassent jamais, que les ambulances fussent assurées. — Aussi sa santé fut-elle détruite. Cependant il vécut assez pour entendre les cris de victoire de nos armées triomphantes. — Il fut ranimé par ceux d'Austerlitz.... Ils étaient éclatants alors nos cris de joie triomphale !.... Les Français avaient la voix forte et puissante ! — M. Pétiet eut le bonheur de mourir au milieu de ces glorieuses fêtes !.... Il fut enlevé à sa famille le 26 mai 1806. — Le titre de sénateur et la grand'croix de la légion-d'honneur furent les seules récompenses que la patrie reconnaissante déposa sur son cercueil.

M. Pétiet est un homme de si haute distinction, que je n'ai pas mis en pratique pour lui cette maxime que je me suis faite de ne pas ainsi donner *la biographie* pour ainsi dire des hommes déjà fort connus. J'ai connu, *moi*, M. Pétiet, je connais beaucoup sa famille, personne ne peut mieux que moi certifier de la vérité des détails donnés sur lui; et s'ils sont un peu prolixes, ce n'est pas un tort. M. Pétiet est un homme dont le nom doit être non-seulement mentionné dans des mémoires contemporains, mais entouré de tout l'éclat qu'il convient de donner à celui qui fut toute sa vie le père du soldat.

CHAPITRE VII.

L'empereur passe une grande revue à Arras. — Détails sur la réception qui lui est faite. — Mesdames Laplanche-Mortière et Pierron. — M. Maret. — Le général Suchet. — L'empereur me fait une visite. — Ses paroles gracieuses. — Mon embarras. — M. Goudmetz. — Satisfaction de l'empereur. — Son ordre du jour. — Son apparition au théâtre d'Arras. — Il traite mon mari avec une touchante bonté. — Pension de 30,000 francs donnée à Junot sur la cassette de l'empereur. — Mot de Napoléon. — Certain major envoyé *chez nous* pour y apprendre son métier. — Arrêt affiché à la porte de l'évêque d'Arras. — L'empereur fait un accueil flatteur à M. de Limoges. — Portrait de M. Necker.

L'empereur vint enfin à Arras pour inspecter et passer en revue la division d'élite. Depuis dix mois que Junot était à Arras, Napoléon n'y avait même pas envoyé Berthier, si ce n'est pourtant qu'il y vint pour quelques heures ; mais ce souvenir est effacé en moi. L'empereur voulait que

Junot formât sa troupe tout-à-fait d'après lui-même et sans aucune direction étrangère. C'était une épreuve, comme il le dit plus tard à son ancien aide-de-camp. Heureusement que Junot s'en tira bien.

Je n'ai jamais vu de mère plus coquette pour sa fille, de femme plus coquette pour elle-même, que Junot ne l'était pour ses grenadiers, leur toilette et surtout leur fameuse coiffure; car ils étaient enfin tous tondus, par la grâce de Dieu et du perruquier du régiment, les collets neufs remontés, les schakots tout prêts : enfin des dames d'atours n'auraient pas mieux fait que Junot et ses officiers. Je vais rapporter cette lettre à Mme de Puthod dont j'ai déjà parlé.

« Mon excellente amie, je suis mille fois cou-
« pable envers vous; mais faites la part, je vous
« supplie, de tout ce qui a dû m'empêcher d'écrire,
« et vous pardonnerez, j'en suis sûre. Vous savez
« que depuis mon retour de Boulogne, mes jour-
« nées ont été remplies par les soins qu'il m'a
« fallu partager avec madame de Lachaise afin
« que tout fût prêt pour l'arrivée de l'empereur.
« Enfin nous avons été récompensées de nos pei-
« nes. Il est demeuré deux jours et demi avec
« nous. C'est une belle victoire remportée sur la

« rapidité de sa course, car habituellement il ne
« reste qu'un jour dans ses visites militaires.

« L'empereur est arrivé ici mercredi dernier,
« à midi. Il descendit à la préfecture, où il a logé.
« Il reçut aussitôt les autorités civiles que M. de
« Lachaise, le préfet, lui présenta. Il causa beau-
« coup avec lui ensuite, parce que ce départe-
« ment renferme une grande quantité de troupes.
« Il s'est informé en grand détail de la manière
« dont le paysan était traité par le soldat, s'en-
« quérant minutieusement si les grenadiers can-
« tonnés dans les petites villes environnantes ne
« commettaient aucun dégât; et jusqu'à son dîner
« il ne s'est occupé que des affaires civiles. Mais, le
« soir, Junot fut appelé, et, à partir de cet ins-
« tant, chère amie, l'empereur a donné tous ses
« soins à l'objet principal qui l'amène à Arras.
« Mais votre tendre amitié pour Junot et pour
« moi me fait un devoir de vous instruire fidè-
« lement des moindres détails de cette intéres-
« sante soirée et du jour qui la suivit.

« Depuis son départ de Paris, vous savez, vous
« qui avez notre confiance, combien Junot était
« quelquefois malheureux de cette pensée, que
« le premier consul n'était plus pour lui ce qu'il
« avait été. Eh bien! cette soirée a dissipé tous
« les doutes, levé tous les obstacles qui pouvaient

« empêcher un entier retour à la confiance. « Nous
« étions comme à l'armée d'Italie, » disait Junot.

« L'empereur a eu la bonté d'avoir avec Junot
« une sorte d'explication qu'il ne lui demandait
« pas, relativement au bâton de maréchal.

« — Tu as pu trouver injuste de ne pas l'avoir,
« puisque je le donnais à Bessières ; et l'empereur
« avait souri en prenant de suite plusieurs prises
« de tabac. Oui, reprenait-il, Bessières est un
« peu jeune, et puis je sais bien qu'il n'a jamais
« commandé.... Je sais tout cela... Et il souriait
« toujours. Mais je voulais faire mes quatre com-
« mandants de la garde maréchaux de l'em-
« pire. »

Il y avait ici un long passage où je rapportais
ce que l'empereur avait dit relativement aux
vingt-quatre grands-officiers d'empire, et que
j'ai placé plus haut en parlant de la création de
la place.

« — Au surplus, a dit l'empereur, de quelque
« côté que la guerre ait lieu, tu te distingueras,
« et le bâton brodé d'abeilles remplacera la pe-
« lisse de hussard... Et puis, ne t'ai-je pas bien
« servi, M. Junot ! colonel - général des hus-
« sards !... Si la charge n'avait pas été faite, il
« aurait fallu l'inventer pour toi, monsieur le
« sabreur, ajoutait l'empereur en lui tirant son

« pauvre nez et ses oreilles, selon sa vieille cou-
« tume.

« Le lendemain jeudi[1] il a passé les troupes
« en revue; et pendant les sept heures qu'ont
« duré les manœuvres, il a été constamment à
« pied. J'étais en voiture avec madame Laplanche-
« Mortière, madame Pierron et M. Maret. Le
« général Suchet, qui est venu nous voir de son
« camp de Vimereux, était aussi avec nous. Il
« me conseilla de descendre pour mieux voir dé-
« filer les troupes, ce que je fis; et ayant pris le
« bras de M. Maret, je me dirigeai, quoique
« de loin, vers le groupe *doré*. L'empereur ve-
« nait de remonter à cheval pour voir défiler;
« il me reconnut quoique je fusse encore assez
« loin, et m'envoya dire, par le colonel Lafond,
« que je ferais bien d'approcher pour mieux
« voir les troupes. Lorsque tout fut fini, je ne
« m'attendais pas du tout à ce qui m'allait arri-

---

[1] Je datais toujours mes lettres du jour de la semaine; ce n'est qu'au timbre de la poste qu'on peut aujourd'hui retrouver bien précisément la correspondance des jours. Presque toutes mes lettres ont ce timbre; cependant celles qui ont des enveloppes ne le peuvent plus donner, parce que les enveloppes ont été jetées. Cette lettre-ci est du nombre; je crois pourtant que c'était le 11 fructidor, autrement 4 ou 5 septembre.

« ver : l'empereur fit faire quatre-vingts ou cent
« pas à son cheval, et, le dirigeant vers moi, il
« m'aborda avec un air tout gracieux, m'ôta son
« chapeau avec une civilité dont je fus fort tou-
« chée, et me demanda de mes nouvelles, si je
« m'amusais beaucoup à Arras et si je ne vou-
« lais pas retourner à Paris. Je répondis à tout
« cela comme une sotte, à ce que je crois ; mais
« pour vous dire la vérité, je ne m'attendais nul-
« lement à cette belle visite, et je n'étais pas
« du tout disposée à me servir du nouveau *lan-*
« *gage usité* maintenant. Je suis même sûre que
« l'empereur, toujours disposé à me juger avec
« partialité dans ce qui le regarde, et cela bien
« injustement, aura pris ma timidité pour toute
« autre chose ; et pourtant il est de fait que le
« seul embarras de dire à l'instant *Sire* et *Votre*
« *Majesté*, a seul causé ma gaucherie. J'avais
« peur, car Maret, dont je tenais le bras, m'a
« dit que je tremblais.

« L'empereur me demanda quelles étaient les
« dames qui étaient avec moi ; je les lui nom-
« mai [1]. Eugène, qui reconnut madame Pierron,

---

[1] L'une était madame Laplanche-Mortière, femme de l'un des généraux de la garde, faisant partie de la division d'élite. Elle a depuis épousé en secondes noces un aide-de-camp de Berthier, et s'appelle aujourd'hui madame Demontgardé.

« lui fit un signe de tête amical dont je lui sau-
« rai encore plus de gré lorsqu'il n'oubliera plus
« M. Pierron ni M. Goudmetz [1]. L'empereur sa-
« lua ces deux dames en ôtant de nouveau son
« chapeau, et me dit adieu avec un de ses plus
« gracieux sourires et l'une de ses plus aimables
« paroles; ensuite il me laissa fort charmée de
« sa courtoisie, à laquelle, pour dire la vérité, je
« ne m'attendais pas. Nous revînmes dîner chez
« moi. J'emmenai M. Maret et le général Suchet
« pour leur faire les honneurs de la ville, car
« Junot dînait avec l'empereur ainsi que tous les
« officiers de sa division d'élite. L'empereur leur
« fit à tous les compliments les plus flatteurs.

« —Junot, a-t-il dit à mon mari, tu feras mettre
« à l'ordre du jour, demain matin, que je suis
« content, *extrêmement content*, a-t-il répété, de
« mes braves grenadiers d'Arras.

« —Le préfet avait eu l'idée de donner un bal
« dont madame Lachaise aurait fait les honneurs
« avec sa bonté et sa cordialité accoutumée,
« mais l'empereur n'a pas voulu l'accepter.

« —Cela coûterait cher à la ville, monsieur le

---

[1] Madame Pierron était fille d'un M. Goudmetz, qui, dans la révolution, fut assez heureux, pendant l'exil de la noblesse à Fontainebleau, pour être utile aux deux enfants de madame de Beauharnais, tandis qu'elle était exilée.

« préfet, et ne m'amuserait guère, pour vous
« dire la vérité, après avoir été toute une journée
« dans les terres labourées. Mais comme je dé-
« sire me trouver quelques instants au milieu
« des habitants d'Arras, je me rendrai au spec-
« tacle.

« Il y vint, en effet, pour avoir les oreilles
« écorchées; car, dans ce moment surtout, nous
« avons un théâtre horriblement monté. Il eut
« pourtant la patience d'y demeurer jusqu'à neuf
« heures et demie. Il se servit de mes chevaux,
« n'ayant pas les siens à Arras.

« A peine fut-il de retour chez lui, qu'il fit
« appeler Junot. Il le traita avec une bonté de
« cœur qui a tellement attendri mon mari, que
« depuis ce moment ses yeux sont toujours pleins
« de larmes. Il lui a dit, entre autres choses :

« — J'ai été un peu sévère pour toi en t'envoyant
« ici, mon ami; mais je savais que tu faisais
« bien lorsque tu voulais bien faire, et tu l'as
« prouvé... Cela est non-seulement bon pour
« moi, mais pour d'*autres*.

« Je vous annonce, chère amie, une nouvelle
« dont votre amitié raisonnable se réjouira, je
« suis sûre, plus que de toute autre chose, car
« vous êtes pour le positif un peu plus que moi,
« c'est que l'empereur a donné à Junot, pour sa

« vie durante, une pension de trente mille francs
« sur sa cassette particulière. Cette pension
« court depuis le jour où Junot a quitté Paris
« (il y a neuf mois et demi). Il lui a accordé éga-
« lement un congé de huit jours pour aller à
« Paris. Quant à moi, je ne partirai que dans le
« mois d'octobre, à ce que je crois.

« Voilà, ma chère, la relation exacte de cette
« fameuse visite de l'empereur. Je ne l'avais pas
« vu depuis tout ce bouleversement d'empire et
« de consulat, et je redoutais presque ce mo-
« ment. Voyez combien j'avais tort! Et Junot!
« si vous pouviez voir sa joie, son bonheur....
« Il a toujours bien aimé son général; mais ces
« nouvelles bontés, cette affection presque fra-
« ternelle qu'il lui a montrée devant son armée,
« et cette foule jalouse qui, peut-être, comptait
« sur des fautes et des remontrances... toute cette
« conduite a touché Junot au fond du cœur; et
« pour lui, vous savez que lorsqu'il sent, la chose
« est profonde.

« Il faut que je vous dise un mot de l'empe-
« reur. Lorsque la division fut entièrement en
« vue, qu'il put juger de l'effet que produisaient
« les têtes rondes bien lavées, et les beaux collets
« rouges bien propres et bien montés; lorsqu'il
« vit ensuite ces masses de beaux hommes, si

« bien habillés, si bien armés, manœuvrer avec
« cette précision, que, sans y rien connaître,
« vous et moi avons admirée tant de fois, il s'é-
« cria avec une sorte d'élan, mais avec un mot
« préparatoire que je me permettrai d'omettre :
« ......, *c'est plus beau que ma garde!*

« La seconde chose qui sera consignée dans
« les *annales* de la division, c'est qu'un certain
« major que l'empereur a rencontré en route
« dans une division où se trouve Sébastiani au
« camp d'Amiens, est envoyé à l'école *chez nous*,
« avec ces paroles de l'empereur : Envoyé à la
« division des grenadiers d'Arras pour y appren-
« dre son métier. J'espère que *nous* devenons
« célèbres!....Comment me trouvez-vous? n'ai-
« je pas l'air de la servante du curé?

« A propos de curé, notre évêque vient d'avoir
« un désagrément : on a affiché à sa porte un ar-
« rêt de je ne sais plus quelle cour de justice, par
« lequel on lui défend de s'appeler *La Tour d'Au-*
« *vergne*. On dit qu'il s'appelle La Tour *Saint-Po-*
« *let* ou *Saint-Paulet*. C'est fâcheux pour un si
« bel évêque.

« Et moi qui oubliais de vous dire, chère amie,
« que Junot a spécialement présenté M. de Li-
« moges à l'empereur, et qu'il a été parfaite-
« ment aimable pour lui; il lui a même parlé

« assez long-temps pour exciter des jalousies ; ce
« qui n'est pas difficile quand on ne donne pas
« de grâces à tout le monde. Votre mari a été,
« comme il est toujours, convenable et bien, et
« tout porte à croire que l'empereur lui rendra
« la justice qui lui est due. A propos, vous avez
« su que M. de Colbert n'a pas eu ce qu'il
« désirait?

« Adieu, mon amie. Combien j'aurais été heu-
« reuse de vous avoir près de moi dans ces jour-
« nées qui viennent de s'écouler.... Venez donc,
« que faites-vous ? Venez passer l'automne avec
« moi. Nous irons faire un voyage vers la mer,
« et puis je vous ramènerai à Paris. Vous savez
« combien je vous aime. »

Cette lettre, que j'ai transcrite en entier, donne une idée de la visite de l'empereur à Arras. Il y a plusieurs détails minutieux qui sont admirables par leur simplicité même, parce qu'ils montrent à quel point cet homme prodigieux avait de cases ouvertes pour toutes les idées qui abondaient en foule dans cette tête étonnante. Ainsi, par exemple, il s'inquiétait de savoir si le terrain dans lequel on faisait manœuvrer les troupes était humide ou non, observant qu'il fallait le choisir sec pour qu'elles ne souffrissent pas inutilement. Cela ne les rend pas *femmelettes*, disait-il, et ce soin leur épargne des rhumes inutiles. Ensuite il faisait déboutonner l'habit après en avoir regardé le drap, l'avoir tâté lui-même, et il inspectait la chemise, regardait si la toile en était bonne, interrogeait le soldat sur ses besoins, sur ses goûts, et cela, il le faisait à chaque homme. Aussi, n'ai-je jamais vu d'enthousiasme comparable à celui qui éclata à la lecture de cet ordre du jour où, comme il l'avait ordonné, on avait mis : « Je suis content, *extrêmement* content de mes braves grenadiers d'Arras. C'était un délire.... Ah! sans doute nous avons toujours des cœurs français! Ces cœurs sont toujours courageux et vaillants. Mais ce regard qui payait une belle action, cette bouche dont le sourire faisait expirer en paix le soldat blessé à mort sur lequel il tombait en passant, l'homme qui distribuait si parfaitement et la récompense et le blâme, où est-il?.....Voilà la bannière qui conduisit tant de fois à la victoire!......Allons la retrouver pour avoir au moins quelques moments d'illusion, sur le haut de ce vallon où, dominant la mer, entouré de ses frères d'armes, ayant devant lui les braves des braves des armées de l'empire, Napoléon distribuait les croix de la légion-d'honneur dans le casque de Bayard et le bouclier de François Ier, dont, par exemple, il aurait bien pu se passer.

Avant d'aller à Boulogne pour assister à la distribution des premières croix de la légion-d'honneur, je veux parler d'un événement remarquable pour l'époque et remarquable pour la France. C'est la mort de M. Necker qui arriva cette même année 1804. Il mourut le 9 avril dans son château de Coppet, où il vivait retiré depuis le 4 septembre 1790, époque à laquelle il quitta le ministère.

J'ai parlé de M. Necker dans le premier volume de ces mémoires, et j'en ai dit le bien que j'en pensais et qui m'avait été révélé par mon père et surtout mon frère, qui, plus rapproché de mon âge, m'avait fait mieux connaître toute la pensée de notre père sur M. Necker. M. Necker avait été jugé par lui dans toute l'intégrité d'une âme français eet vertueuse, et son esprit, remarquablement habile comme administrateur, avait de plus apprécié le talent de M. Necker. C'est donc à cette source vénérée pour moi que je prends mes documents pour former mon jugement sur un homme dont le nom sera toujours attaché à l'histoire de mon pays d'une manière honorable. Je n'impose ensuite mon opinion à personne; je la donne. Heureuse de penser que peut-être je ferai revenir quelques esprits prévenus qui ont oublié ou qui peut-être ignorent tout le bien que M. Necker a fait à la France, je n'entreprendrai pas de déterminer sa capacité d'homme d'état, qui, cependant, était bien supérieure à tous ceux qui l'entouraient alors. En le jugeant, on n'a jamais voulu, comme du reste cela arrive souvent, faire la part des circonstances impérieuses dans lesquelles il exerça son ministère. On prononce même aujourd'hui encore d'après les jugements portés à cette époque par la passion, la haine et une sotte et basse jalousie contre un ministre étranger. Tout cela est misérable quand il s'agit de juger un homme qui donna du pain à la France avec son argent, parce qu'on ne voulait plus se fier à la signature ni à la parole de notre gouvernement [1].

M. Necker m'a toujours été représenté comme un ministre parfaitement intègre, un homme voulant une liberté sagement limitée. Ennemi

---

[1] C'est un fait admirable de la vie de M. Necker. Il s'engagea avec des banquiers de Hollande pour la moitié de sa fortune. Il n'était plus ministre lorsqu'il remplit ses engagements, pris, comme je l'ai dit, pour donner *du pain* à la France.

de toute mesure précipitée, il voulait le bien, et s'opposait avec une véhémence extraordinaire en lui, à tout ce qui ressemblait à l'injustice fardée de ce mot si vulgairement mis en usage dans les conseils des rois : *C'est pour le bien du peuple.* Chaque parole de ses écrits constate une austérité de principes que rien ne put jamais attaquer. De tout cela on peut former un beau caractère d'homme [1], et surtout un beau caractère de ministre ; et certes, à cet égard, nous n'avons pas le droit d'être difficiles.

M. Necker ne fut pas plus parfait que les hommes le sont en général. Il eut comme eux ses défauts, et peut-être pourrai-je dire les défauts de ses vertus. On lui a reproché avec raison peut-être d'avoir donné trop de confiance à la croyance qu'il conduirait la France dans les nouveaux chemins où lui-même l'avait engagée. Mais cette confiance était fondée sur la persuasion malheureusement illusoire que Louis XVI com-

---

[1] Je reproduis ici non-seulement l'avis de mon père, mais celui d'un ami très-intime à moi, le cardinal Maury, qui, bien qu'il en voulût à M. Necker, savait lui rendre justice, et celui d'un ami bien plus cher, de M. le comte Louis de Narbonne, qui lui rendit plus tard la justice qui lui appartenait. Ces deux avis, prononcés après la mort, et dans toute l'impartialité des passions, m'ont vivement frappée.

prendrait assez, non-seulement les intérêts de la France, mais les siens, ceux de sa famille, pour le seconder dans le travail immense qu'il avait entrepris, et qui pouvait avoir les plus beaux résultats. C'était le tiers-état amené sur l'avant-scène, et destiné à figurer activement dans le grand drame dont le prologue se jouait en 1787. On lui a reproché de n'avoir pas assez calculé le degré de force[1] que pouvait déployer le peuple, une fois qu'il était libre de le faire. Mais est-il donc coupable encore une fois d'avoir compté sur la raison du roi? Comment la grande révolution qui *devait* s'opérer, eût-elle marché, si Louis XVI eût pris lui-même les rênes du mouvement et l'eût conduit en bon et sage prince, ainsi qu'il le devait faire, au lieu de tromper continuellement M. Necker, en prenant conseil de M. de Breteuil et d'une foule de gens qui l'ont perdu avec la France. Sans doute M. Necker a fait des fautes. Il commit surtout la grande maladresse de se laisser aller à la séduction des théories. Il faisait des plans de finances,

[1] Un fait curieux de la conduite de M. Necker, c'est le refus qu'il fit d'accompagner Louis XVI dans la nouvelle salle des états-généraux après l'affaire du jeu de paume. Avec ses idées libérales, ce refus est fort remarquable et prouve l'intégrité de son âme.

et les faisait admirables. Mais il croyait pouvoir également faire des plans de révolution d'après un système, et la chose ne pouvait aller. Une grande faute aussi qu'on ne peut excuser en lui, fut cette opposition constante qu'il apporta à faire gagner Mirabeau. Qu'importait au bonheur de la France que la morale fût atteinte, parce que l'on devait employer, pour attirer Mirabeau, un système de corruption qui répugnait aux principes sévères d'intégrité de M. Necker? J'ai déjà parlé de ce qui fut proposé à cette époque, dans le premier volume de mes mémoires. Mon père, qui voyait souvent M. Necker pour des opérations financières, lui en parla quelquefois, et le trouva toujours dans une opposition à laquelle aucun raisonnement ne put porter atteinte. C'est un point fort répréhensible de la vie politique de M. Necker, et qui d'ailleurs trouvait son appui dans une idée tout-à-fait fausse. Mirabeau, dont le pouvoir colossal pouvait alors entraîner les destinées de la France, était trop complètement immoral pour que l'homme vertueux eût un remords, en comptant la somme qui le payait et l'achetait. Peut-être, en examinant bien la chose, trouverait-on une vanité bien permise au ministre honnête, à l'homme de bien qui connaît ce qu'il vaut, et qui, sachant combien la faveur populaire lui était acquise, voulut lutter avec le tribun qui, à son tour, enlevait les suffrages du forum, quand sa voix tonnante faisait retentir la tribune aux harangues. Cette conduite fut une véritable, une immense faute. Dès que vous admettez le gouvernement représentatif, ayez des orateurs pour vous défendre, aussi habiles que ceux qui vous attaquent, ou bien vous êtes perdu. Ce n'est pas du fond d'un cabinet ministériel que vous répondrez victorieusement à la foudre qui part d'une bouche éloquente. Il se pourra que dans le travail de la nuit, vous prépariez une réponse concluante à une attaque, mais encore faudra-t-il prononcer un discours, et opposer la magie de la parole à celle qui agissait quelques heures avant. Ce fut par ses Catilinaires que Cicéron sauva Rome. Malgré son esprit, M. Necker négligea trop cette règle de conduite. Qu'arriva-t-il? Après avoir été l'esclave plus que le roi de l'opinion populaire, après avoir été traîné, lui aussi, par les bras du peuple, il tomba sous les coups de cette même opinion, et devint sa victime après lui avoir tout sacrifié.

Ce fut le 4 septembre 1790 que M. Necker se retira du ministère, où il avait été appelé trois fois. Cette retraite fut différente de celle de l'année précédente. Cette première disgrâce lui fut imposée avec crainte et mystère, et le jour de son départ faillit être à la fois une journée de sang et de deuil. Mais la seconde lui fit connaître à la fois l'ingratitude de sa patrie adoptive et celle du maître qu'il s'était aussi volontairement donné. Il partit pour Coppet, et vécut là dans une profonde retraite avec madame Necker, quelques amis et madame de Staël. Mais cette dernière n'y séjournait pas habituellement, tant que vécut sa mère. Ce ne fut qu'à la mort de madame Necker que sa fille, pour la remplacer auprès de son père, fut s'établir à Coppet. Quant à M. Necker, sa vie politique fut terminée le jour où il quitta le ministère.

Je possède une relation charmante de la vie qu'il menait à Coppet pendant son exil. Cette relation, faite par un homme dont le seul nom révèle l'aimable talent, mérite d'être non-seulement transcrite dans des mémoires contemporains, mais de l'être fidèlement et en entier. C'est aussi ce que je vais faire dans le chapitre suivant, bien convaincue qu'on m'en saura gré.

CHAPITRE VIII.

Château de Coppet. — Détails d'intérieur. — Appréciation de madame de Staël. — Son ambition politique. — Représentations théâtrales à Coppet. Acteurs : MM. le comte de Sabran, Charles de Labédoyère, marquis de Palmella et madame de Staël. — Retour de madame de Staël à Paris. — Éloignement de l'empereur pour cette femme célèbre. — Inauguration de l'ordre de la légion-d'honneur à l'hôtel des Invalides. — Étrange discours de M. de Lacépède, grand-chancelier.

La relation qui va suivre, et qui dévoile dans ses moindres détails la vie intime des habitants de Coppet, n'est pas de moi; elle m'a été donnée par M. Frédéric de Châteauvieux, auteur des spirituelles et remarquables lettres de Saint-James, et ami intime de madame de Staël.

« La grande figure de madame Necker s'inter-
« posait comme une statue de marbre entre
« M. Necker et sa fille. Aussi, tant qu'elle a vécu,

« y a-t-il eu quelque chose de pénible et de
« brisé dans cette intimité de famille qui ne
« s'exhalait qu'en admirations réciproques. Mais
« dès qu'elle eut cessé de vivre, M. Necker ne
« trouvant plus auprès d'elle le caractère et la
« volonté auxquels il avait dû sa force d'ascen-
« sion, tombé lui-même de si haut et n'ayant
« plus d'avenir que dans son intérieur, il se hâta
« d'y rappeler sa fille, et consacra tous ses soins,
« je dirai presque toute sa galanterie, à rendre
« cet intérieur agréable pour madame de Staël.

« Cet intérieur avait des formes graves; on y
« trouvait de la solennité, peu de mouvement
« et d'abord. Le mérite en était dans les pro-
« digieux développements de l'esprit auxquels
« donnait lieu la présence de M. Necker, de ma-
« dame de Staël, de M. Benjamin Constant, qui
« séjournait dans ce temps à Coppet.

« On se réunissait pour déjeuner dans la cham-
« bre de madame de Staël (on n'y buvait alors
« que du café). Ce déjeuner durait souvent
« deux heures : car à peine réunis, madame de
« Staël soulevait une question prise plus sou-
« vent dans le champ de la littérature ou dans
« la philosophie que dans celui de la politique,
« et cela par ménagement pour son père, dont
« le rôle sur ce théâtre avait si malheureusement

« pris fin. Mais quel que fût le sujet du débat, il
« était abordé avec une mobilité d'imagination et
« une profondeur qui a été l'école de Benjamin
« Constant, et d'où jaillissait tout ce que l'esprit
« humain peut concevoir et créer. Madame de
« Staël avait dans ces luttes littéraires et phi-
« losophiques une grande supériorité sur son
« père, en promptitude, en facilité, en élo-
« quence. Mais prête à atteindre le but, une
« pudeur filiale la saisissait, et, comme effrayée
« du succès qu'elle allait obtenir, elle se four-
« voyait elle-même avec une grâce d'esprit ini-
« mitable, pour laisser à son concurrent la gloire
« de la vaincre. Mais ce concurrent était son
« père, et il a été *le seul* auquel elle ait jamais
« accordé un tel avantage.

« Chacun se retirait alors jusqu'au dîner, qui se
« passait au milieu d'une querelle permanente
« entre M. Necker et de vieux maîtres d'hôtels
« sourds et grondeurs, débris du régime que
« M. Necker avait enseveli, et qui avaient suivi sa
« fortune à Coppet avec leurs habits brodés.
« L'après-midi était encore consacrée au travail
« jusqu'à sept heures, où commençait le wisk
« de M. Necker. Ce wisk était orageux; M. Nec-
« ker et sa fille s'accusaient, se fâchaient, se
« quittaient en jurant de ne plus jouer ensemble,

« et recommençaient le lendemain. Le reste de
« la soirée rendait tout son prix à la conversation.

« Hormis quelques voyages, madame de Staël
« a consacré ainsi huit années au bonheur de
« son père, et à la première éducation de ses
« enfants, éducation très-positive et dans laquelle
« elle a montré toute la force de la raison su-
« périeure qui a été le vrai point de départ
« de ses admirables facultés. C'est pendant ce
« temps aussi qu'elle a composé ses ouvrages
« que j'appellerai de *sa seconde manière*; c'est-
« à-dire son livre sur l'influence des passions,
« sur la littérature, et enfin Delphine.

« Après la mort de M. Necker [1] en 1804, libre
« et maîtresse d'une grande fortune, madame
« de Staël aspira à figurer sur la scène politique.
« Elle y était portée par une vive réminiscence
« des premiers temps de la révolution; temps
« de son début dans le monde et de ses premiers
« succès, temps d'enivrement, d'animation, et où
« l'influence politique était dévolue à tous les ta-
« lents, à tout ce qui exerçait une puissance morale
« sur des esprits sans expérience et amoureux de

[1] C'est précisément à l'époque où nous sommes arrivés dans ce volume, que madame de Staël revint en France. C'est pourquoi je n'ai pas voulu que cette notice fût mise en une autre place que celle de son véritable temps.

« l'avenir. Elle y était portée parce qu'elle aimait
« à exercer le pouvoir comme un attribut de sa
« supériorité.

« Mais cet amour du pouvoir, ce désir, ardent
« comme tout ce que ressentait madame de
« Staël, la ressaisit au moment le plus fatal pour
« elle; à l'instant où toute la force d'un gouver-
« nement herculéen tendait à dépouiller la so-
« ciété de l'action des forces individuelles pour
« la concentrer uniquement en lui. Il s'établit
« ainsi une lutte forcée entre l'action indivi-
« duelle que madame de Staël aurait voulu exer-
« cer, et la résistance que lui opposa le gou-
« vernement de l'empire. Cette lutte ne cessa
« qu'au bout de huit années, à l'époque où ma-
« dame de Staël s'éloigna du théâtre de ce com-
« bat entre une puissance morale inouïe et le
« plus fort des pouvoirs matériels qui aient ja-
« mais existé.

« Mais, durant ce temps, madame de Staël
« publia Corinne et son grand ouvrage sur l'Al-
« lemagne; ouvrage qu'elle a dû aux voyages
« qu'elle y avait faits pour s'éloigner du régime
« impérial et sympathiser avec les victimes aux-
« quelles il avait permis de survivre à leurs
« blessures; ouvrage qu'elle a dû aux travaux
« entrepris et exécutés avec M. Schlegel dans la

« vue de pénétrer dans le monde littéraire et
« philosophique de l'Allemagne; monde nouveau
« alors, et que nous avons vu depuis envahir
« les idées, les traditions et même les habitu-
« des littéraires dont la France s'était montrée
« si fière.

« Bien que madame de Staël fût pénétrée du
« besoin de sortir de ces idées, de ces traditions,
« de ces habitudes, elle avait en elle un senti-
« ment poétique, une horreur du mauvais goût
« et un pouvoir de charmer par l'harmonie
« des paroles, qui suscitaient de fréquentes que-
« relles entre elle et M. Schlegel, lequel, comme
« on l'a vu dans son cours, ne se laissait pas fas-
« ciner par l'harmonie des vers de Racine. Aussi
« suffisait-il que madame de Staël en déclamât
« quelques-uns avec une componction poétique,
« pour soulever une de ces querelles, d'où s'é-
« chappaient mille aperçus, mille points de vue
« aussi nouveaux que profonds sur tous les mys-
« tères de notre nature morale. Personne ne se
« ménageait dans ces brillantes discussions, et il
« suffisait d'un instant pour que toutes les ques-
« tions fussent analysées et atteintes jusqu'au
« fond.

« Le goût le plus vif, l'amusement le plus sé-
« rieux qu'ait eu pendant ce temps madame de

« Staël a été celui des représentations théâtrales.
« Son admirable organe, l'expression de son jeu,
« lui donnaient une grande préférence pour
« mettre en scène des tragédies. Mais elle n'était
« secondée en cela que par M. le comte Elzéar
« de Sabran, M. Charles de Labédoyère et don
« Pedro de Souza, aujourd'hui marquis de Pal-
« mella. Son jeu appartenait à l'école qui avait
« précédé Talma, et son admiration pour ce
« grand acteur ne la rendit pas son écolière.
« Mais quoique madame de Staël n'attachât pas
« un grand prix à ce talent, ce n'était pas moins
« dans les rôles de soubrette qu'elle excellait.

« M. le comte de Sabran composa des pièces
« pour ce théâtre, et elle écrivit enfin Agar la
« Sunamite, et deux autres pièces qui ont été
« imprimées depuis et qui obtinrent un grand
« succès. Pour témoins de ses représentations,
« madame de Staël réunissait à Coppet et ses re-
« lations du voisinage et ceux de ses amis qui
« venaient de loin pour la voir. J'ai déjà nommé
« M. de Sabran, mais je dois citer encore le
« prince Guillaume de Prusse, le baron de Voght,
« Bonstellin, le poète Verner, M. de Montmo-
« rency, qui, chaque année, venait en pèlerinage
« à la Val-Sainte et à Coppet, et madame Réca-
« mier, chez qui madame de Staël avait su re-

« connaître, au travers de sa beauté, l'esprit et le
« charme dont elle est douée.

« Aussi long-temps que madame de Staël a pu
« réunir autour d'elle les amis que je viens de
« nommer, et d'autres encore; aussi long-temps
« que sa vie sociale a été respectée, elle a sup-
« porté l'existence d'exilée. Mais lorsqu'elle vit
« dans le même jour et sous son toit hospitalier,
« madame Récamier et M. de Montmorency
« frappés du même exil, l'impression qu'elle en
« reçut fut au-delà de ses forces. La terreur de
« l'isolement, extrême chez elle, la douleur de
« se croire la cause immédiate de la condamna-
« tion de ses amis, la décidèrent à quitter, jusqu'à
« des temps meilleurs, la France et son voisinage,
« pour aller chercher ailleurs ce que la France
« lui refusait alors: la liberté. »

Cette notice, qui peint parfaitement, selon moi, l'intérieur de Coppet, donne également en peu de mots un aperçu très-juste du caractère de madame de Staël, l'un des plus remarquables de notre époque. Cette femme célèbre fit une grande sensation à l'époque où elle revint à Paris; et il était impossible qu'il n'en fût point ainsi, car *la mode*, le caprice, un goût passager d'un jour, aussi fugitif que la fraîcheur du teint qui le cause, n'entraient pour rien dans notre admiration pour madame de Staël, ni dans les hommages empressés de la foule. Car il est un fait certain, c'est que la France la regarde comme son bien. Elle n'est pas Française cependant: mais bien que mariée à un Suédois, elle avait, j'en suis certaine, tellement adopté notre patrie, qu'elle eût été surprise qu'on lui disputât le titre de Française. C'est que son cœur, qui comprenait toutes les passions nobles et généreuses, avait voué toutes ses affections à notre pays malheureux. Ce n'est pas une main étrangère qui a tracé les lignes hardies et admirables de ses Considérations sur les principaux événements de la révolution; c'est une main patriote qui a dessiné ces traits vigoureux et sublimes qui décèlent le génie. Mais ce n'est pas l'heure de parler de cet ouvrage : il viendra en son temps. Je ne m'occuperai maintenant que de l'arrivée de madame de Staël à Paris, après la mort de M. Necker.

Madame de Staël avait été exilée déjà sous le consulat. Son retour à Paris était donc une sorte de rentrée. Le nombre infini de ses connaissances fit de ce retour un triomphe; ce fut un tort. L'empereur, qui avait presque de l'éloignement pour elle, éloignement du reste fort injuste et sans cause, prit de l'humeur de ce bruit occasionné par l'arrivée *d'une femme*. Il oubliait que cette femme avait un génie supérieur, qu'elle parcourait à vue d'aigle ce qui était sous ses yeux, qu'elle était enfin, *quoique femme*, un des publicistes les plus remarquables de notre époque. Peut-être, au reste, ne *l'oublia-t-il* pas, et ne fut-ce que par crainte qu'il se décida à l'éloigner. Ce mot *crainte* ne doit pas être traduit comme on pourrait le faire. J'en donnerai l'explication lorsque plus tard j'arriverai à l'exil de madame de Staël. Junot, qui fut en partie chargé, à cette époque, de solliciter pour elle la faveur de rester en France, eut avec l'empereur une conversation qui mérite d'être connue.

Napoléon était empereur depuis trois [1] mois, lorsqu'il voulut inaugurer l'ordre de la légion-d'honneur, créé par la loi du 19 mai 1802. Cette cérémonie, la première qui eût de la solennité

---

[1] Je ne parle ici que du titre d'empereur conféré par le sénat à Napoléon, le 18 mai 1804, à Saint-Cloud, où il résidait habituellement. Je me rappelle qu'en apprenant que cette démarche solennelle avait eu lieu dans ce séjour malheureusement illustré par l'assassinat du dernier des Valois, beaucoup de personnes ne purent s'empêcher d'être péniblement affectées. L'impératrice Joséphine, qui était, comme on sait, fort superstitieuse, en fut très-long-temps presque malheureuse. Mais la crainte qu'elle avait de Napoléon lui faisait céler ses pressentiments, et peu de personnes en eurent connaissance.

depuis que Napoléon avait son nouveau titre, eut lieu dans l'église des Invalides à Paris, le 14 juillet 1804. La plus grande pompe fut déployée dans cette circonstance : elle n'avait rien de factice. C'était une grande et belle idée que celle d'accorder une récompense militaire ou plutôt de la consacrer par un signe perpétuel et ostensible sous ces voûtes vénérées, dernier asile du soldat mutilé par le fer ennemi ; là, sous l'ombre de ces drapeaux que plusieurs avaient rougis de leur sang et payés d'un de leurs membres, il était grand sans doute de leur donner le prix pour lequel ils se dévouaient, celui de l'honneur. Les dignitaires prêtèrent serment entre les mains de l'empereur. M. de Lacépède, grand-chancelier de la légion, prononça un fort beau discours, mais dans lequel peut-être il mit maladroitement quelques phrases que la circonstance rendait singulières. Il ne se rappela qu'une chose, c'était la première pensée de l'institution ; mais bien des changements étaient survenus depuis deux années ! Et M. de Lacépède, en rappelant l'anniversaire du 14 juillet auquel ce même jour répondait, et en faisant une application directe de ce qui avait été dit jadis pour le 14 juillet à l'époque présente, fit, ce me semble, une chose peu adroite ou dictée par un motif que je ne puis comprendre. Sans doute, le jour où la couronne est mise sur la tête d'un homme qui, dix ans plus tôt, était un simple officier [1], ce jour atteste que le régime de l'égalité est bien fort, puisqu'il peut donner un trône. Mais qu'il continue de l'être, voilà qui est plus douteux... et lorsque M. de Lacépède ajouta dans son discours :

« Répétez les mots qui ont déjà été proférés « dans cette enceinte, et qu'ils retentissent jus- « qu'aux extrémités de l'empire :

« *Tout ce qu'a établi le 14 juillet est inébran-* « *lable; rien de ce qu'il a détruit ne peut repa-* « *raître.* »

Cette phrase est singulière, prononcée en instituant un nouvel ordre de chevalerie et devant le trône impérial. C'est ainsi que les ministres de Napoléon, ou ceux qui, dans la position de M. de Lacépède, étaient appelés à exprimer une idée vaste et imposante qu'il fallait lancer au milieu de l'opinion, le faisaient de telle sorte qu'ils dépassaient la volonté de l'empereur, et lui donnaient ainsi l'apparence d'une duplicité

---

[1] « En Amérique, volontiers... j'eusse été un Washington... « En France j'aurais défié Washington lui-même, ou il n'eût « été qu'un niais. Je ne pouvais être qu'un Washington cou- « ronné..... » (Mémorial de Sainte-Hélène.)

et d'un calcul qu'il n'avait pas. Ainsi donc, en s'asseyant sur un trône, il a demandé à l'État de le rendre héréditaire, parce que son haut génie lui a fait voir que notre nation ne comporte pas, par sa nature turbulente, un état d'agitation permanent tel que celui auquel la soumettrait un régime électif auquel le pays serait forcé de recourir chaque fois qu'il faudrait donner un souverain à l'État, soit à vie, soit temporaire; car, enfin, il est souverain celui-là qui a le pouvoir et qui commande aux autres, quelle que soit la force des lois qui s'appellent répressives. Mais à cette pensée, d'autant plus juste qu'elle avait l'exemple, et l'exemple récent pour point de départ, s'en joignait une autre tout aussi positive, celle de l'*égalité*. J'ai entendu bien souvent l'empereur parler sur cette matière, et toutes ses paroles me sont demeurées présentes. Sa noblesse elle-même, création qu'il regardait comme une de ses plus grandes pensées; sa noblesse avait été instituée dans l'intérêt d'établir cette égalité, vrai mobile de tout ce qu'ont fait et demandé les Français depuis vingt ans, disait-il. La liberté, observait Napoléon, a sans doute été le premier cri du peuple lorsque la révolution a projeté les premiers rayons de sa lumière; mais ce n'était pas la véritable expression de sa pensée. Que la Russie se révolutionne, le mot liberté sera le premier qui s'échappera de ces bouches vraiment esclaves, qui s'ouvrent si souvent pour crier sous le nerf de bœuf dont s'arme un maître barbare. La liberté est le vrai bien que désirera le peuple russe dès qu'il aura un souhait à exprimer : il ne comprend pas encore l'*égalité*. Mais chez nous, c'est autre chose ; et le premier éclair de notre révolution a fait voir combien il existait de talents que le nivellement rendait à la société pour le bien et la gloire de l'État. Aussi est-ce l'*égalité* que le peuple français a toujours voulue ; à bien dire, il n'a jamais eu de liberté depuis le temps où elle fut tant proclamée. Car enfin, la véritable définition du mot liberté est l'entier exercice de toutes les facultés ; et hormis quelques discours qu'on permettait aux bavards de quelques sections de crier dans leurs séances, dans l'année 1795, montrez-moi une époque où le peuple ait été vraiment libre d'agir, de parler, de se conduire, enfin, comme il l'entend. Quand des masses de femmes, de mécontents, se rendaient à la convention après le régime de la terreur, on leur répondait : Allez-vous-en à vos travaux, la convention poursuivra les siens. Et cependant le malheureux peuple mourait de faim et ne demandait que du pain. Quant aux années 1793 et 94, les présentera-t-on comme exemple d'une époque libre? Sous le directoire, malgré sa faiblesse et la pourriture de ses *étais*, on n'osait pas parler, le bureau central était là pour vous faire taire; et après le 18 fructidor, la France eut une seconde terreur, et les journaux supprimés alors par l'ordre de Sieyès, répondent à la liberté de ces temps désastreux. Jamais le peuple, même sous Louis XI, sous Richelieu, sous les gouvernements les plus despotiques, n'eut moins de liberté que dans les années qui se sont écoulées depuis le commencement de la révolution. Ce que la France voulait, et ce qu'elle veut sous un nom qu'elle ne sait pas appliquer, c'est l'égalité; c'est surtout l'égalité devant la loi et pour parvenir.

Et Napoléon avait grandement raison. Au reste, nous nous laissons souvent entraîner par la magie des paroles, et nous crierions comme nous l'avons fait : *Vive notre ruine!* si le désastre était voilé sous de grands mots. Nous l'avons prouvé, nous le prouvons, et nous le prouverons encore.

CHAPITRE IX.

Préparatifs de la fête de Boulogne. — Nous partons pour Boulogne. — Le général Laplanche-Mortière et sa femme. — Madame B....r. — La baraque du maréchal Berthier. — Le trône et les drapeaux. — Les 24 grands-officiers de l'empire. — *Le grand maigre.* — Le caporal compatriote de Lannes. — La parfaite égalité. — Le fauteuil de Dagobert. — Le casque de Bayard. — Le bouclier de François Ier. — Les 60,000 hommes dans la vallée au pied de la tour d'Ordre. — La maréchale Ney. — Son portrait. — Duo de Don Juan. — M. de Brigode. — Impression commune le jour de la fête. — Ouragan. — Arrivée de la flottille. — Chavirement. — Colère de l'empereur. — Jupons enlevés. — Perruque et chapeau à la mer. — Mme B.... en enfant de chœur. — Sauce ajoutée par la pluie à un dîner de 3,000 personnes. — Bal et fête brillante.

La plus brillante solennité se préparait à Boulogne. L'empereur avait distribué, ainsi que je l'ai dit, les premières croix aux dignitaires de l'ordre, alors à Paris, le jour de l'inauguration de la légion-d'honneur dans l'église des Invalides; mais il voulait entourer d'une grande pompe la distribution de celles qui remplaçaient les armes d'honneur; et le théâtre de cette fête de l'armée fut indiqué à Boulogne. Quelque temps avant (10 juillet 1804), l'empereur avait relevé de ses ruines une institution tout opposée à celle-ci dont la valeur, la loyauté faisaient la base. Le ministère de la police était rétabli, et Fouché, de nouveau dans la faveur du maître, était à la tête de cette inquisition d'état.

Tous ceux qui, dans l'armée, avaient des armes d'honneur, reçurent ordre de se rendre à Boulogne. Les camps de Saint-Omer, de Bruges, d'Arras, de Montreuil, d'Amiens, envoyèrent des députations. Soixante-dix mille hommes assistaient à cette imposante cérémonie.

Nous partîmes pour Boulogne, Junot et moi, avec un de nos bons et anciens amis, M. Billy Vanberchem. Je ne crois pas avoir fait un voyage plus gai de ma vie. Junot avait alors dépouillé cette impression de tristesse que lui avait causée le changement de gouvernement. Il voyait toujours dans l'empereur le désir, la volonté de rendre la France la plus grande des nations; et dans son cœur tout français et vraiment patriote, cette volonté excusait tout. Il avait retrouvé la gaîté de ses jeunes années, disait-il à M. Vanberchem (il est à remarquer qu'il était alors âgé de trente-deux ans.) Aussi, que de folies furent dites dans ce voyage! que de bons rires, francs, joyeux!... Hélas! ces journées-là n'eurent pas beaucoup de sœurs.

Nous trouvâmes à Boulogne une partie de notre société d'Arras. Le général Laplanche-Mortière, adjudant supérieur du palais, et l'un des généraux sous les ordres de Junot, s'était marié, quelques mois avant, à une jeune et jolie héritière, mademoiselle Henriette B..., que sa mère, femme de beaucoup d'esprit, ayant même, je crois, remporté le prix dans quelque académie pour un ouvrage sur l'éducation, avait accompagnée à Arras lorsqu'elle vint y joindre son mari. Madame Laplanche-Mortière était fraîche et timide; parfaitement élevée, elle paraissait en grande adoration devant son mari, dont la conduite envers elle, dès les premiers jours de son mariage, était plus que répréhensible; et tout en elle intéressait. Aussi fûmes-nous charmés de la retrouver à Boulogne, où sa mère l'avait conduite, et lui servait de guide; car son mari ne s'en occupait que lorsqu'il ne pouvait s'en dispenser. Je proposai à madame Laplanche-Mortière et à madame B... de venir voir avec moi la cérémonie. Je devais être placée dans la baraque de Berthier ; c'était l'endroit le plus favorable pour jouir du plus magnifique coup d'œil qui jamais peut-être ait été présenté au regard de l'homme.

C'était le 15 août. L'empereur avait choisi cette journée, voulant célébrer à la fois sa fête et celle de ses frères d'armes qui venaient recevoir de lui le prix d'un sang loyalement versé pour la patrie. Désirant environner cette cérémonie d'une pompe toute solennelle, il fit construire près de la tour d'Ordre, à pont de briques, sur le sommet le plus élevé de la montagne, un trône autour duquel flottaient deux cents drapeaux pris sur les ennemis de la France. Sur les marches de ce trône étaient les vingt-quatre grands-officiers de l'empire, que Napoléon avait choisis parmi les chefs militaires, dont les soldats eux-mêmes reconnaissaient la gloire. Leur élévation était un véhicule de plus dont Napoléon se servait.

« Vois-tu ce grand maigre qui est là auprès de lui, avec sa queue.... c'est Lannes.... c'est un brave luron celui-là.... Eh ben ! nous sommes du même pays, j'le connais ben.... il est parti simple soldat, et le v'là un des premiers.... Ah ! c'est qu'aussi faut voir comme il y va.... c'est y heureux un...*homme* comme ça....ça n'a jamais peur....eh ben! je n'aurai jamais peur[1] non plus, moi. Ah! si le tambour pouvait rouler!....je ferais voir beau jeu aux ennemis de la république!.»...

Et bien, certainement, cet homme avait le sentiment bien intime qu'il pouvait devenir maréchal d'empire, avec la bravoure et le patriotisme du maréchal Lannes. Voilà ce qu'on appelle de l'égalité, et non pas cette déviation de toutes choses, qui fait qu'un manant, que j'appelle *manant*, non pas parce qu'il est sans souliers, mais parce qu'il est sans éducation, sans âme, et qu'il n'est mû que par les sentiments les plus bas et les plus personnels; qui fera, dis-je, que ce manant se croira en droit de m'insulter en me disant : Je suis un être vivant comme toi; je marche avec deux pieds : donc je dois être heureux comme toi; ta chambre me plaît, arrière! je veux m'y mettre.

---

[1] Cette conversation fut rapportée au maréchal par un officier qui se trouvait à portée de l'entendre. Le maréchal s'informa de cet homme, et lui fit donner deux ou trois louis, que le soldat refusa. «Si dans vot chemin y se trouvait une épaulette de sous-officier, mon général, dame! je ne dis pas... mais pour des sonnettes y faut les gagner. C'est une autre affaire. »

—Mais j'ai gagné mon asile avec mon travail, et mon père a commencé ma fortune.

—Tant pis pour toi.

Voilà de cette égalité comme j'en ai vu, moi; et le souvenir en est encore assez frappant pour me faire trembler.

Sur le trône élevé à la tour d'Ordre était placé le fauteuil appelé le fauteuil de Dagobert. Près de l'empereur était le casque de Bayard, contenant les croix et les rubans rouges qui devaient être distribués. On y avait ajouté, je ne sais trop pourquoi, le bouclier de François 1er, de ce roi qu'on veut toujours nous présenter comme le type de l'honneur et de la loyauté, un chevalier comme Galaar, et qui ne fut en résultat qu'un homme fort peu honorable, capitulant avec sa conscience, comme si l'honneur le pouvait jamais, un détestable roi, un vrai fou, et un monarque dont la France dut long-temps maudire le règne. L'empereur savait bien tout cela, et pensait tout ce que je viens de dire. Mais il avait voulu frapper les masses, et en effet l'impression fut produite.

Je me rendis de bonne heure à la baraque du maréchal Berthier avec madame Laplanche-Mortière et madame B...... Nous avions avec nous M. Vanberchem et un ami de collége de

Junot, appelé Magnien, qu'il avait recueilli chez lui. La baraque de Berthier était admirablement située pour ne perdre aucun des mouvements de ce qui allait se passer. Placée directement derrière le trône, on voyait, de ses petites fenêtres, monter chaque légionnaire venant recevoir sa croix de la main même de l'empereur. Avant de me renfermer dans la petite maison, j'avais fait le tour de l'élévation, et j'avais vu ce que jamais bien certainement je ne reverrai maintenant dans ce qui me reste de jours.

Dans une vallée, taillée par la nature comme un cirque naturel, étaient placés soixante mille hommes sur plusieurs rangs et par échelons. La vallée était faite de manière qu'ils étaient en amphithéâtre, et pouvaient être vus de la mer, dont les flots venaient se briser au pied de la tour d'Ordre. En face d'eux était le trône, auquel ils parvenaient en montant plusieurs marches d'un escalier fort doux dans sa montée. C'est là qu'était placé, dans sa gloire toute lumineuse, l'homme dont le génie disposait alors de l'Europe et du monde. Il était là, abrité de cette foule de drapeaux déchirés par le boulet, souillés par le sang, mais étincelants quoique poudreux, et formant un digne panache au trophée vivant dont il était environné. Quoiqu'il fît beau ce jour-là, le vent soufflait avec une extrême violence, et faisait tournoyer l'étoffe glorieuse à la vue de plusieurs vaisseaux anglais qui croisaient alors dans le détroit, et qui purent reconnaître parmi nos conquêtes le léopard insolent qui prétendait tout asservir.

On a souvent parlé de l'attachement ou plutôt de l'idolâtrie que l'empereur inspirait à cette époque. Mais en disant : *il était bien aimé!* on s'arrête, et la pensée de celui qui parle, achève sa phrase dans son souvenir. Il se croit compris et s'en tient à une parole, tandis qu'il en faudrait beaucoup et de bien senties, pour donner une idée du sentiment qui animait alors toute la France, et surtout la France militaire, pour Napoléon. Que les Anglais eux-mêmes se rappellent cette journée du 15 août 1804!...Beaucoup sans doute vivent encore. C'est à eux que je m'adresse, et non pas à leur gouvernement. C'est à la nation grande et généreuse qui a rougi du supplice imposé en son nom à un grand homme, que je demande de convenir de l'effet que durent leur faire éprouver ces cris d'amour que le vent portait jusque sur leurs vaisseaux. Ces cris venaient du cœur...Souvent on voyait le vieux soldat, la voix rompue par les larmes, ne pouvoir se joindre d'abord à ses camarades, et agiter ses mains pour bénir celui qu'il adorait. Quel concert d'amour!.... Et c'est après de telles journées, qu'on peut oser parler de la France *repoussant* plus tard Napoléon!

Je trouvai dans la baraque de Berthier une personne que je rencontrais souvent à Paris, et dont le charme exerça depuis sur moi le même empire que sur tous ceux qui la connaissent. Nous nous vîmes ensuite assez souvent, et toujours (du moins de mon côté) avec un nouveau plaisir; c'est la maréchale Ney.

La maréchale Ney s'était mariée beaucoup plus tard que nous toutes. Élevée chez madame Campan, ainsi que sa sœur et sa cousine-germaine, madame Lambert, mademoiselle Auguier avait reçu une parfaite éducation, et la bonne culture avait trouvé un bon terrain. J'ai été attirée près d'elle par un attrait simple et d'autant plus fort qu'évidemment elle ne faisait rien pour l'exercer. Elle avait même plutôt alors de la timidité qu'autre chose; ce dont on lui savait gré au milieu d'une troupe de jeunes femmes dont les façons étaient polies sans doute, mais qui, sans usage du monde, et surtout de ce monde de cour où elles débutaient, facilement égarées par le prestige d'une grande fortune et d'une position brillante, faisaient souvent et même très-souvent des impertinences gratuites, bien qu'excellentes personnes d'ailleurs. Le peu de femmes du faubourg Saint-Germain qui firent d'abord partie de la cour de l'impératrice Joséphine crurent faire merveille en essayant des airs de grandeur, bien qu'elles n'ignorassent point pourtant comment il fallait vivre. Tout cela composait un petit faisceau de mauvaises façons au milieu desquelles on était fort aise de trouver des manières *de femme comme il faut*. Madame la maréchale Ney avait été à la source des bonnes traditions en ce genre : de là, sans doute, le penchant qui m'attirait vers elle; c'est possible, je ne le sais pas au juste; car lorsqu'une chose me plaît, je ne mets pas mon esprit à la question pour en connaître la raison. Sa sœur, cette charmante femme, moissonnée si jeune et si belle, était également aimée de tout ce qui la connaissait.

La maréchale Ney possède une qualité fort appréciable et plus rare qu'on ne croit: elle aime le monde et pour elle et pour lui; c'est-à-dire qu'elle se met en frais afin que les personnes qui l'entourent jouissent de son esprit et de ses charmants talents. Il y a de la douceur et de la bienveillance dans son sourire, de l'esprit dans ses grands yeux noirs, et mieux encore, une extrême gaîté dans son caractère ; tout cela compose ce qu'on appelle du charme.

Madame Ney joue parfaitement la comédie et chante d'une manière remarquable ; sa voix n'a pas une grande étendue, mais les cordes en sont justes, pures et d'un timbre charmant ; elle prononce bien, et je me rappelle toujours avec plaisir le temps où, s'accompagnant de ses petites mains si jolies et si blanches, elle me chantait en courant à la Malmaison, tandis que nous passions par la galerie pour nous rendre au théâtre, une des ravissantes canzonne de Crescentini. Il me revient qu'un jour (mais beaucoup plus tard que l'époque où nous sommes [1]) nous nous arrêtâmes dans la galerie de musique, la maréchale Ney et moi, tandis qu'on nous attendait et qu'on nous cherchait pour une répétition. Nous avions avec nous M. de Brigode, chambellan de l'empereur, et très-bon musicien, comme on le sait. Don Juan était sur le piano, la maréchale ouvrit la partition, c'était précisément à l'endroit du joli duo : *Là cidarem lamano.* « Dépêchons-nous, dit-elle, nous aurons encore le temps. »

---

[1] C'était pour la fête de l'impératrice Joséphine (19 mars), en 1807, pendant la campagne de Tilsitt.

Et nous voilà debout, nos rôles sous le bras, ainsi que la queue de nos robes, moi les accompagnant, eux chantant ce charmant morceau auquel je trouvai, ce jour-là, plus que jamais le défaut d'être trop court. La voix de la maréchale se mariait admirablement avec le ténore de M. de Brigode, et ces deux voix, à peine couvertes par le piano et résonnant dans cette pièce où la foule toujours pressée ôte à la voix tous les avantages, mais dans laquelle nous n'étions alors que nous trois, me firent une impression dont le souvenir m'intéresse encore.

Je fus donc très-contente de retrouver la maréchale dans la baraque de Berthier. C'était une personne différente d'une autre pour moi, dans cette journée-là, de même que je devais être pour elle aussi une femme à part de celles qui étaient avec elle. J'ai toujours aimé ma patrie avec une passion que le temps n'a aucunement altérée. Qu'on juge de ce que je devais éprouver en voyant cette réunion de braves, tous chargés de stygmates imprimés par le fer ou le feu de l'ennemi, et reçus pour la défense de cette France belle et glorieuse, à cette époque également aimée de tous ses fils. Les partis se taisaient, les discordes étaient étouffées ; chacun venait se rallier autour du héros qui nous avait rendu la paix.

Tout était beau alors!.. Quel avenir se déroulait devant nous! — Gloire, prospérité, bonheur!... Du haut de cette colline, le regard de Napoléon semblait jeter ces paroles aux vaisseaux de l'Angleterre.... Il était calme en ce moment et plus beau que je l'aie vu jamais. Son visage avait une expression remarquable de contentement. J'ignore quelle était alors sa pensée, mais son regard était radieux, soit qu'en contemplant cette foule de vieux soldats dans de jeunes hommes, il fût glorieux de distribuer à son tour, comme chef de l'État, cette récompense que dans les rêves de ses jeunes années il avait sûrement ambitionnée comme le point le plus élevé de son ambition..., soit plutôt, et la chose est plus présumable, qu'en voyant l'ardeur de ces belles troupes, en écoutant ces accents d'amour et de dévouement, il se dit :

Avec de tels hommes, je puis conquérir le monde!..

La cérémonie fut longue : chaque légionnaire montait les douze marches qui conduisaient au trône, s'inclinait devant l'empereur, puis redescendait après avoir reçu la croix et le ruban de sa propre main. Il accompagnait quelquefois cette action d'un mot ou d'un sourire, lorsque le légionnaire était plus ou moins connu de lui. Cette sorte de procession devenait pour nous fort divertissante, parce que de la manière dont la baraque était placée, nous étions tout-à-fait derrière le trône, ce qui nous mettait en face du récipiendaire qui, sans s'en douter, nous faisait une très-belle révérence. La chose était surtout plaisante lorsqu'il montait quelqu'un de notre connaissance. Quant à eux, ils étaient trop troublés pour nous voir derrière la petite fenêtre par laquelle nous regardions. Ce sourire dont je parlais tout à l'heure était le point de mire de tous les regards ; mais il n'était pas également donné, et nous qui étions de sang-froid nous pouvions en juger. L'empereur avait deux sourires ce jour-là, comme on a deux langages; l'un était purement mécanique et avec la simple intention d'être *poli*, si ce terme peut être employé en parlant d'un souverain ; l'autre partait du cœur lorsqu'il donnait la croix à l'un de ses frères d'armes d'Italie ou d'Égypte; alors il y avait de l'expansion, un rapport entre lui et sa première, sa plus belle gloire..... Je ne sais si M. Suchet, le frère du maréchal, a gardé le souvenir de l'accueil qui accompagna le don de sa croix, mais il dut en être content.

Il était cinq heures du soir; depuis une heure je voyais l'empereur se tourner souvent vers le ministre de la marine, M. Decrès, et lui parler bas. Puis il prenait une lunette et regardait sur la mer comme s'il avait voulu signaler une voile lointaine; enfin l'impatience parut le gagner. Berthier, qui se rongeait les doigts tout maréchal qu'il était, regardait aussi. Junot s'en mêlait également, puis ils causaient entre eux. Il était évident qu'on attendait *quelque chose.* Enfin, le ministre de la marine fut averti, et tout aussitôt il parla à l'empereur, qui saisit la lunette de Decrès avec une telle rapidité qu'elle lui échappa des mains et fut rouler sur les marches du trône. Nous suivîmes la direction de tous les yeux qui se portaient vers le fort en bois, et nous vîmes alors une flottille, composée de mille à douze cents embarcations, qui se dirigeait vers Boulogne : elle venait des différents ports voisins et de Hollande. L'empereur avait voulu que ce fût ce même jour du 15 août que cette flottille vînt se réunir aux autres embarcations stationnées dans le port de Boulogne, à la vue des vaisseaux anglais qui croisaient dans le détroit, tandis que devant eux aussi il distribuait à son armée les récompenses qui devaient stimuler son courage, et lui faire demander elle-même à passer sur les côtes d'Angleterre. Mais le contentement que Napoléon avait éprouvé à la vue de la flottille fut de courte durée. Un jurement très-énergique de M. Decrès, dont on sait que c'était le langage habituel, avertit l'empereur qu'il se passait quelque événement inattendu. En effet, l'officier qui commandait la première division de la flottille, n'ayant pas écouté les avis du pilote côtier, et ne connaissant pas quelques nouveaux ouvrages autour du fort en bois, ou bien, autant que je puis m'en souvenir, n'ayant pas même voulu attendre l'arrivée du pilote, rencontra au moment d'aborder quelques obstacles à fleur d'eau. Le choc que reçurent les chaloupes les fit chavirer, et quelques soldats firent le plongeon : heureusement que l'eau était basse. Cependant il y eut, je crois, un homme de noyé; et puis la chose était déplaisante. On nous raillait beaucoup en Angleterre sur *nos coquilles de noix*, ainsi qu'on appelait les péniches et même les chaloupes canonnières. Cette mésaventure, arrivant au grand jour, devant nos ennemis dont les lunettes étaient toutes braquées vers nous, mit l'empereur dans un état de mauvaise humeur plus violent que je ne l'avais encore vu depuis long-temps. Il descendit du trône, et vint avec Berthier sur l'espèce de terrasse qui régnait le long du parapet pratiqué du côté de la mer. Il marchait fort vite, et par intervalle nous pouvions entendre quelque expression énergique qui manifestait son mécontentement. Le ministre de la marine était aussitôt descendu pour aller à la côte, et l'empereur restait en dehors de la baraque avec Berthier, marchant et pestant contre la maladresse, cause de ce tumulte.

Madame B....., mère de madame Laplanche-Mortière, n'avait jamais été aussi près de l'empereur. Il fut impossible de l'empêcher de sortir de la baraque pour le voir plus facilement. Comme elle était belle-mère d'un officier du palais, l'empereur après tout ne pouvait se fâcher de la trouver en son chemin. Cependant, comme il était de mauvaise humeur, il pouvait le témoigner peut-être un peu brusquement ; mais madame B..... ne voulut rien entendre, et elle sortit bravement de la baraque.

Il y avait plus de courage qu'on ne pourrait le penser de sortir en ce moment, surtout pour une femme. Il faisait un vent comme ceux qui règnent dans la Manche aux approches de l'équinoxe d'automne, et la manière tourbillonnante dont les drapeaux flottaient au-dessus du trône annonçait à madame B..... que sa robe et ses jupons éprouveraient le même effet. Mais elle répondit à nos observations qu'elle les retiendrait avec ses mains ; et nous la vîmes, en effet, manœuvrer pendant quelque temps avec assez de bonheur pour que les choses fussent décentes. L'empereur, occupé de ce qui se passait à quatre-vingts ou cent pieds au-dessous de lui, continuait à arpenter vivement la terrasse sans quitter cet espace dont il ne sortait pas. Madame B....., qui ne pouvait bien le voir là où elle s'était placée, voulut, pour son malheur, quitter le côté de la baraque qui regardait le trône ; par ce mouvement elle s'exposa à toute la furie du vent, qui venait de redoubler avec d'autant plus de violence qu'un ouragan arrivait avec rapidité et menaçait de terminer cette belle journée d'une manière désagréable, surtout pour tous les légionnaires qui devaient dîner sous des tentes. L'empereur, excessivement contrarié, parlait haut et d'une façon assez énergique pour exciter au plus haut point l'intérêt curieux d'une personne fort capable, par son esprit, d'apprécier Napoléon, et qui devait désirer le voir de près dans un moment où le grand homme se rapprochait un peu de l'humaine nature. Elle oublia la tempête et tourna, comme je l'ai dit, l'angle de la baraque. Dans cet instant, une bouffée de vent frappe madame B....., et, s'engouffrant sous une grande capote qu'elle portait, fait dénouer les deux rubans qui la retenaient ; madame B....., qui avait une perruque, et qui sentait qu'elle allait suivre le chapeau, laissa les jupons pour courir au plus pressé; mais le vent, qui voulait entrer dans quelque chose, se mit à tourner avec colère autour de madame B....., qui, pour le dire en passant, était immense, et, sans aucune retenue, se mit à soulever jupons et robe. Ce fut alors que le plus pressé fut d'aller au secours de la partie inférieure; le chapeau fut abandonné à ce vent malhonnête, qui l'emporta, qui emporta la perruque, qui emporta tout, et madame B..... sauva l'honneur de ses jambes, mais demeura en enfant de chœur devant Napoléon, qui, précisément en cet instant, se retournait, croyant parler au ministre de la marine qu'il avait fait appeler. Il faut convenir que l'épreuve était difficile pour l'empereur. Il était impossible de ne pas rire à la vue d'une personne extrêmement grosse, présentant une tête grasse, blanche et ronde, et, avec tout cela, une physionomie fort égarée, et des mains cherchant à retenir des jupons que le vent continuait toujours à vouloir mettre à pleine voile. L'empereur se conduisit néanmoins très-bien : il ne put retenir un sourire en passant près de madame B....., mais il fut imperceptible. Il avait d'ailleurs l'esprit trop occupé pour qu'une tête avec ou sans perruque l'arrêtât en cet instant.

Madame B..... rentra dans la baraque un peu dérangée par le coup de vent, mais, du reste, enchantée d'avoir vu l'empereur d'aussi près. Elle replaça la perruque et le chapeau, que nous lui conseillâmes d'attacher fortement, car la tempête croissait et sa violence était extrême. Les nuages, chassés par le vent, passaient rapidement au-dessus de nos têtes en laissant tomber quelques gouttes de pluie, tandis que, du bas de la montagne, les cris que poussaient les gens de la côte et du port, tout en allant à l'aide des embarcations qui avaient chaviré, avaient quelque chose de sinistre qui alarmait involontairement. Il y avait toute l'apparence d'un grand malheur, et pourtant, comme je l'ai dit tout-à-l'heure, il n'y eut qu'un accident. L'empereur descendit pour voir par lui-même comment on s'occupait des soins à donner non-seulement aux arrivants, mais à ceux qui prêtaient secours aux naufragés. Car enfin, bien que l'on ait dit qu'ils avaient seulement pris un bain de pieds, il est de fait que le désastre fut complet; et j'ai toujours pensé que l'on avait caché la vérité de la chose pour ne pas prêter à nos ennemis une occasion de nous railler, ce que le gouvernement anglais n'eût certes manqué de faire.

La pluie qui survint à six heures du soir, au

moment où le dîner était servi sous les tentes pour plusieurs milliers d'hommes, acheva de donner de l'humeur à l'empereur, et finit mal une journée qui avait commencé si radieuse et si belle. Le soir il y eut un grand bal, où se rendit tout ce que la ville contenait, ce jour-là, de notabilités dans tout ce qui était grand : alors nos fêtes étaient vraiment des fêtes.

CHAPITRE X.

Nous partons pour Calais. — L'hôtel de Dessein. — Ma conversation avec l'empereur. — Sa bizarre manie de vouloir tout connaître. — Ses questions. — Retour à Arras. — Redoublement d'activité. — Loi somptuaire pour les costumes de cour. — Le *Louvre* du peuple. — Mot de Napoléon. — Habit brodé. — M. Levacher. — La ville de Lyon. — Le premier consul acceptant son premier hommage et la favorisant. — C'est pour elle qu'il met un habit brodé. — La cravate noire et les bottes. — Mot d'Eugène Beauharnais.

Le soir même de la fête, Junot reçut des ordres de l'empereur qu'il devait faire exécuter dans le plus bref délai. Il m'avertit que nous partirions le lendemain matin immédiatement après le déjeuner, et que, en raison du peu de temps dont il pouvait disposer, nous ne pourrions nous arrêter une journée à Calais, ainsi qu'il me l'avait promis : «à moins, me dit-il, que tu ne consentes à partir en sortant du bal. Nous arriverons alors à Calais de fort bonne heure, nous prendrons du thé tout-à-fait à l'anglaise, nous irons nous promener pendant une heure, et puis nous repartirons. Si tu veux employer ainsi le temps que tu donnerais au sommeil, je consens à me détourner de ma route pour te faire voir Calais et cet hôtel de Dessein dont on parle tant. »

J'acceptai, comme on peut le penser; car je commençais à entrevoir cette époque où les femmes ne devaient plus connaître le repos.

Nous arrivâmes à Calais à sept heures du matin. Quoiqu'on fût alors dans la plus belle saison de l'année, le temps se ressentait encore du *grain* de la veille; et le ciel gris, l'air humide qui couvrait et enveloppait la plage, étaient peu propres à donner du charme à une promenade dans les sables, et pour peu qu'on se rappelât *Termes* et le fameux habit, il y avait de quoi *trembler*.

C'est vraiment une chose étonnante que l'établissement de Dessein; cette maison, dont la renommée fut si long-temps européenne, dont la parfaite tenue attirait des Anglais pour *elle seule*, qui contenait dans son enceinte tout ce que l'argent peut procurer à l'instant même. Nous la trouvâmes dans un deuil profond causé par la rupture du traité d'Amiens; rupture d'autant plus fâcheuse pour ses maîtres, que, se confiant naturellement à une paix au moins de quelques années, ils avaient fait de grandes dépenses afin de rendre leur maison digne de *l'attention spéciale* des Anglais, assez amateurs de vin de Champagne et de vin de Bordeaux, pour venir à Calais s'établir pendant quinze jours chez Dessein, n'ayant d'autre occupation que de boire, manger, et ordonner, au réveil d'une longue ivresse, le menu d'un nouveau dîner. C'est ainsi que s'écoulaient, pour quelques Anglais, les jours, et souvent les semaines, qu'ils avaient d'abord consacrés à un voyage en France; et lorsque, après avoir réglé leurs comptes, ils s'apercevaient qu'il ne leur restait plus assez d'argent pour continuer leur route, ils se rembarquaient sur le premier paquebot, et retournaient dans leur province se vanter d'avoir fait leur tour de France. Ces exemples n'ont pas été rares dans la dernière paix.

Lorsque je revis l'empereur, il me demanda comment je m'étais tirée de mon voyage nocturne, en quittant une contredanse; comment j'avais trouvé Calais et l'hôtel de Dessein; et enfin s'il était vrai que la vue de cette maison frappât d'étonnement tous les voyageurs; il m'adressa beaucoup de questions sur ce que j'avais remarqué pendant mes deux voyages sur les côtes. Je ne parle de ce fait, très-peu important en lui-même, que pour ne laisser échapper aucune des nuances qui me servent à lier les couleurs dont je colore le portrait de Napoléon. Certes, il n'avait besoin ni de mon avis, ni de mes remarques sur tout ce qui tenait au littoral de cette partie de la France; mais j'avais deux yeux pour voir et deux oreilles pour entendre; j'étais dégagée de toute prévention provoquée par l'esprit aventureux de quiconque portait alors un sabre à son côté; j'avais pu juger impartialement les villes que je venais de parcourir, et cela lui suffisait. Pendant les cinq ou six minutes qu'il perdit avec moi, il recueillit plusieurs pensées qu'il m'aurait été difficile de lui cacher lors même que je l'eusse désiré. Il connaissait du reste le pays aussi bien que moi, et savait que Vimereux, Ambleteuse, grâce aux soins du général Suchet, venaient de recevoir une nouvelle vie, et que Boulogne n'avait jamais été plus prospérante; mais Calais ne se trouvait ni dans la route ni dans les besoins de l'empereur : aussi la tristesse et la misère y étaient-elles plus évidentes, et le nom de Napoléon moins béni. Je dois dire à ce propos que l'empereur offre dans son caractère un mélange extraordinaire à observer pour celui qui a été à portée de le voir et de recueillir, comme j'ai pu le faire, une grande quantité de ces mots échappés à la confiance, à l'humeur et souvent au génie. Ce mélange de mots sublimes et de phrases vulgaires est curieux dans son étude. La dernière partie était ordinairement provoquée par un extrême besoin de tout savoir. Il questionnait un enfant quelquefois; il demandait à des femmes les choses les plus en dehors de leurs habitudes, et il n'aimait pas qu'on demeurât court [1]. Cet assemblage de pensées gigantesques, de jets lumineux du puissant génie, à côté des idées d'un commérage vraiment bourgeois, m'a toujours paru une des parties les plus étranges de cet homme déjà si extraordinaire.

A peine fûmes-nous de retour à Arras que je m'aperçus d'un redoublement d'activité dans tout ce qui avait rapport aux manœuvres de l'armée. Junot allait à Paris pour quelques heures seulement; il prenait les ordres de l'empereur, puis il revenait. En son absence, le commandement était confié alternativement aux généraux Dupas et Macon, attachés tous deux à la garde impé-

[1] Je tracerai ce sujet important dans un ouvrage que je vais publier incessamment comme suite obligée de mes Mémoires, ayant pour titre : *Études secrètes du cœur et de l'esprit de Napoléon.*

riale. Au retour de l'un de ces voyages à Paris, Junot me fit part d'un événement qui ne me parut point alors extraordinaire, mais qui aujourd'hui, je pense, produirait un tout autre effet. C'était une sorte de loi somptuaire, réglant le costume de cour des femmes. Ce costume était alors à peu près ce qu'il est encore aujourd'hui : la *chérusque*[1], qu'on retrancha très-promptement, allait pourtant fort bien ; le manteau et la jupe étaient comme nous les portons toujours, avec cette différence que dans l'origine la bordure du manteau ne pouvait excéder quatre pouces ; les princesses seules avaient le droit de porter le manteau brodé en plein. Tels furent d'abord les ordres de l'empereur, ordres pleins de sens et empreints d'un esprit tout paternel. Il ne voulait pas que dans cette cour, composée d'une foule d'hommes honorables par leurs services, mais dont la plupart n'avaient pas de fortune, la folie d'une jeune femme compromît le repos de son mari. *C'était, avait-il dit à Junot, à nous à donner l'exemple de la modération et à ne pas écraser, par un faste ridicule,*

---

[1] Fraise gothique à longues dents, en tulle brodé d'or ou d'argent comme l'habit. C'est sûrement une bossue qui a cabalé contre.

la femme d'un officier sans fortune ou d'un savant respectable. » Ces paroles sont les paroles textuelles de Napoléon. Il disait dans le même temps au comte Dubois :

« *Faites donner tous les soins possibles à la construction des marchés, à leur salubrité, à la beauté de la Halle-aux-blés et de la Halle-aux-Vins ; il faut que le peuple ait son Louvre aussi.* »

« M. Dubois, lui disait-il une autre fois en répondant à une demande qu'on venait de lui faire, *il faut que l'homme soit fait pour la place et non pas la place pour l'homme.* »

Cette loi somptuaire, car il est difficile de lui donner un autre nom, fut d'abord observée assez strictement; mais l'impératrice elle-même plaida pour les jeunes femmes qui désiraient avoir derrière elles un manteau horriblement lourd, dont la beauté était cachée, puisqu'elles ne pouvaient laisser aller leur *traine* dans les appartements du château, et que lorsque la queue était ramassée dans la main, il était certes bien difficile de juger de la beauté et surtout du prix réel du manteau. Mais enfin j'ai fait comme les autres, et je le trouvais très-bien alors.

Ces affaires de broderies me rappellent un fait assez peu important par lui-même, mais fort intéressant dans ses détails; car le nouveau jour dont il est éclairé fait aussi voir l'empereur posant dans une nouvelle attitude.

Tous ceux qui sont de cette époque se rappellent sans doute un certain habit rouge en taffetas à gros grains, brodé en or et presque couvert de rameaux symboliques d'olivier, de chêne et de laurier, que nous vîmes porter au premier consul, avec des bottes, une cravate noire, et tout le reste d'une toilette militaire. On appelait cet habit *l'habit de Lyon*, sans en chercher davantage; mais son histoire est trop curieuse pour être passée sous silence.

Il y avait alors à Paris une maison de commerce dirigée par un homme respectable appelé Levacher, autrefois fournisseur de la cour [1]. M. Levacher, que j'ai beaucoup connu parce que ma mère prenait toutes ses soieries chez lui, est un homme aimant son pays et convaincu de l'utile vérité que la prospérité du commerce fait la vraie richesse des nations. Il voyait la France rajeunie prête à remonter à ce premier rang pour lequel elle est faite, mais encore veuve de cet immense avantage que devait lui donner le commerce relevé et protégé par une main comme

---

[1] Sa maison portait l'enseigne *du Page*.

celle de Bonaparte. Lyon se mourait, il fallait le faire renaître. Les fabriques de broderies n'avaient pas d'ouvrage; tout était tombé non-seulement dans la misère, mais en désuétude; et la seconde ville de la république touchait à son dernier soupir [1].

M. Levacher conçut la belle idée de la rappeler à la vie industrielle qui faisait son existence véritable; il s'entendit avec les principales maisons de broderies, et leur envoya le dessin dont j'ai parlé plus haut : il fut exécuté presque secrètement. Lorsqu'il fut terminé on l'expédia à M. Levacher avec une sorte de diplôme signé de presque tous les notables de la ville de Lyon, et particulièrement des chefs d'ateliers de la broderie, qui y étaient bien autrement intéressés que les deux autres députés qui accompagnaient ce bel ouvrage. Aussitôt que M. Levacher l'eut en sa possession, il fut trouver M. Chaptal, ministre de l'intérieur, renommé dès lors non-seulement pour sa haute capacité, sa science remarquable, mais pour la protection qu'il accordait à l'industrie et aux arts. M. Levacher fut donc à lui avec confiance. Le ministre fut frappé de la rare beauté de l'ouvrage : « Mais, au nom du ciel, dit-il à

[1] J'en place plusieurs au même rang, telles que Bordeaux, Marseille, etc., etc.

M. Levacher, que voulez-vous que fasse le premier consul d'un habit brodé[1], lui qui ne porte même jamais l'uniforme d'officier général ? »

Et cela était vrai : depuis son retour d'Égypte je ne crois pas avoir vu porter au premier consul un habit de général.

M. Levacher et ses deux compagnons furent désagréablement surpris de la réponse du ministre de l'intérieur, qu'il accompagna toutefois d'offres de services et d'encouragement, mais en laissant peu d'espoir que l'habit fût jamais porté par le premier consul.

« Il ne faut pas se décourager, dit le négociant patriote à ses deux compagnons; je suis le fournisseur de madame Bonaparte, elle est remplie de bonté pour moi : allons la trouver. »

Madame Bonaparte fut surprise à la vue de ce chef-d'œuvre de l'industrie lyonnaise; mais elle ne cacha pas à M. Levacher le peu de chances qu'elle avait de réussir auprès du premier consul, promettant néanmoins de faire toutes les tentatives pour obtenir un succès. M. Levacher

---

[1] Il était rouge, parce que l'uniforme des consuls était un habit de drap ou de velours rouge, suivant la saison, et brodé en or.

repliait son habit et le replaçait tristement dans le carton, lorsque la petite porte communiquant au cabinet du premier consul s'ouvrit, et Napoléon parut. M. Levacher fut d'abord embarrassé, mais il comprit aussitôt que le sort de sa mission dépendait de son habileté à profiter de la circonstance ; il découvrit l'habit et l'offrit au nom de l'industrie lyonnaise. Bientôt, animé par son sujet, il alla plus loin, et parla avec feu de l'obligation de redonner la vie à cette cité malheureuse qui se mourait au milieu de la renaissance de la France. Le premier consul l'écouta avec un intérêt marqué. Ses projets sur la ville de Lyon étaient probablement antérieurs à cette offrande; mais il n'est pas douteux que le discours de M. Levacher ne lui ait servi de prétexte pour porter et *faire* porter des habits brodés, chose qu'il ne pouvait guère ordonner sans un grave motif dans une cour toute républicaine encore. Quoi qu'il en fût, il parut touché de cet envoi; mais l'homme construisant un empire se retrouvait en tout. Frappé de plusieurs phrases relatives au commerce et à tout ce que le luxe a d'important pour la prospérité d'un état, il dit à M. Levacher :

« Montez au pavillon de Flore, vous direz à l'aide-de-camp de service qu'il vous introduise chez moi..... Vous ajouterez que c'est de ma part. Je veux vous parler. »

M. Levacher fut rejoindre ses compagnons qui croyaient leur affaire manquée, et qui furent comblés de sa réussite inespérée. Ils montèrent tous trois chez le premier consul. Lorsqu'ils furent introduits dans le salon où le premier consul recevait les députations, ils le trouvèrent appuyé contre une carte, entouré de plusieurs officiers généraux, convenablement enfin pour recevoir l'offrande de la seconde ville du royaume. M. Levacher avait à peine commencé sa harangue que le colonel Eugène Beauharnais, qui était alors près de son beau-père, ne put s'empêcher de dire, à demi-voix, que cet habit ressemblait à un costume de comédien; et, pour le dire en passant, le colonel Beauharnais avait raison, et puis, il était si gai et si rieur alors!.... Mais le premier consul, comprenant tout le sérieux de cette audience, prit la parole, et dit gracieusement qu'il était fort sensible au souvenir de la ville de Lyon, et que pour le lui prouver, il porterait l'habit dont elle lui faisait hommage. « Je ne vous cacherai pas, ajouta-t-il, que j'aurai de la peine à m'habituer à ce costume, mais ma résolution n'en aura que plus de prix. »

Voilà l'histoire de l'habit rouge qui parut si

extraordinaire la première fois que nous le vîmes au premier consul. Il n'y avait alors ni cour, ni rien qui pût même la faire présumer. Ce qui est constant, c'est qu'à partir de cette époque, qui, à la vérité, fut aussi celle du voyage du premier consul à Lyon, il se prononça fortement contre les percales [1] et les mousselines. Mais il était charmé lorsqu'il voyait quelqu'une de nous en robe de linon. Je me rappelle qu'un jour j'en portais une dont madame Bonaparte m'avait fait présent à son retour de Saint-Quentin; j'étais fort mince alors, et ma taille pouvait soutenir le *bouffant* d'une robe empesée; mais les vêtements des femmes tombaient si bien alors, à la manière des draperies des statues antiques, que j'étais aussi complètement ridicule que le serait aujourd'hui ma fille allant au bal avec une taille courte, une robe à queue et des cheveux collant sur le front en petits anneaux. Cependant le premier consul se récria sur le bon goût de ma robe.

« Voilà comment vous devriez toutes vous habiller lorsque vous êtes en négligé, mesdames, et non pas avec ces mousselines anglaises qui

[1] Rien n'était plus rare à cette époque que les percales (on ne connaissait pas encore les calicots) et les mousselines françaises. Tout ce qu'on appelait *blanc* venait d'Angleterre, excepté le linon.

vous sont vendues au poids de l'or et qui n'ont rien de noble comme un beau linon bien blanc et bien frais; et puis mes manufactures prospéreraient. Portez du linon, de la batiste et de la soie. » Et il avait raison.

Cette différence, que quelques années apportent dans les habitudes *costumières* et dans la mode, et que je signalai plus haut, sont tout aussi frappantes dans la vie de l'homme politique que dans celle de la femme du monde. Lui aussi a ses préjugés; lui aussi ne veut pas aller dans la rue avec un habit fait à la vieille manière, quelque honorable que cela puisse être; car il ne veut pas *être ridicule:* il suit *la mode* enfin; et, pour le dire en passant, nous en changeons souvent.

CHAPITRE XI.

Paroles du cœur de l'empereur à Junot. — Lettres closes pour le sacre — Singulier aspect de Paris. — M. et madame de Lachaise. — Joseph Lebon. — Arras. — Les massacres. — Joseph Lebon aux Oratoriens. — Arrivée à Paris. — Aspect de Paris. — La fenêtre aux trois cents francs. — Ivresse de Paris en 1804. — Le pape à Paris. — Son portrait. — Le général Cervoni. — La harangue. — L'épouvantail. — Position du pape. — Le mandement d'un évêque républicain. — Joseph Bonaparte assiégé dans son palais de Rome. — Mort de Duphot. — Les jésuites.

Ce fut le général Oudinot qui remplaça Junot à la division des grenadiers d'Arras. Lorsque nous quittâmes cette ville dans laquelle nous avions amené l'abondance et dont les habitants nous avaient reçus avec une cordialité toute fraternelle, Junot éprouva un sentiment de regret. Il attachait à Arras une pensée glorieuse pour lui. Son entretien avec l'empereur le soir de la revue de sa division, était un de ces souvenirs bien chers à son cœur.

« Il y a beaucoup en toi, Junot, lui avait dit
« l'empereur ; ta bravoure n'avait pas de rivale
« heureuse, ta tête ardente s'opposait seule à ce
« que cette bravoure eût des résultats sérieux.
« Tu m'as prouvé depuis que tu es ici, que tu
« *peux faire*. Lorsque je rencontre ces avantages
« dans un homme sur lequel je puis compter
« comme sur toi, mon vieil ami, c'est du bon-
« heur pour moi. »

Junot attachait au souvenir de ces paroles un prestige dont le reflet enveloppait, à ses yeux, et la ville d'Arras, et son armée, et tout ce qui lui appartenait. Lorsque nous partîmes pour venir à Paris assister au couronnement de l'empereur, Junot ignorait encore qu'il ne reverrait plus *ses enfants* que sur le champ de bataille, et cependant il éprouva une vive émotion en se séparant d'eux. Il avait reçu le 6 brumaire (an 13) deux *lettres closes* pour se trouver au sacre, et qui étaient conçues dans les termes suivants. Le style de ces lettres est assez peu connu d'ailleurs, quoiqu'il soit très-remarquable.

« Monsieur Junot, grand-officier de la légion-
« d'honneur.

« La divine Providence et les constitutions de
« l'empire ayant placé la dignité impériale hé-
« réditaire dans notre famille, nous avons dési-
« gné le onzième jour du mois de frimaire pro-
« chain pour la cérémonie de notre sacre et de
« notre couronnement: nous aurions voulu pou-
« voir, dans cette circonstance, rassembler sur
« un seul point l'universalité des citoyens qui
« composent la nation française; toutefois, et
« dans l'impossibilité de réaliser une chose qui
« aurait autant de prix pour notre cœur, dési-
« rant que ces solennités reçoivent leur princi-
« pal éclat de la réunion des citoyens les plus
« distingués, et devant prêter serment en leur
« présence au peuple français, conformément à
« l'article 52 de l'acte des constitutions, en date
« du 28 floréal an 12, nous vous faisons cette
« lettre pour que vous ayez à vous trouver à
« Paris avant le sept du mois de frimaire pro-
« chain, et à y faire connaître votre arrivée à
« notre grand-maître des cérémonies. Sur ce,
« nous prions Dieu qu'il vous ait en sa sainte et
« digne garde.

« Écrit à Saint-Cloud, le 4 brumaire an 13.

« *Signé* : NAPOLÉON.

« *Le secrétaire d'État*, HUGUES B. MARET. »

Une autre lettre était jointe à celle-ci. Elle est plus spécialement adressée à Junot comme grand-officier de l'empire. Le style en est aussi plus concis et plus formel. La copie que j'en donne est également prise sur l'original, que je possède ainsi que celui de la précédente.

« Monsieur Junot, colonel-général des hus-
« sards.

« La divine Providence et les constitutions de
« l'empire ayant placé la dignité impériale hé-
« réditaire dans notre famille, nous avons dési-
« gné le onzième jour du mois de frimaire pro-
« chain pour la cérémonie de notre sacre et de
« notre couronnement. Nous vous en donnons
« avis par cette lettre, désirant qu'aucun empê-
« chement légitime ne s'oppose à ce que nous
« soyons accompagné par vous dans cette so-
« lennité, ainsi qu'il est établi par l'article 52,
« titre 7, de l'acte des constitutions en date
« du 28 floréal an 12. Sur ce, je prie Dieu qu'il
« vous ait en sa sainte garde.

« Fait à Saint-Cloud, le 4 brumaire an 13.

« *Signé* : NAPOLÉON.

« *Le secrétaire d'État*, Hugues B. Maret. »

Le couronnement, comme on le voit, ne devait avoir lieu que le 11 frimaire (2 décembre); néanmoins il y avait non-seulement des préparatifs à faire, mais des devoirs à remplir. Le pape arrivait dans la capitale de l'empire français pour consacrer et bénir la prise de possession d'un trône conquis, non par la force arbitraire, mais par celle de la vérité des services qu'avait rendus à la France agonisante celui qui allait être, d'une voix unanime, reconnu pour son légitime souverain. Tout ce qu'il y avait alors de grand en Europe, tout ce qui surgissait de notabilités dans les sciences, dans les arts, dans les lettres, vint assister à cette cérémonie merveilleuse. La France elle-même déserta les provinces; Paris devint un séjour fabuleux, et, pendant les deux mois qui précédèrent et suivirent le sacre, il offrit un spectacle qu'il ne présentera plus à l'avenir. Il y aura bien toujours des feux d'artifices, des distributions de comestibles, des fêtes populaires; il y aura même encore des papes qui pourront venir couronner un roi de France, bien que ce soit assez rare, mais on ne verra plus toute une nation tresser elle-même la couronne qui doit être bénite par ce même pape qui vient, appelé par le vœu *de cette même nation*; on ne verra plus l'*homme,* surtout l'homme qui surpassait les souvenirs et les espérances, et en faveur duquel tant de cris d'amour étaient alors poussés. Ce sentiment qu'on peut rappeler, mais qu'on ne peut décrire, donnait à tout ce qui se faisait, aux voyages, aux projets, au repos même, un aspect qui fera le charme et le sujet des rêveries de mes vieux jours, mais que nos fils ne peuvent comprendre, à moins toutefois qu'une espérance bien chère se réalise : alors la France, la jeune France, verrait et sentirait ce que nous avons vu et senti [1].

En quittant Arras nous eûmes un vrai regret de nous séparer de la famille du préfet. J'ai déjà parlé de M. de Lachaise; et toutes les fois que son nom et celui de son excellente femme se présenteront à mon souvenir, ce sera toujours avec un bon sentiment. Ils nous avaient comblés de prévenances pendant notre séjour. Sans eux nous aurions été fort mal dans cette ville d'Arras, encore toute hérissée des haines de partis, et tout implacable dans ses souvenirs. Dans la haute classe il y avait des familles qui, sans doute, avaient souffert plus que la douleur humaine n'a le droit d'imposer de souffrances, mais la haine dérai-

---

[1] Ceci était écrit avant la dernière catastrophe qui manquait pour rendre la tragédie complète.

sonnable que ces mêmes familles portaient à tout ce qui avait appartenu à la révolution, devenait stupide. On avait logé des officiers dans quelques maisons de la ville; dans ces maisons habitaient quelques familles nobles : elles crurent avoir la peste auprès d'elles. Mais où l'effroi et la colère surtout devinrent plus que ridicules, ce fut au moment où le couronnement fut annoncé. Je passai encore trois ou quatre semaines à Arras avant de suivre Junot à Paris, et je fus témoin de plusieurs scènes bien absurdes. Il est vrai qu'ils avaient beaucoup souffert dans cette malheureuse ville! Joseph Lebon a laissé là une mémoire bien ensanglantée! Sa femme n'habitait plus Arras à l'époque où j'y étais. Elle avait choisi, pour lieu de retraite, une petite ville appelée Saint-Pol, à quelque distance d'Arras, et habitait cet endroit avec la sœur de Robespierre. Une chose fort remarquable et que l'histoire doit conserver, c'est que Joseph Lebon, envoyé à Arras par le comité de salut public, y arriva muni d'ordres sévères, comme tous ceux qui étaient donnés pour les départements du nord et de l'est de la France. Joseph Lebon, jadis aux Oratoriens, je crois, de Beaune, était adoré de ses élèves et généralement estimé de tous ceux qui le connaissaient. Les jeunes gens l'appelaient le *Bien-Nommé. Ceci est un fait*, et contre les faits je trouve qu'il y a peu de choses à dire. Arrivé à Arras, Joseph Lebon, en sa qualité de proconsul, pouvait à l'instant même faire tomber bien des têtes, envoyer des charrettes remplies d'innocents, comme j'en ai vu partir de Toulouse et de quelques autres villes de France; il pouvait encombrer les prisons d'Arras: eh bien! il ne fit rien de tout cela à son arrivée, et pendant plusieurs semaines la ville était peut-être la plus calme et la plus heureuse de la république. Mais Robespierre et Saint-Just, quelques autres enfants parricides dont Arras avait le malheur d'être la mère, ne pouvaient perdre long-temps de vue cette cité dévouée à la mort. On écrivit à Joseph Lebon; on lui proposa l'option, ou d'agir, ou de commencer, *comme exemple donné*, à être mis dans les cachots qu'il laissait vides. Joseph Lebon n'était pas un méchant homme; non, ce n'était pas un méchant homme; mais il était faible. Sa faiblesse devint criminelle. Il devait sans doute repousser la mission dangereuse qui mettait le couteau meurtrier dans sa main; mais, bien qu'il ait prouvé en l'acceptant qu'il ne connaissait pas les hommes, quel est celui qui, à cette époque, était assez fort de sa vertu pour opposer une volonté *positive* à la faucille qui moissonnait tout. La force d'inertie était déjà beaucoup. Joseph Lebon n'eut pas le courage d'aller au-delà. Les hommes de son parti et ceux des factions contraires diront peut-être qu'il ne fut bien ni d'un côté ni de l'autre, et c'est ici que se retrouve l'occasion d'appliquer la loi du législateur athénien. Néanmoins, je ne porte aucun jugement, je me borne à dire ce que j'ai entendu raconter, sur les lieux mêmes, des scènes tragiques qui succédèrent à un temps de calme. Pendant le séjour assez long que j'ai fait à Arras, j'ai, comme on le pense, entendu narrer bien des faits, dénoncer bien des actions, et tout cela présenté souvent par la passion ou la vengeance. Mais il y avait aussi des gens pleins de raison et de bons sentiments, qui, tout en déplorant les événements affreux qui ne se présentent à la postérité que revêtus d'une couleur odieuse, m'ont fixée sur une chose importante en pareille matière pour porter mon propre jugement : c'est que la conduite de Joseph Lebon fut une déviation du point de départ de sa route, et pas du tout une conséquence de sa volonté. Le nombre des hommes qui ont marqué dans la révolution de 93 est plus grand qu'on ne pense dans le genre de Joseph Lebon. Il serait curieux de reprendre la vie de chacun et d'examiner leurs actions. Il y a un type qui caractérise le tigre ; l'ambitieux est le tigre en mascarade, comme, par exemple, Joseph Lebon et ceux qui lui ressemblent. Les premiers agissaient avec ordre, et coupaient des têtes, mais non *par plaisir*, comme on le disait, parce qu'il est absurde de croire que l'homme *tue* pour *tuer*. Il ne tue que pour satisfaire ses besoins. L'animal le plus féroce lui-même ne tue que pour manger.

Ainsi donc, les hommes de 93 avaient un motif. Ce n'est pas ici le lieu d'en parler. J'ai seulement dit ma pensée sur Joseph Lebon, et je répète que je voudrais voir faire le travail que j'ai indiqué, dans lequel on trouverait sans doute d'affreux et de terribles souvenirs, mais dont quelques-uns seraient, par leur nature même, un journal qui donnerait une lumière pour se guider dans une route dont la passion de l'esprit de parti a grandement obscurci les voies.

Arrivée à Paris, je trouvai ma maison remplie de toute la famille de Junot. Chaque officier-général, les sénateurs, les conseillers d'état, tout ce qui tenait enfin au gouvernement, voyaient arriver de leur ville, de leur village, des parents et des amis. Paris, déjà si vivant, offrait, dans quelques-unes de ses rues surtout, l'aspect continuel d'une foule empressée et joyeuse. On courait chez l'un afin d'avoir des billets pour le jour de la cérémonie ; chez un autre pour louer des fenêtres afin de voir passer le cortége ; et telle était l'ardeur de la curiosité, qu'une famille de l'Artois que je connaissais, étant arrivée trop tard pour avoir des billets de travées pour l'intérieur de l'église, paya une croisée au second étage, sur le parvis Notre-Dame, la somme de trois cents francs ; et c'était une famille bonne et respectable, mais inaperçue dans la vie et n'espérant ni ne voulant rien, et conséquemment excitée par le seul désir de voir. On allait ensuite chez Dallemagne, le brodeur le plus fameux alors et vraiment habile. C'était lui qui était chargé de broder le manteau de l'empereur dont Levacher avait fourni le velours. Puis on courait de là chez Foncier, qui montait la couronne de l'empereur et de l'impératrice, et qui était chargé de placer le fameux diamant appelé le Régent, dans la poignée de l'épée que Boutet devait fourbir. De là, on courait encore demander des billets pour pénétrer dans Notre-Dame, voir les préparatifs immenses qui se faisaient dans l'intérieur. Tout était enfin dans une activité à nulle autre pareille, et surtout dans cette activité heureuse qui voit un résultat *positif* à ses courses et à ses travaux. Tous les ouvriers étaient occupés : brodeurs, tailleurs, fleuristes, cordonniers, bijoutiers, tapissiers, marchands de toutes sortes, tout cela vendait, tout cela recevait de l'argent; et en résultat tout cela mangeait, parce qu'on ne mange qu'en ayant de l'argent; on n'a de l'argent qu'en travaillant, et on ne vend que lorsqu'il y a repos et protection pour le commerce et l'industrie. Napoléon ne laissait pas les intérêts du peuple à la disposition de gens qui l'aiment comme ces hommes dont un, qui se proclame faisant partie de la faction du mouvement, mais non du *vrai mouvement*, non de celui qui n'a pour but que le bien et l'amélioration, me disait l'autre jour en répondant à une plainte que je ne pouvais m'empêcher d'exhaler sur le résultat malheureux de ces continuelles émeutes qui, troublant l'ordre public, rendent le marchand peureux et détruisent sa confiance :

« Mon Dieu, madame, après tout ce n'est pas un si grand mal.... Les boutiques ont été fermées trois jours, les 5, 6 et 7 juin.... Eh bien! ce sont *trois dimanches de plus dans l'année!!....* »

Et voilà quelques-uns des principes libéraux!..

Heureusement que M. Carrel, M. Odilon Barrot, M. Mauguin, M. Dubois, le maréchal Clauzel, M. Dupin et quelques autres pensent d'une différente manière, et agiraient plus en rapport avec les misères de ce peuple toujours instrument, toujours prétexte, et jamais but.

Au milieu de ce mouvement, de cette ivresse folle et de toutes les espérances d'un avenir radieux de gloire et de grandeur pour la France, le pape arriva à Paris et put juger par lui-même du vœu bien unanime de la nation. Il fut aussitôt logé au pavillon de Flore, et l'empereur donnant lui-même l'exemple, voulut que sa Sainteté reçût tous les honneurs non-seulement exigés par sa dignité de souverain et de père suprême de l'Église, mais encore par ses vertus personnelles, et pour expier ainsi l'affront, la dureté, et le sacrilége sans raison et sans but, dont le gouvernement directorial s'était rendu coupable envers son prédécesseur.

C'était un caractère historique fort remarquable que celui de Pie VII. Il est non-seulement important à étudier comme souverain, mais bien aussi comme ayant influé fortement sur l'époque à laquelle nous sommes arrivés. Le cardinal Gonsalvi était sans doute pour beaucoup dans tout ce qui s'est fait alors et tout ce qui se fit depuis. J'ai beaucoup connu, et même très-particulièrement, ce cardinal qui dirigeait sa Sainteté dans presque tout ce qui était important, et qui aurait donné une direction bien différente aux affaires de l'Europe s'il eût vécu.

Pie VII avait une physionomie que ses portraits n'ont jamais bien rendue. On en a fait peut-être cent de lui pendant le temps de son séjour à Paris ; et si tous ont donné une idée de sa figure, aucun, selon moi, n'a donné celle parfaitement juste de sa physionomie vive et douce tout à la fois. Cette extrême pâleur avec ces cheveux parfaitement noirs produisait un effet qui surprenait au premier moment lorsqu'on abordait ce vieillard tout vêtu de blanc, avec ce reflet rouge qui donnait à ses habits une teinte presque coquette tout-à-fait étrange. J'avoue que le jour où je lui fus présentée[1], à part le respect que je devais avoir pour le chef de l'Église, je fus saisie d'un sentiment de vénération et d'intérêt inspiré par lui-même. Il me donna un fort

[1] On sait que c'est toujours comme par hasard que le pape donne audience à une femme. Elles n'entrent point au Vatican ; il les reçoit à la chapelle Sixtine ou bien dans quelques-unes de ses promenades. Cela a l'air alors d'une rencontre.

beau chapelet avec une relique, et parut fort content de s'entendre remercier en italien. Ceci me rappelle une anecdote assez plaisante dont le général Cervoni, brave et excellent garçon, ami très-intime de mon frère et de mon mari, est presque le héros.

Tous les corps constitués, toutes les autorités premières et secondaires furent saluer le pape aussitôt son arrivée à Paris. Les généraux ne furent pas les derniers, quoique leur humeur ne fût guère portée de ce côté, et que plusieurs d'entre eux eussent même témoigné à cet égard une répugnance qui donna beaucoup de mécontentement à l'empereur. Le jour de leur visite ils se demandèrent, en montant l'escalier du pavillon de Flore, quel serait celui d'entre eux qui haranguerait le saint-père. Plusieurs parlaient fort bien l'italien; et le général Sébastiani, qui a toujours aimé à faire de beaux discours, se proposait déjà avec un air dogmatique qui en aurait presque imposé, mais il était trop jeune sous les étoiles divisionnaires, et puis il ressemblait trop à Gavaudan dans la reine de Golconde. Ce n'est pas que le pape en aurait pu juger; mais il racontait si longuement, il *s'écoutait* tellement parler, qu'on craignit que le pape ne l'écoutât pas; et le choix tomba sur le général Cervoni.

Ce choix qui, du reste, ne pouvait être meilleur ni plus convenable, était toutefois singulier dans la circonstance. A l'époque où les Français entrèrent à Rome avec Alexandre Berthier, le général Cervoni, alors général de brigade, commandait la ville, et la commandait militairement. On avait même dit que l'arrestation du pape Pie VI avait été faite par lui ; mais la chose n'est pas vraie. Néanmoins on le croyait, et dans Rome le nom du général Cervoni était un sujet de terreur. Le pape avait reçu cette impression et, sans connaître le général Cervoni, il le craignait comme son mauvais ange.

Le général Cervoni avait un bel organe, une voix large et pleine, basse et d'une rondeur qui annonce la force. Le pape avait au contraire une voix claire, nazillarde et un peu soprano ; aussi le contraste fut-il complet lorsque, frappé de l'accent pur et même élégant qu'avait Cervoni, il lui dit en faisant un pas vers lui :

— Come lei parla bene l'italiano ?..
— Santo Padre, sono quasi italiano.
— Oh !...
— Sono Corso.
— Oh !... Oh !....
— Sono Cervoni.
— Oh !... oh !... oh !....

Et à chaque exclamation le saint-père reculait d'un pas; enfin il trouva la cheminée qui l'empêcha d'aller plus loin. Ce nom de Cervoni lui avait fait une telle impression, qu'il en devint encore plus pâle, tandis que la mauvaise peste de Cervoni, sachant d'avance l'effet qu'il allait produire, l'avait encore augmentée en se préparant. Le pape eut peut-être la peur, je crois, qu'on l'envoyât prendre pour le mener à un second Valence. Mais l'histoire gagnait du double à être entendue racontée par Cervoni lui-même. Nous prétendions qu'il ressemblait au pape, et en vérité, c'était vrai. C'était la même pâleur, et la même forme de visage. Cependant Cervoni était jeune encore à cette époque, et il pouvait prétendre à passer pour ce qu'on appelle ordinairement un bel homme, surtout sous l'uniforme. Mais ce qu'il était remarquablement, à part un cynisme un peu exagéré, c'était le meilleur des amis et des pères, un brave et noble garçon enfin; aussi avait-il des amis et méritait-il d'en avoir.

Le pape se trouvait dans une position étrange, si l'on veut la juger comme au quatorzième ou même au dix-huitième siècle, mais bien plus naturelle, si l'on veut se donner la peine de connaître le caractère du pontife romain en 1804, et je dirai même en 1800, au moment où, étant évêque d'Imola, dans la Romagne, il fut nommé pour succéder à Pie VI. Bien avant ce moment même, il avait donné des preuves de son opinion tout-à-fait opposée au fanatisme des prêtres italiens, qui encourageaient souvent les paysans de la Romagne à commettre d'affreux excès sur des soldats isolés. Étant cardinal Chiaramonte et évêque d'Imola, lorsque les troubles de Rome éclatèrent, dans le temps de l'ambassade de Joseph Bonaparte, il fit un mandement trop remarquable pour n'être pas rapporté au moins en partie.

« Les premiers chrétiens, mes très-chers frères, « dit-il à ceux de son diocèse, étaient tous démo-« crates... Les vertus morales sont la base de cet « esprit de liberté et d'égalité sans lequel aucun « gouvernement ne peut être heureux.... Oui, « mes frères, soyez bons chrétiens, et vous serez « de bons démocrates [1]... Dieu favorisa les des-« seins des anciens Romains, parce qu'ils étaient « de véritables républicains,... etc., etc. »

Il était également question, je crois, de Caton d'Utique dans ce mandement, et de plusieurs faits de l'histoire ancienne. Il fut publié dans

---

[1] Siate buoni cristiani e sarete ottimi democratici, etc., etc.

le mois de décembre 1797. Son intention était bonne, mais elle n'empêcha pas que le brave Duphot ne fût massacré dans le palais même de l'ambassade, à côté de Joseph Bonaparte, qui partit immédiatement de Rome, emmenant avec lui sa belle-sœur[1] désolée : elle était au moment d'épouser le général Duphot.

Une chose assez singulière après ce qu'on vient de lire, c'est que lorsque *Gregorio-Barnabe Chiaramonte* fut élu pape dans le conclave tenu à Venise en 1800[2], il le fut sous *l'influence directe* de l'Autriche. Cependant l'esprit du cabinet de Vienne était dès-lors opposé à toutes les idées démocratiques, et l'opinion du cardinal Chiaramonte s'était fait ouvertement connaître. Il est vrai qu'à côté de plusieurs actes tout-à-fait dans un esprit remarquable de libéralisme, tels que le concordat de France, le bref de M. de Talleyrand, et plusieurs autres preuves de son esprit presque philosophique, on voit des étincelles du feu d'enfer que lançait le Vatican quelques siècles avant. C'est ainsi qu'un bref de lui rétablit les jésuites dans les états de Naples sur la demande du roi; et quel-

---

[1] Aujourd'hui la reine de Suède.
[2] Le 14 mars 1800.

ques autres faits de même nature rappellent l'esprit fanatique de la cour de Rome, tandis que la conduite de Pie VII semblait quelquefois rappeler au contraire celui de la primitive église.

CHAPITRE XII.

Formation de la nouvelle cour. — Le faubourg Saint-Germain et les femmes de généraux. — Madame de Larochefoucauld. — La dame d'honneur bossue. — Madame Ma..t. — Madame Savary. — Madame de Ca...y. — Mesdames La..es et Du....el. — La maison des princesses. — M. Daligre. — L'aventure des souliers de bal. — La princesse Élisa. — L'empereur la compare à la duchesse du Maine. — Querelle du frère et de la sœur. — Madame Leclerc revient de Saint-Domingue. — Le veuvage et la Vénus *suicide*. — Le prince Borghèse. — Le nouveau marié. — Visite à Saint-Cloud. — La robe brodée en diamants. — Elle est princesse avant les autres!

Des intérêts de haute importance pour la société occupaient tous les esprits au moment de mon arrivée à Paris : c'était la formation de la nouvelle cour qui la faisait naître. L'influence qu'elle apporte toujours avec elle se faisait déjà sentir, et les intrigues avaient une activité non pareille. Madame Bonaparte, qu'on connaissait d'une extrême faiblesse et d'une grande bonté, était assaillie de tous côtés pour présenter une dame du palais, un chambellan, un écuyer, et tout ce qui, enfin, faisait partie de cette nombreuse troupe, qui fut si funeste à l'empereur en 1814, lorsqu'elle fut composée presque entièrement de ses ennemis. A l'époque du couronnement elle était au moins encore tolérable pour ceux qui lui étaient attachés. On y voyait les femmes de ces hommes qui avaient donné leur sang pour la France, et qui étaient dévoués non-seulement à sa cause, mais à celle de l'empereur. Comme il rêvait dès lors une chose impossible, qui était son *système de fusion* dont il a tant parlé à Sainte-Hélène, pour faire excuser l'immense faute qu'il fit de s'entourer de personnages qui, quelques années avant, parlaient de sa perte et de sa chute comme d'une de leurs espérances; oui, il fit une faute. Les hommes qui lui étaient attachés véritablement, le virent et le lui dirent; mais il n'aimait pas les remontrances; et si le sénat avait suivi l'exemple du parlement, je ne sais trop comment il aurait pris les siennes.

La formation première de la cour de Joséphine et des princesses fut donc plutôt sous l'influence de l'esprit consulaire que sous celle de l'esprit impérial. C'était plus tard, à l'avénement de Marie-Louise, qu'on devait voir les Tuileries envahies par le faubourg Saint-Germain, qui n'y prenait place que pour préparer celle d'un autre, et se moquer journellement de l'empereur et de sa famille. On attribua cette nouvelle volonté dans les nominations à l'impératrice, et la chose n'est pas vraie. D'abord la cour était formée avant son arrivée, et puis elle aimait trop tendrement madame la duchesse de Montebello, dont l'existence était à la fois républicaine et impériale. Mais lorsque nous en serons à cette époque, nous parlerons de ces choses avec les détails qui leur appartiennent.

Les dames du palais furent donc en partie, comme je l'ai dit, à l'époque du couronnement, prises parmi notre jeune troupe de femmes des généraux et des grands-officiers de l'empire. Madame de Lavalette fut nommée dame d'atour, et madame de Larochefoucault dame d'honneur. Je n'ai jamais beaucoup compris quelle avait été l'intention de l'empereur en mettant madame de Larochefoucault dans cette place importante. Non pas que celle qui l'occupait n'en fût digne à tous égards; mais une chose certaine et que je sais positivement, c'est qu'elle ne s'en souciait nullement, et qu'il fallut que l'impératrice Joséphine la pressât d'accepter;

elle voulut même plusieurs fois donner sa démission. Elle était petite, contrefaite; son esprit fort remarquable et surtout très-fin et très-judicieux lui rendait pénible cette continuelle attitude que l'obligeait de garder la place qu'elle occupait à la cour la plus fastueuse et la plus élégante que l'Europe ait jamais vue. Son nom était illustre sans doute; mais il y avait dans les noms de l'ancienne noblesse, et même parmi les dames du palais que l'empereur venait de nommer, des noms qui réveillaient bien plus encore les souvenirs historiques. Mesdames de Montmorency, de Mortemart, de Seran, de Bouillé, pouvaient y prétendre à ce titre, et la fortune des deux premières surtout, avantage que n'avait pas à cette époque madame de la Rochefoucault, était même une raison de plus pour déterminer l'empereur, en admettant toujours cette pitoyable idée du *système de fusion*. Et ce système, dont il parle tant à Sainte-Hélène, il est extraordinaire qu'il songeât à le faire entre ses amis dévoués et des gens que lui-même, à cette époque, appelait encore ses ennemis.

Mais notre parti était alors radieux d'un genre de gloire que les femmes recherchent bien autant que les hommes poursuivent la leur, c'étaient l'élégance et la beauté. Parmi les jeunes femmes qui composaient la cour de l'impératrice et celle des princesses, il était difficile de citer une femme laide; et combien y en avait-il dont la beauté faisait, sans hyperbole, l'ornement le plus réel des fêtes que Paris voyait donner chaque jour dans ces temps de féerie.

Madame Ma..t, dont le charmant visage et la belle tournure étaient également remarquables, et qui joignait à ces avantages, qu'elle tenait d'elle-même, un goût parfait et une grande élégance, ce qui ajoute à la beauté plus qu'on ne le croit.

Madame Sa...y avait le visage, la taille, la tournure, parfaitement beau et bien, une seule chose exceptée; elle se mettait bien, mais je ne sais pourquoi elle avait toujours dans sa coiffure ou dans le reste de sa toilette une chose qui n'était pas d'accord avec le reste.

La maréchale L...es avait ce qu'elle a toujours, un ravissant visage rappelant les tableaux les plus beaux de Raphaël et du Corrège. J'en ai déjà parlé, et je crois que tous les avis sont d'accord relativement à elle.

Mais une personne qui était éblouissante de beauté lorsqu'elle paraissait dans une fête surtout, c'était madame de Ca...y. Je l'ai souvent comparée à une Muse. Il est impossible de réunir sur un visage plus d'agréments ravissants que n'en présentait le sien. La régularité des traits, le charme du regard, du sourire, la chevelure soyeuse et lustrée, la taille élégante, tout s'y trouvait, et s'y trouvait bien à sa place. On voyait qu'elle était née belle, et que tout ce qu'elle avait de bien n'avait pas été créé, comme une partie d'attraits de femmes d'ailleurs fort jolies. Je crois qu'on ne verra pas de long-temps une chose aussi charmante que le coup d'œil offert par les trois belles personnes qui entraient dans un bal en se donnant le bras pendant tout un hiver : c'étaient mesdames de Can..y, Ma..t et Sa...y.

Il est une femme de la cour impériale qui parut dans le monde un peu avant l'époque du couronnement, et dont le portrait est une chose que réclament des mémoires contemporains, surtout écrits par une femme : c'est madame Du.....l.

Madame Du.....l ne fournirait pas un modèle à un statuaire, parce que ses traits n'ont rien de cette régularité qu'exige l'art du sculpteur ; et peut-être dirai-je la même chose pour la peinture. Le charme inexprimable de sa figure, charme que la parole ne peut même rendre qu'imparfaitement, consiste dans les plus beaux yeux bleus foncés à longues et soyeuses paupières, auxquels j'ai songé en *faisant* les yeux de l'Antonia de mon *Amirante de Castille*, et dans un sourire fin, gracieux, spirituel, découvrant les plus belles dents d'ivoire; et puis avec tout cela de beaux cheveux blonds, une petite main, un petit pied, une élégance générale que justifiait ensuite un esprit tout-à-fait remarquable. De tout ce que je viens de dire, il résultait un ensemble qui attirait d'abord et puis qui attachait. Madame Du.....l se maria quelques années après nous toutes. Son mari était déjà vieux et pouvait passer pour son père. Je me rappelle que le jour où elle vint faire sa visite de noce, on était à la Malmaison. C'était le soir. Nous étions dans le parc avec la reine Hortense, lorsqu'on vint la prévenir qu'il y avait du monde dans le salon, et l'on nomma madame Du.....l. Nous courûmes en grande hâte pour voir la nouvelle mariée, que je trouvai charmante; et la reine Hortense, qui avait une indulgence parfaite jointe à son goût particulier, la trouva comme moi. Mais quelques-unes de ces dames, dont l'une entre autres n'a jamais prononcé une parole de bonté sur une autre femme, commencèrent un examen qui n'était que méchant et nullement juste. Je reçus dès ce premier jour une impression favorable de madame Du.....l, et, depuis, j'ai toujours cherché à me rapprocher d'elle, parce qu'elle me plaisait. Nous fîmes depuis, elle et moi, une visite à ce même château de la Malmaison, dans une circonstance bien intéressante. Je lui rappelai pendant la route celle que je viens de rapporter et qui nous ramenait toutes deux à des temps bien différents. J'en parlerai à son époque. Madame Du.....l était femme d'un conseiller d'état à l'époque du couronnement. Lorsqu'elle fut nommée dame du palais, on parla beaucoup du passe-droit que cette nomination faisait éprouver à des femmes qui avaient des prétentions légitimes. Déjà venaient *les droits*..., déjà paraissaient les volontés, les coutumes... Je fus frappée du changement qui s'était opéré dans la société de Paris pendant les dix mois de mon absence. L'amour que l'empereur inspirait avait pris plus d'ardeur encore, s'il était cependant possible qu'il fût plus aimé que dans les trois premières années du consulat; mais, à côté de cet amour, avaient crû d'autres intérêts que la vue de la couronne avait éveillés. On trouvait déjà moins de rapports francs et venant du cœur, même avec ses meilleurs amis; chacun pensait à ce qu'il pouvait obtenir, et comment il s'y devait prendre pour supplanter son frère, même dans la demande d'une place à la cour. Il y avait alors un prestige vraiment magique. La guerre ne se voyait plus que dans le lointain, du moins pour les masses en général ; et les ambitions que les années précédentes avaient tant agitées, devaient nécessairement, pour exister (car elles ne voulaient pas mourir), chercher une nouvelle pâture. C'est alors que Paris offrit un coup d'œil singulier à l'observation, en voyant s'agiter, au soleil levant de l'empire, cette foule d'êtres plus ou moins insignifiants, cherchant à devenir *hommes de cour*. Cette manie gagna jusqu'aux plus sages, et, dans les premiers temps, c'était en vérité un spectacle bizarre, que ces hommes que la république avait vus naître, qu'elle avait formés, qui avaient eux-mêmes construit les plus belles parties de son édifice incomplet, après l'avoir démoli avant son entière édification, venant adorer un nouveau dieu. Je ne puis m'empêcher de rappeler l'effet que me fit alors ce changement complet; pour moi il avait été sans gradation. L'empereur le voyait-il? Je ne le crois pas : lui aussi était homme; lui aussi avait ses hochets.

Les maisons des princesses avaient été formées d'une manière plus absolue, peut-être, que celle de l'impératrice Joséphine, dans le sens de la *fameuse fusion ;* car ce sont les hommes qui, étant chefs de famille, entraînent avec eux quelquefois l'opinion, et qui d'ailleurs *comprometten* la maison tout entière. Ainsi, la princesse Caroline avait auprès d'elle M. d'Aligre, dont le nom et la fortune immense étaient, selon l'empereur, une bannière autour de laquelle devaient se rallier des parties de provinces entières; et en cela il ne se serait pas trompé s'il avait voulu se donner la peine de n'être pas abusé par la seule démonstration que faisait le chambellan de la princesse Caroline, en mettant dans sa poche une paire de souliers blancs pour qu'elle pût en changer au bal. On ne donne pas de la conviction en outrepassant son devoir, et surtout un devoir qu'on dit être imposé. Le faubourg Saint-Germain, au reste, devait, à cette époque, une grande reconnaissance à la princesse Caroline. C'était elle qui avait prié pour M. le marquis de Rivière, et qui lui avait sauvé la vie, comme l'impératrice Joséphine l'avait sauvée à MM. de Polignac.

La princesse Élisa, dont l'humeur plus austère se pliait moins aux volontés de son frère, était entourée de personnes qui tenaient moins au faubourg Saint-Germain, excepté une de ses dames, madame de Br...n, qui, encore, ne resta pas avec elle, et passa dans la maison de la princesse Borghèse. Quant aux autres, c'étaient madame de Lap...e, femme *de la géométrie,* et toute disposée à faire de la science avec la princesse, qui, sous ce rapport, rappelait parfaitement madame la duchesse du Maine. Ce n'est pas, au reste, seulement en cela qu'elle avait avec elle des rapports très-positifs : son ambition, cette manie de commander et de faire de son mari son premier officier, cette parole absolue lorsque, chez elle, elle ordonnait qu'on s'amusât, tout était ressemblance entre les deux femmes. Au reste, le parallèle n'est pas de moi ; il est de l'empereur lui-même, qui le dit un jour à Saint-Cloud, à la suite d'une discussion fort amère qu'il eut avec sa sœur sur une pièce du siècle de Louis XIV, c'est-à-dire *de l'entredeux,* si l'on peut dire ce mot : il s'agissait du *Wenceslas* de Rotrou. L'empereur venait de faire lire à Talma tout un acte de cette tragédie, et chacun sait comment cet homme célèbre jouait le rôle de Ladislas. Après avoir parlé de l'art admirable qu'il avait mis à dire plusieurs vers, on en vint à donner son avis sur la pièce elle-même. L'empereur dit tout crûment que Wenceslas était un vieux fou ; que Ladislas était un fils et un frère dénaturé ; et qu'en résumé, la pièce ne valait rien; et puis il parlait ensuite de *Cinna*, du *Cid*, et de quelques autres chefs-d'œuvre de Corneille, et se résuma en disant :

« Voilà de la tragédie. »

La princesse Élisa avait pour Voltaire une grande admiration probablement, car elle entreprit au même instant une réfutation de Corneille prise dans les notes de Voltaire, qui, comme on le sait, ne sont, certes, ni impartiales ni même justes sous aucun point. L'empereur eut probablement, de son côté, de l'humeur d'être réfuté par des arguments qu'il sentait n'être pas même raisonnables. L'aigreur s'en mêla, et il y eut des mots amers. Enfin, Napoléon quitta le salon en disant :

« Ce n'est plus tolérable; vous êtes la caricature de la duchesse du Maine. »

Le mot me parut d'autant plus drôle que d'abord il était juste, et puis que l'empereur s'était servi de la même expression, lorsqu'un jour, à Neuilly, il s'était moqué d'une représentation d'Alzire, dans laquelle la princesse Élisa avait, disait-il, parodié le rôle d'Alzire, et l'avait joué en *caricature*. Il paraît que le mot lui plaisait.

Ce même salon de Saint-Cloud, dans lequel se passa cette petite scène, m'avait offert, quelques mois avant, un spectacle que le temps devait me rendre singulier dans un autre sens que celui dans lequel il s'offrit d'abord à moi.

Madame Leclerc était devenue veuve à Saint-Domingue ; elle avait coupé ses cheveux, fait embaumer le corps du général, l'avait embarqué sur le vaisseau qui la reportait en Europe, et elle était revenue en France, ramenant en momie le mari qu'elle avait suivi très-vivant peu de mois auparavant. Le premier consul qui la connaissait, et qui ne voulait pas que son deuil se passât d'une manière peu convenable, chargea son frère Joseph Bonaparte et sa digne et respectable femme de la surveillance de la jeune veuve; elle logea dans l'appartement du rez-de-chaussée de l'hôtel Marbœuf, rue du Faubourg-Saint-Honoré, qu'habitait alors Joseph, et qui, depuis, fut donné en présent de noces à madame la maréchale Suchet[1]. C'est là que je la vis à son retour d'Amérique, et que je la crus perdue en apercevant à sa main une horrible plaie qu'on fit alors disparaître, mais qui revint ensuite malgré tous les efforts des médecins. Elle portait fort honorablement les voiles noirs, dans lesquels elle était jolie comme les anges. Mais elle s'en-

[1] On sait que la maréchale Suchet et la duchesse Decrès sont nièces de la reine d'Espagne (la reine Julie); elles sont filles de M. d'Anthoine.

nuyait, oh! elle s'ennuyait!... Je mourrai ici, Laurette, me disait-elle; et si mon frère veut toujours m'empêcher de voir du monde, je me tuerai.

Junot lui dit qu'on avait jusqu'à présent parlé de beaucoup de Vénus : on connaissait la Vénus de Médicis, celle du Capitole (je ne sais pas s'il ne nomma pas la Callipyge), mais qu'on n'avait pas encore nommé la *Vénus Suicide*. En entendant ce bon mot, que je pris la liberté de déclarer très-mauvais à mon mari, madame Leclerc devint radieuse et tendit sa main à Junot en lui disant :

« Venez donc me voir, Junot; venez donc. Vous êtes mon vieil ami... N'est-ce pas, Laurette, que tu n'es pas jalouse?... Et puis, je vais me marier!... »

Ce fut alors, en effet, que Napoléon, qui n'était encore que consul, arrangea ce mariage de sa sœur avec le prince Camille Borghèse. Je le vis quelque temps après chez madame Leclerc, qui alors était chez elle[1]. La jolie figure du futur me frappa. J'ignorais la stagnation complète de pensées qu'il y avait sous cette enveloppe toute méridionale; et cette tête aux yeux noirs

---

[1] Elle occupait l'hôtel qui appartient aujourd'hui à l'ambassade d'Angleterre.

charbonnés, à la chevelure de jais, me semblait devoir contenir des idées, non-seulement chaleureuses, mais grandes et nobles. Pour dire la vérité, je ne l'avais pas regardé avec attention; car, alors, on trouvait dans ce sourire perpétuel, ce regard hébété, quoique toujours actif, la nullité absolue que ce pauvre prince Camille nous a montrée depuis, et dont alors il donnait, au reste, une preuve par son mariage.

Mais une scène dont je suis heureuse d'avoir été témoin, c'est la visite de noces de la princesse Borghèse à sa belle-sœur. On était alors à Saint-Cloud et en hiver. Madame Borghèse vint le soir. Il fallait comme moi connaître, non-seulement l'inimitié qui existait entre les deux belles-sœurs, mais surtout la jalousie que madame Leclerc nourrissait contre madame Bonaparte depuis qu'elle avait une pensée de femme; et cela était depuis Milan. Il fallait comme moi connaître le caractère de madame Leclerc..., cette existence toute mondaine, cette soif de paraître non-seulement la plus belle, mais la plus brillante. Que de fois je l'avais vue *pleurer* de chagrin à la vue de sa belle-sœur, couverte de diamants et de perles d'une beauté déjà royale. La princesse Borghèse avait un de ces caractères remarquables dans leur puérilité, qui sont par leur nullité même intéressants à étudier ; aussi, le sien a-t-il été pour moi un livre où je trouvais toujours une page nouvelle et instructive. La soirée où elle vint à Saint-Cloud, et où elle se présenta *comme princesse Borghèse à madame Bonaparte*, est l'un des souvenirs frappants que m'ait laissé la princesse Pauline.

On pense bien que sa toilette fut, pour ce grand jour, une affaire des plus sérieuses. Après avoir consulté toutes les nuances, pris tous les avis, elle se décida pour une robe de velours vert, sur laquelle étaient posées, avec assez peu de goût, tous les diamants de la maison Borghèse, formant ce qu'on appelait alors une *Mathilde*. Elle était coiffée avec des diamants, elle en portait au cou, aux oreilles, aux bras ; enfin, elle était éblouissante, et surtout d'une joie qui lui permettait à peine de parler. Lorsqu'elle entra, l'émotion qu'elle ressentait lui donnant une agitation intérieure, elle pouvait en effet passer pour une jeune et timide mariée. Jamais je ne la vis plus belle ; et si son intention était de faire de la peine à sa belle-sœur, son triomphe dut être complet, du moins dans son propre esprit, car elle était *princesse*, la plus jolie des femmes, possédant le plus bel écrin qu'une particulière pût avoir en Europe, et deux millions de rente.

Elle vint s'asseoir près de moi, parce qu'elle ne perdait aucune occasion de marcher pour faire voir sa magnifique robe. C'était le paon faisant la roue.

« Les vois-tu, Laurette, ma petite Laurette!... Elles crèvent de jalousie, mon enfant!... C'est égal. Je suis princesse, et une vraie princesse. »

Je me suis, depuis, rappelé ce mot, surtout à Rome, lorsque, en 1818, je la vis au palais Borghèse, jouissant en effet de la protection que le pape accordait à *la princesse Borghèse*. Non-seulement elle avait été princesse la première, mais elle était demeurée *princesse* au milieu du désastre de sa famille.

CHAPITRE XIII.

Disgrâce de Marmont vivement ressentie par Junot. — A qui fallait-il l'attribuer? — Marmont colonel-général des chasseurs. — Décret du peuple présenté par le sénat conservateur à Napoléon. — 2,579 votes négatifs. — 3,575,000 votes affirmatifs. — Cérémonie du sacre. — Junot porte la couronne de Charlemagne. — Description de Notre-Dame. — Le pape et son trône. — Travée des grands-officiers. — Arrivée de l'empereur. — L'impératrice Joséphine. — Chute d'une petite pierre qui va frapper l'empereur. — Présage. — Anciens souvenirs. — Longue conversation avec Napoléon. — La dame du palais. — Le juge de paix de canton. — Monge. — Discours de M. Siméon. — Renvoi des Stuarts.

Au milieu des joies que ramenaient les jours, les soirées et même les nuits, Junot éprouvait un chagrin qu'il finit par me confier, et qui avait *Marmont* pour objet. Il n'avait été compris dans aucune des nominations que l'empereur avait faites lors de la formation de l'empire, ni comme grand-officier de l'empire ni comme grand-officier de la couronne. Une amitié si tendre attachait Junot à son ancien camarade de collége, son premier frère d'armes, que je le vis tout-à-fait malheureux de cette sorte de disgrâce; car enfin c'en était une. Junot savait, me disait-il, quel en était l'auteur. Je le pressai, il me le confia; et si j'en fus révoltée, la chose ne m'étonna pas, car, d'accuser les autres, était le rôle que maintenant avait pris un homme qui, placé d'ailleurs au premier rang dans l'armée, aurait pu conserver une attitude noble et belle, au lieu de la salir par une réputation tout odieuse. Je ne sais si Marmont le sut alors. Junot me disait : « Jamais il ne l'apprendra de « ma bouche. Car, lui qui est brave, n'hésite- « rait pas à lui en demander raison, et qu'en « résulterait-il? C'est que tout en n'y voyant pas « clair, l'autre pourrait tuer mon brave ami.... « Quelquefois j'ai envie de lui marcher sur les « pieds, de façon à le faire crier, pour avoir le « droit de me couper la gorge avec lui. » Quelque temps après le sacre, le prince Eugène ayant été nommé grand-chancelier d'état, la charge de colonel-général des chasseurs fut donnée à Marmont.

Les adresses arrivaient de toutes parts. Les

départements se distinguaient à l'envi par des expressions toutes produites par un sentiment vrai et unanime; et celui qui, aujourd'hui, ose dire qu'alors Napoléon ne fut pas nommé par la nation entière, MENT A SA CONSCIENCE. Oui, il fut assis sur ce trône, que depuis on eut l'indignité de dire qu'il avait usurpé; il y fut porté par les bras de la France elle-même.... Ah! dans ce moment, où, forcée par mes souvenirs d'interroger ces temps écoulés, je retrouve encore en moi tout le retentissement de ces cris d'amour qui s'élançaient au ciel dès qu'il paraissait, soit dans une promenade, soit au spectacle, combien je souffre de ce que je vois autour de moi.... Le peuple n'a plus de voix que pour se plaindre, ses yeux ne lui servent que pour pleurer, et il n'a plus de cœur que pour haïr.....

Le 1er décembre, le sénat conservateur présenta à l'empereur le *décret* du peuple (car on peut le nommer ainsi), qui donnait les votes de ce même peuple. Ce nouveau *plébiscite* offrait le résultat de soixante mille registres ouverts comme pour le consulat à vie. Une chose remarquable, c'est que pour l'empire il n'y eut que deux mille cinq cent soixante-dix-neuf votes négatifs, et trois millions cinq cent soixante et quinze mille affirmatifs, tandis que pour le consulat à vie, il y eut, je crois, près de neuf mille votes négatifs. Je déjeunais chez l'impératrice ce même jour, et je puis affirmer qu'il est faux, bien qu'on l'ait dit dans plusieurs relations, qu'elle était malheureuse des pressentiments de son propre malheur et de celui de Napoléon. Elle était fort émue, et je conçois ce sentiment; mais le bonheur perçait dans son regard et dans ses moindres actions. Elle me raconta, avec une expression dont je lui sus gré, tout ce que l'empereur lui avait dit d'aimable le matin même; comment il lui avait essayé la couronne qu'elle devait ceindre le lendemain devant la France entière; et ses yeux étaient pleins de larmes. Elle me parla avec bonté de la peine qu'elle avait éprouvée en recevant un refus de l'empereur lorsqu'elle lui avait demandé le matin même le retour de Lucien : « J'ai voulu invoquer une aussi grande journée, me dit-elle, mais Bonaparte (elle fut encore quelque temps à le nommer ainsi) m'a répondu avec aigreur, et j'ai été contrainte de me taire. Je voulais prouver à Lucien que je sais rendre le bien pour le mal ; si vous en trouvez l'occasion, faites-le lui savoir. »

Je fus surprise de cette sévérité constante de l'empereur envers son frère, et surtout un frère auquel il devait tant. Son mariage avec madame Joubertou n'avait d'ailleurs rien qui fût contre l'honneur, seul motif pour lequel il ne doit y avoir aucun pardon. Je crois plutôt que les idées fortement républicaines de Lucien étaient le seul empêchement à son rappel. Une des raisons qui étaient venues se joindre à toutes les autres pour augmenter l'humeur de l'empereur, était la conduite de madame Lætitia Bonaparte. Elle avait pris chaudement le parti de son fils exilé, et après une altercation très-vive avec l'empereur, elle avait quitté Paris, pour aller rejoindre le fils malheureux et lui porter des secours, des consolations et sa noble assistance. J'ai déjà dit que je ferais connaître madame Bonaparte pour ce qu'elle est réellement, et je le puis avec d'honorables et de glorieuses preuves. Son cœur de mère était doublement blessé à cette époque où la France retentissait de chants et de fêtes : son plus jeune fils, Jérôme, n'était pas non plus dans ce faisceau de famille que Napoléon se plaisait à réunir autour de lui pour en composer sa force à venir. Jérôme était marié en Amérique avec mademoiselle Patterson; quoique fort jeune et même enfant, son mariage était valide, puisqu'il avait le consentement de sa mère et de son frère aîné; mais le premier consul était furieux contre le jeune enseigne de vaisseau, et il prétendait qu'en sa qualité de chef du gouvernement il l'était de sa famille. Jérôme avait quitté l'Amérique pour revenir en Europe. Madame Bonaparte la mère avait reçu l'avis de son départ; elle l'avait fait parvenir à l'empereur, qui avait répondu en faisant donner l'ordre de lui fermer tous les ports non-seulement de France, mais de Hollande, de Belgique et de toutes les côtes sur lesquelles nous avions du pouvoir. Je ne fais aucune réflexion sur cette sévérité; les événements pourront la justifier ou la condamner; ils viendront en leur lieu. Madame Bonaparte la mère était donc à Rome au couronnement, et n'avait aucun titre, aucune distinction. Elle fut placée ensuite dans le tableau du sacre, de David. Je ne sais trop pourquoi l'empereur eut cette idée [1]. Je ne crois pas qu'elle soit venue de madame mère. Elle pouvait avoir quelquefois des manières étranges au milieu d'une cour qui, en raison de sa nouveauté, était plus exigeante qu'une autre; mais son âme est grande et forte; et je ne pense pas que ce soit

[1] Et surtout placée comme elle y est. Je n'ai jamais vu trois plus singulières figures que celles qui sont représentées dans cette tribune. Elles sont de face toutes trois. L'une d'elles, surtout, rappelle tout-à-fait le mot de madame du Deffand sur Gibbon.

elle qui ait eu la fantaisie de figurer *là* où elle n'était pas, tandis qu'alors elle remplissait le plus noble et le plus doux des devoirs de la femme; celui de la mère consolatrice.

Le 2 décembre, il n'était pas encore jour que l'activité régnait déjà dans toutes les maisons de Paris; et il y en avait beaucoup dans lesquelles on ne s'était pas couché. Des femmes eurent le courage de se faire coiffer à deux heures du matin, et de demeurer tranquilles sur leur chaise jusqu'au moment où il serait heure de passer leur robe. J'avoue que je préférai être un peu moins bien coiffée et l'être par ma femme de chambre, afin de dormir deux heures de plus. Toutefois, nous avions peu de temps, car il fallait être rendu avant le départ du cortége des Tuileries, et il devait partir à neuf heures. Il partit un peu plus tard, mais on croyait qu'il se mettrait en marche à cette heure-là, et il fallait agir d'après cette croyance.

J'étais à cette époque aussi liée avec la duchesse de R...e [1] que Junot l'était avec son mari.

---

[1] Je me rencontrai avec madame la duchesse de Ra...e chez une amie à moi il y a quelques semaines. J'avais appris deux jours avant la perte de sa fortune, et je pus juger par moi-même de l'affreux état de sa santé; toute mon amitié pour elle se ranima avec une telle force que, dans le coin du

Depuis, elle s'est brouillée avec moi sans que j'en puisse connaître la raison, je le jure devant Dieu et les hommes aussi solennellement qu'on peut faire un serment ; enfin, quoi qu'il

canapé où j'étais assise, je pleurai avec larmes sur le sort de cette femme que j'avais tant aimée et que j'aimais tant encore. Je savais ce que le monde disait de ses malheurs !... Ce monde, comme toujours, ne lui accordait qu'une insultante pitié. En interrogeant mon cœur j'eus un moment de bonheur, car il était pour elle celui d'une sœur. J'étais heureuse à en être émue, en pensant que je lui donnerais mes soins, que je lui consacrerais comme jadis des soirées entières pour la distraire de chagrins qui maintenant étaient réels. Vingt fois je me soulevai pour aller à elle, lui prendre la main et lui dire : — *Je vous aime toujours*. — Mais nous étions dans une maison étrangère, et *pour elle* je me contins. Le lendemain, *moi* dont le caractère *ne plie jamais*, j'écrivis à madame la duchesse de R... une lettre dont les phrases moi-même m'attendrissaient en les traçant. C'était mon cœur, mon âme qui lui parlaient... Quelle fut la réponse à cette lettre, dont au reste j'ai gardé la copie ? — elle contribuera à me rendre égoïste. — Quelle fut la réponse ? — Aucune. — C'est-à-dire il me revint par une tierce personne cette phrase ridicule :

« Nous avons été trop long-temps brouillées, il faut en demeurer là. »

Et je le répète, elle n'a rien contre moi ; ou plutôt, c'est cette sorte de honte qu'ont ordinairement les gens du monde au cœur froid, à l'esprit circonscrit, lorsque, après avoir abandonné quelqu'un dans son malheur et sa solitude,

en soit, je l'aimais alors comme on aime une sœur, et nous étions liées tendrement. Nous nous arrangeâmes pour aller ensemble à Notre-Dame, et nous nous mîmes en effet en route à sept heures et demie du matin. Quant à Junot, il portait un des honneurs de Charlemagne (la boule ou la main de justice, je ne me rappelle plus précisément laquelle des deux, et comme il faisait partie du cortége, il était encore dans tout l'embarras de sa toilette de pair (car les vingt-quatre grands-officiers de l'empire n'étaient pas autre chose que les pairs de Charlemagne), lorsque nous partîmes toutes deux pour Notre-Dame.

J'avais ma place dans une travée du chœur qui était réservée pour les femmes des grands-officiers de l'empire ; mais étant avec madame M.....t, et ne voulant pas la quitter, je montai avec elle dans une travée du maître-autel à l'étage supérieur. Il y avait une telle affluence, que toutes les places désignées et gardées étaient envahies par la foule. Nous nous trouvâmes si serrées, que voyant madame M.....t avec une per-

---

il reparaît et vous demande si vous le connaissez. — Tout ce qui *se rappelle* et *se souvient*, répond *oui*. Le contraire répond NON.

sonne de sa connaissance, je descendis dans la travée des grands-officiers, où je pus respirer au moins, et d'où je vis la cérémonie avec autant de facilité qu'une chose qui se serait passée dans ma chambre.

Quelle est l'âme (car c'est l'âme que j'interroge) qui peut avoir mis un pareil jour en oubli?... J'ai vu depuis Notre-Dame, je l'ai vue dans des fêtes somptueuses et solennelles... mais jamais le coup d'œil du couronnement de Napoléon n'a été même rappelé... Cette voûte aux arceaux gothiques, aux vitraux lumineux, qui reténtissait du chant sacré des prêtres, appelant les bénédictions du Très-Haut sur la cérémonie qui allait être célébrée, en attendant le vicaire de Jésus-Christ, dont le trône était préparé près de l'autel; tandis que le long de ses vieilles murailles, recouvertes de tapisseries magnifiques, on voyait rangés par ordre tous les corps de l'état, les députés de toutes les villes, la France entière, enfin, qui, représentée par ses mandataires, envoyait son vœu attirer la bénédiction du ciel sur celui qu'elle couronnait. Ces milliers de plumes flottantes qui ombrageaient le chapeau des sénateurs, des conseillers d'état, des tribuns, ces cours de judicature avec leur costume riche et sévère à la fois, et ces uniformes brillants d'or, puis ce clergé dans toute sa pompe, tandis que, dans les travées de l'étage supérieur de la nef et du chœur, des femmes jeunes, belles, étincelantes de pierreries et vêtues en même temps avec cette élégance qui n'appartient qu'à nous, formaient une guirlande ravissante au coup d'œil.

Le pape arriva le premier. Au moment où il entra dans la basilique, le clergé entonna *Tu es Petrus*, etc. ; et ce chant grave et religieux fit une profonde impression sur les assistants. J'ai déjà décrit la figure du pape. Il est impossible d'imaginer dans une circonstance semblable, si on voulait prêter à la pensée un visage imposant et vénérable à la fois, une autre physionomie que celle de Pie VII. Il s'avançait du fond de cette église, avec un air tout à la fois majestueux et humble. On voyait qu'il était notre souverain, mais que dans son cœur il se reconnaissait l'humble sujet de celui dont le trône était une croix. La travée dans laquelle j'étais placée, était précisément en face de lui; je pus donc l'examiner sans empêchement pendant cette longue cérémonie.

Déjà en 754 un souverain pontife avait passé les monts pour venir en France donner l'huile sainte au fondateur d'une dynastie. Étienne III vint *resacrer* Pepin-le-Bref, qui ne l'avait été que par l'archevêque de Mayence. Étienne sacra en même temps les deux fils de Pepin et leur mère. Un fait assez singulier qui revint à ma pensée en voyant les apprêts de cette cérémonie, que certes je n'eusse pas admise comme possible dix ans auparavant, ce fut le mot du pape Zacharie, prédécesseur d'Étienne. Consulté sur les projets de Pepin, non-seulement il les approuva, mais il répondit ces paroles remarquables :

Celui-là est roi qui en a la puissance.

Il ajouta même, je crois, qu'il était permis à Pepin de raser, d'enfermer, de clore à jamais dans un cloître le pauvre Childéric III, et de plus son fils Thierry. Etienne eut au moins un salaire pour son voyage ultramontain, tandis que Pie VII a été frustré dans son attente, s'il est vrai, comme on le dit, qu'il ait fait le voyage pour obtenir la rétrocession des trois légations cédées à Tolentino.

Je souffrais de le voir attendre si long-temps, lorsque enfin le canon annonça le départ du cortége.

Depuis le matin, le temps était affreux; il faisait froid, il pleuvait, et tout faisait craindre que le trajet ne fût troublé par le vent et la pluie. Mais comme par une sorte de protection spéciale accordée par Dieu à Napoléon, ainsi qu'on a pu le remarquer dans une foule de circonstances, le ciel prit tout à coup un aspect moins sévère, et la foule qui bordait la route des Tuileries à la cathédrale, put jouir de la vue du cortége sans avoir à craindre l'injure d'une pluie de décembre. C'est pendant ce trajet que Napoléon a pu recueillir des paroles d'amour et d'attachement passionné... C'est pendant ce trajet qu'il a vraiment reçu l'onction sainte. C'était un premier sacre celui-là ! L'autre ne pouvait le rendre plus positif.

Le trône de l'empereur était en face du maître-autel et masquait le grand portail du milieu. Ce fut là qu'il monta d'abord, et que Joséphine prit place à côté de lui, parmi les souverains de l'Europe.

Je ne puis rendre ce que j'ai éprouvé lorsque l'empereur est descendu de son trône et s'est avancé vers l'autel où le pape l'attendait pour le couronner. Il faut se reporter avec moi aux jours qui s'étaient écoulés, à cette vie ensemble, pour ainsi dire, qui pendant bien des années de sa vie avait été presque commune entre ma famille et lui. Cette émotion, du reste, n'avait aucune amertume pour lui. Seulement je pensai à ma mère.

La cérémonie du sacre a été décrite dans trop

d'ouvrages pour que j'entreprenne ici d'en donner une nouvelle relation. Toutefois je parlerai de ce que j'ai cru remarquer dans l'empereur, et de ce qui me frappa dans cette journée unique dans l'histoire.

Napoléon paraissait fort calme. Je l'examinai attentivement pour voir si son cœur battait sous la dalmatique impériale plus vivement que sous l'habit de colonel des guides de la garde; mais je ne vis rien, et pourtant j'étais à dix pas de lui. La longueur de la cérémonie seulement parut l'ennuyer, et je le vis plusieurs fois étouffer un bâillement. Mais il fit tout ce qui lui fut ordonné, et toujours convenablement. Lorsque le pape lui fit la triple onction, sur la tête et les deux mains, je m'aperçus, à la direction de ses yeux, qu'il songeait plutôt à s'essuyer qu'à toute autre chose; et, par l'habitude que j'avais de son regard, je puis dire que j'en suis certaine; cependant, c'est pendant ce temps que le pape récitait cette oraison remarquable :

« Dieu tout-puissant et éternel, qui avez établi
« Hazaël pour gouverner la Syrie, et Jéhu, roi
« d'Israël, en leur manifestant vos volontés par
« l'organe du prophète Élie; qui avez également
« répandu l'huile sainte des rois sur la tête de

« Saül et de David par le ministère du prophète
« Samuël, répandez par mes mains les trésors de
« vos grâces et de vos bénédictions sur votre
« serviteur Napoléon, que, malgré notre indi-
« gnité personnelle, *nous consacrons, aujour-
« d'hui, empereur en votre nom.* »

L'empereur écouta cette oraison, comme tout
le reste, avec recueillement et convenance. Mais
au moment où le pape allait prendre la couronne,
dite de Charlemagne, sur l'autel, Napoléon la
saisit et se la mit sur la tête. Dans ce moment
il était vraiment beau. Sa physionomie, toujours si expressive, avait un feu et un jeu de
muscles tout particuliers, à cet instant unique
dans sa vie. Il avait ôté la guirlande de laurier
en or dont il était coiffé en entrant dans l'église,
et qui est celle qu'on voit dans le beau tableau
de Gérard. La couronne fermée allait moins bien
peut-être comme agrément à son visage; mais
l'expression provoquée par son contact lui donnait un éclat de réelle beauté.

C'est en ce moment qu'arriva un de ces incidents qui passent inaperçus lorsqu'ils sont sans
suite, mais que la superstition ne peut s'empêcher de recueillir. Les vieilles voûtes de Notre-
Dame étaient fatiguées depuis un mois par les

coups multipliés dont on les frappait pour attacher les tentures et les charpentes nécessaires à la décoration de l'église ; plusieurs petites pierres se détachaient et tombaient inégalement dans la nef ou dans le chœur. Au moment que je viens de décrire, lorsque Napoléon se mit la couronne sur la tête, une de ces pierres, de la grosseur d'une noisette à peu près, tomba de la voûte et directement sur l'épaule de l'empereur ; elle glissa ensuite sur le camail de la dalmatique et fut rouler sur les marches de l'autel, du côté du trône du pape, où elle fut ramassée par un prêtre italien qui probablement l'a conservée, s'il a pu voir qu'elle avait d'abord touché la tête qu'on venait de consacrer. Je fus frappée de cet événement : dans une heure semblable tout est présage pour ceux qui observent ; mais je n'en parlai pas. Je ne sais si mes compagnes virent comme moi la chute de cette pierre. Je n'appelai l'attention d'aucune d'elles sur ce fait ; et Junot, à qui je le communiquai le soir, et qui n'en avait rien vu, tout près de l'empereur qu'il était, me dit que j'avais bien fait. Aucun mouvement n'a pu lui faire juger si l'empereur avait senti la pierre. Il me paraît difficile qu'il ne s'en soit pas aperçu, car, quel que fût le peu de volume du *gravois* (je ne lui donne même pas le nom de pierre), la hauteur excessive de l'édifice doublait nécessairement tant de fois sa pesanteur qu'il est bien difficile, je le répète, que l'impression n'en ait pas été sentie.

Mais l'instant qui réunit peut-être le plus de regards sur les marches de l'autel où se tenait l'empereur, fut celui où Joséphine reçut de lui la couronne et fut sacrée solennellement IMPÉRATRICE des FRANÇAIS. Quel moment !... quel hommage! quelle preuve d'amour lui rendait celui qui alors l'aimait avec une solidité de sentiment dont elle aurait toujours dû se contenter, parce qu'il était réel et certifié par de fortes preuves!

Le tableau de David et plusieurs dessins faits sur les lieux mêmes ont bien représenté l'impératrice Joséphine à genoux devant Napoléon qui la couronne, puis le pape, des prêtres, et même des personnages qui se trouvaient à quatre cents lieues du théâtre sur lequel on les faisait paraître : madame mère, par exemple, qui était à Rome, et que David *plaquait* comme une enseigne dans son tableau du sacre. Mais rien n'a pu donner une juste idée, un aperçu même de cette scène touchante et digne à la fois, dans laquelle un grand homme se plaçait lui-même, plus haut que le trône; car il était en ce moment reconnaissant et sensible.

Lorsqu'il fut temps pour elle de paraître activement dans le grand drame, l'impératrice descendit du trône et s'avança vers l'autel, où l'attendait l'empereur, suivie de ses dames du palais et de tout son service d'honneur, et ayant son manteau porté par la princesse Caroline [1], la princesse Julie [2], la princesse Élisa et la princesse Louis [3]. Une des beautés remarquables de l'impératrice Joséphine, c'était non-seulement l'élégance de sa taille, mais le port de sa tête, la façon gracieuse et noble tout à la fois dont elle la tournait et dont elle marchait. J'ai eu l'honneur d'être présentée à beaucoup de *vraies princesses*, comme on le disait dans le faubourg Saint-Germain, et je dois dire, en toute vérité de conscience, que jamais je n'en ai vu qui m'imposassent davantage que Joséphine. C'était de l'élégance et de la majesté; aussi, une fois qu'elle avait après elle son manteau de cour, il ne fallait plus chercher la femme du monde peu arrêtée dans ses vouloirs, elle était convenable de tous points, et jamais reine ne sut mieux *trôner* sans l'avoir appris.

---

[1] Madame Murat.
[2] Madame Joseph Bonaparte.
[3] Madame Louis Bonaparte.

Je vis tout ce que je viens de dire dans les yeux de Napoléon. Il jouissait en regardant l'impératrice s'avancer vers lui; et, lorsqu'elle s'agenouilla... lorsque les larmes, qu'elle ne pouvait retenir, roulèrent sur ses mains jointes qu'elle élevait bien plus vers lui que vers Dieu, dans ce moment où Napoléon, ou plutôt *Bonaparte*, était pour elle sa véritable providence, alors il y eut entre ces deux êtres une de ces minutes fugitives, uniques dans toute une vie, et qui comblent le vide de bien des années. L'empereur mit une grâce parfaite à la moindre des actions qu'il devait faire pour accomplir la cérémonie. Mais ce fut surtout lorsqu'il s'agit de couronner l'impératrice. Cette action devait être accomplie par l'empereur, qui, après avoir reçu la petite couronne fermée et surmontée de la croix, qu'il flattait placer sur la tête de Joséphine, devait la poser sur sa propre tête, puis la mettre sur celle de l'impératrice. Il mit à ces deux mouvements une lenteur gracieuse qui était remarquable. Mais lorsqu'il en fut au moment de couronner enfin celle qui était pour lui, selon un préjugé, son *étoile heureuse*, il fut *coquet* pour elle, si je puis dire ce mot. Il arrangeait cette petite couronne qui surmontait le diadème en diamants, la plaçait, la déplaçait, la remettait encore; il semblait qu'il voulût lui promettre que cette couronne lui serait douce et légère !... Ces différentes nuances ne purent être saisies par les personnes qui étaient loin de l'autel... Sans doute le fait fut raconté, parce que d'autres yeux que les miens l'ont vu comme j'ai pu le voir; mais peu cependant ont été placés comme je l'étais; et cette position m'a révélé bien des choses, pendant ces heures merveilleuses rejetées maintenant par beaucoup de gens dans les temps de féerie.

Au moment où Napoléon descendit de l'autel pour retourner à son trône, lorsque le clergé et toutes ces voix enchanteresses, choisies par l'abbé Rose pour chanter son *Vivat*, entonnèrent cet hymne admirable, mes yeux se voilèrent, et je fus très-émue. L'empereur, dont le regard d'aigle parcourait tout ce qui était autour de lui, me reconnut dans l'angle de la travée que j'occupais. L'expression du regard qu'il me lança, pour ainsi dire, est impossible à rendre... Un marin me disait dernièrement que, dans un naufrage, au moment de périr, il avait, dans l'espace d'une minute peut-être, déroulé le tableau de sa vie tout entière... Napoléon, en me revoyant, au moment où il ceignait la couronne, n'avait-il pas rappelé à lui toutes les années écoulées?... la rue des Filles-Saint-Thomas? mais, plus loin encore, la maison et l'hospitalité de mon père?... et cette voiture, dans laquelle il disait, lorsque ma mère le ramenait de Saint-Cyr[1] :

Oh! si j'étais le maître!...

Ma figure seule rappelait le passé; et cela sans parole, sans intention, comme un parfum, une harmonie, nous rappellent des jours écoulés. Quelques jours après, l'empereur s'approcha de moi :

— Pourquoi donc aviez-vous une robe de velours noir?

Cette question me frappa tellement de surprise que je ne pus d'abord lui répondre.

— Était-ce en signe de deuil?

— Oh! Sire... Et les larmes me vinrent aux yeux. Il me regarda avec une attention scrupuleuse, comme s'il eût voulu traduire la plus intime de mes pensées.

— Mais pourquoi choisir cette couleur sombre et presque sinistre?

— Votre Majesté n'a pu voir que le bas de ma robe, et le devant était brodé en épis d'or[2]; j'avais mes diamants, et je croyais que

[1] Voir le 1er volume des Mémoires.
[2] On portait alors beaucoup de robes de velours noir, sur-

cette toilette était convenable, puisque n'étant pas de celles qui devaient mettre leur habit de cour, je n'étais tenue à cet égard à aucune obligation.

— Est-ce un reproche indirect que vous me faites là ? Êtes-vous comme la maréchale S..., comme la maréchale D..., comme la maréchale B..., qui boudent parce que je ne les ai pas toutes nommées dames du palais...? Je n'aime pas les bouderies,... je n'aime pas les humeurs...

— Je n'en ai pas témoigné, Sire, et à cela je n'ai nul mérite, car je puis assurer à Votre Majesté que je n'ai pas d'humeur. Junot m'a dit qu'elle avait bien voulu lui apprendre qu'elle n'entendait pas faire un double emploi de grâces dans sa maison et dans celle de l'impératrice, et que lorsque le mari serait dans la maison militaire, la femme ne pourrait être dame du palais.

— Ah ! il vous a dit cela !... Et à propos de quoi?... Vous vous plaigniez donc?... Est-ce que les femmes vont avoir de l'ambition à présent?... Je ne veux pas de cela.... Les femmes ambitieuses, à moins d'être reines, et il n'y en a pas

---

tout avec des diamants, ou bien du velours d'une couleur foncée pour les faire mieux ressortir. Le jour du couronnement il y en avait beaucoup.

beaucoup, sont toutes des intrigantes; rappelez-vous cela, madame Junot. Et revenant à moi :

— Répondez-moi. Êtes-vous fâchée de ne pas être dame du palais? Mais répondez-moi avec franchise, si une femme peut être franche...

— Eh bien! Sire... Mais Votre Majesté ne me croira pas...

— Si fait. Allons, dites.

— Je n'en suis pas fâchée.

— Pourquoi cela?

— Parce que mon humeur est contraire à une sujétion positive, et que Votre Majesté voudra sûrement que le protocole de l'étiquette de service d'honneur de l'impératrice soit fait d'après un code militaire.

Il se mit à rire.

— Cela pourra bien être. Au surplus, je suis content de vous; vous m'avez bien répondu, et je m'en souviendrai... Ah! dites-moi, votre frère est-il à Paris?

— Oui, Sire.

— Était-il à Notre-Dame?

— Oui, Sire.

— Avec vous?

— Votre Majesté oublie que cela ne se pouvait pas.

— C'est vrai... Ce pauvre Junot, dit-il, comme pour repousser une pensée qu'il voulait éloigner, ce pauvre Junot, comme il était touché!... Avez-vous vu comme il pleurait?... C'est un bon ami, celui-là... Qui nous aurait dit à Toulon, il y a dix ans, qu'une journée comme celle du 2 décembre se préparait.

— Peut-être lui, Sire. — Je lui rappelai alors cette lettre de Junot, écrite à son père en 1794, dans laquelle il réfutait les objections du vieillard qui lui reprochait d'avoir quitté son régiment pour suivre la fortune d'un général inconnu : car enfin, disait mon beau-père, qu'est-ce que c'est que le général Bonaparte? Et son fils lui répondait :

« Vous me demandez ce que c'est que le général Bonaparte ? C'est un de ces hommes dont la nature est avare, et qu'elle jette sur le globe de siècle en siècle. »

Mon beau-père fit voir cette lettre au *premier consul* lorsqu'il passa par Dijon, à l'époque de Marengo ; et *l'empereur* parut frappé du souvenir que je lui rappelais. — C'est vrai, me dit-il ; et, se frottant le menton en souriant, il s'éloigna sans ajouter un mot.

Cette conversation eut lieu dans un bal, je crois, chez le ministre de la guerre, ou chez M. de Talleyrand : je ne puis me rappeler positivement lequel des deux. Le souvenir de la conversation m'est seul resté.

J'aurais pu rappeler à l'empereur un fait qui n'aurait pas été déplacé, mais qui eût été inconvenant : cela paraît bizarre à dire, et pourtant c'est la vérité.

A l'époque du consulat à vie, le premier consul, se promenant un jour à la Malmaison avec le sénateur Monge, pour lequel il avait beaucoup d'amitié, lui parla avec confiance de tout ce qui se faisait; il était heureux de l'attachement que lui montrait la France, et le témoignait à Monge :

— Et vous, sénateur Monge, lui dit-il en souriant, et vous, êtes-vous content?

— Je ne le serai complètement, citoyen premier consul, lui répondit Monge, que lorsque votre vœu à vous-même sera rempli, et que je vous ferai ma révérence comme juge de paix de votre canton.

Le premier consul se mit à rire et prit fort bien la plaisanterie. Pour la comprendre tout entière, il faut savoir qu'un jour le premier consul, alors général en chef de l'armée d'Italie, se trouvant, je crois, à Morfontaine avec Monge et plusieurs autres savants, comme Berthollet et Laplace, les félicitait du bonheur qu'ils avaient eu de s'illustrer sans que le sang tachât leur brevet d'immortalité :

« Quant à moi, leur dit-il, je ne serai heureux
« que lorsque, après avoir donné la paix à l'Eu-
« rope, je pourrai, pour toute récompense, ob-
« tenir le titre de juge de paix de mon canton. »

L'avez-vous fâché en lui rappelant cette anecdote? demandait quelqu'un à Monge?

— Je suis sûr que non, répondit l'honnête et excellent homme, j'en suis certain.

Et moi aussi.

Avant de finir ce chapitre, je veux rapporter ici une partie du discours que prononça le tribun Siméon. Il est des choses dont il faut non-seulement garder, mais bien aussi rappeler le souvenir aux contemporains. C'est tout aussi bon que le vote négatif de Carnot. Ce discours, fait en 1804, dut être curieux à rappeler en 1814. Il fut prononcé lors de la motion de l'empire.

« C'est moins pour offrir une récompense na-
« tionale à Napoléon Bonaparte que pour nous
« occuper de notre sûreté et de notre dignité...
« Opposerait-on la possession longue, mais
« *si solennellement renversée* de l'ancienne dy-
« nastie? Les principes et les faits répondent...
« Le peuple, PROPRIÉTAIRE et dispensateur de la

« souveraineté, peut changer son gouvernement,
« et par conséquent destituer dans cette occasion
« ceux (les Bourbons) auxquels il l'avait confié.
« L'Europe l'a reconnu... La maison qui règne
« en Angleterre n'a pas eu d'autres droits pour
« exclure les Stuarts... Il fallut qu'après les avoir
« repris, l'Angleterre chassât les enfants de Char-
« les Ier... Le retour d'une dynastie détrônée,
« abattue par le malheur, *moins encore que par
« ses fautes*, ne saurait convenir à une nation
« qui s'estime... Ils vendaient aux puissances,
« dont ils s'étaient faits les clients, une partie
« de cet héritage dans lequel ils les conjuraient
« de les rétablir... Qu'on ne se trompe pas en
« regardant comme une révolution ce qui n'est
« qu'une conséquence de la révolution, etc. »

Ce discours m'a toujours frappée.

CHAPITRE XIV.

Junot est nommé ambassadeur en Portugal. — Il hésite avant d'accepter. — Portrait de M. Lageard de Cherval, parent de M. de Talleyrand. — Prévention de l'empereur contre M. Lageard. — Les amis de Junot lui conseillent de se rendre aux désirs de l'empereur.—Sir Robert Fitz Gérald et sa femme. — Expédient burlesque du maréchal Lannes. — Question de prééminence. — Le maréchal est rappelé. — Adieux de Junot à la ville de Paris. — Lettre remarquable aux maires et au préfet. — La ville fait hommage à Junot d'une épée. — Remercîments de Junot aux habitants et aux autorités. — Conseils donnés par Cambacérès. — Conduite de ce dernier le 8 floréal. — Ma répugnance à quitter Paris. — Ouverture du corps législatif. — Paroles de l'empereur. — Discours du ministre de l'intérieur. — Lettre de Napoléon au roi d'Angleterre. — Étranges commentaires sur cette démarche. — Levée de soixante mille hommes. — Pacification de la Vendée. — Départ d'une escadre. — Le général Joseph Lagrange. — Prise de l'île anglaise la *Dominique*. — Instructions détaillées que me donne l'empereur avant notre départ pour le Portugal.

Je vis revenir un jour Junot l'air préoccupé et

presque triste. Il me dit que l'empereur voulait lui donner une marque de confiance, dont sans doute il était fort touché, mais qui le faisait presque trembler, lui qui pourtant ne tremblait guère. Il était question d'une ambassade en Portugal. Je ne vis d'abord que le côté brillant de la chose, et je lui dis : — Eh bien! pourquoi n'en pas être content?

— Parce que je ne suis pas fait pour la diplomatie; parce que Lannes, ce brave et excellent garçon, m'a dit que cette cour de Lisbonne est une vraie pétaudière, et que je ne puis faire que de la mauvaise besogne. L'Angleterre y est toute-puissante; l'Autriche menace de nous tourner le dos, ainsi que la Prusse et la Russie; et tu penses bien que ce n'est pas au bruit des coups de canon et des coups de fusil que j'irai faire la sieste en Portugal.

Je connaissais le caractère de Junot, et je ne répliquai pas : cette dernière objection me fermait la bouche. Quant à moi, l'idée seule de quitter la France me mettait au désespoir, et je ne pouvais en supporter la possibilité. Cependant, comme il était question d'une affaire qui devait placer Junot dans une position où, selon moi, il prouverait ce qu'il pouvait faire, je ne voulus pas le détourner d'une voie ouverte à sa renommée comme homme de mérite et d'esprit ; je l'exhortai tout au contraire à réfléchir avant de prendre un parti, et surtout de consulter un de nos amis, homme d'un mérite supérieur, dont je n'ai pas encore parlé, ou du moins fort imparfaitement, c'est M. de Lageard de Cherval.

M. l'abbé de Lageard, parent de M. de Talleyrand, son plus intime et son plus cher ami pendant les années de jeunesse qu'ils passèrent tous deux au séminaire, est un des hommes les plus distingués que j'aie rencontrés de la dernière époque *sociable*. Il a de la vigueur dans l'âme, de la tendresse dans le cœur, de la finesse dans l'esprit, une extrême chaleur dans l'imagination, et il a soixante-dix-sept ans. C'est l'amabilité personnifiée. Son genre était tout autre que celui de M. de Narbonne, cet ami de cœur à moi, dont je parlerai bientôt ; mais il était aimable sans laisser aucun désir à former. Il avait été aussi malheureux qu'un exilé comme lui pouvait l'être ; il avait souffert de toutes les douleurs, et même de leurs reflets. Je lui portais une amitié de fille. Ma confiance en lui était grande, je l'aimais et le respectais tout à la fois. Junot pensait de même ; et toutes les fois qu'il y avait un cas un peu sérieux dans notre intérieur, M. de Cherval était appelé à le juger.

— Il est mon ennemi, avait dit un jour l'empereur à Junot. — Sire, je n'ai qu'une réponse à faire à Votre Majesté : c'est que je ne connais pas un de ses ennemis. M. de Talleyrand peut être comme moi garant de M. de Lageard, et je pense que nos deux cautions valent bien une accusation du ministre de la police.

L'empereur ne répliqua rien ce jour-là, mais sa prévention contre M. de Lageard ne fut jamais détruite, et son existence entière s'en ressentit. On sait que ce fut à M. Bourrienne que M. de Cherval en eut l'obligation.

Lorsque Junot lui parla de l'ambassade de Lisbonne, il fut de l'avis de M. de Narbonne, qui lui conseillait d'accepter. Il y avait une chose désagréable : c'était *l'antécédent*. Le général Lannes, qui ressentait de l'humeur d'être à Lisbonne et voulait s'en revenir, avait formé, dit-on, le projet de se faire rappeler, de quelque manière que ce fût ; et voici, à ce que la médisance du faubourg Saint-Germain racontait, ce qui eut lieu entre lui et le ministre d'Angleterre.

C'était alors sir Robert Fitz Gérald, secrétaire d'ambassade à Paris en 1790, qui occupait à Lisbonne le rang de ministre d'Angleterre. Il est difficile d'avoir des manières plus polies, quoique froides, un abord plus digne que l'avait lord Robert; sa tournure était encore remarquable et faisait ressortir avec plus d'effet celle de lady Robert Fitz Gérald, qui joignait à un physique vraiment désagréable, une haine pour la France qui lui donnait par intervalle des airs de furie qui ne l'embellissaient pas. Elle ne parlait de l'empereur que comme d'un brigand digne du feu; et tout ce qu'elle en disait était du même goût. On pense bien que le général Lannes[1], qui n'entendait rien sur Napoléon qu'avec l'oreille du cœur, ne prit en gré ni le mari ni la femme, quoique le premier fût parfaitement mesuré; mais il avait de l'humeur, et toute l'ambassade d'Angleterre fut comprise dans le même anathème, jusqu'à lord Strankford, qui, à cette époque, tout en traduisant le Camoëns, dormait une bonne partie de ses vingt-quatre heures.

Il faut avoir connu le maréchal Lannes pour avoir une idée juste de la haine qu'il portait à l'Angleterre; son noble cœur ne comprenait pas qu'il fût possible de transiger avec ses sentiments, et il les manifestait avec la franchise de son caractère. On doit penser qu'au milieu d'une cour étrangère, où les façons obséquieuses passent

[1] Le prince Auguste d'Angleterre qui était à Lisbonne à l'époque du séjour de madame Lannes et du général fut très-gracieux pour eux.

comme devoir, avant tout, celles du maréchal Lannes durent paraître étranges. La maréchale avait bien apporté dans le commerce habituel de la vie diplomatique qui existe dans une cour, toute la douceur de son caractère, sa candeur vierge et sa beauté admirable; mais ces charmes, cet attrait, étaient un défaut de plus dans une Française aux yeux de lady Fitz Gérald; et la guerre tacite qu'elle faisait à notre parti n'en fut que plus active.

Une des offenses que le général Lannes ne pouvait surtout supporter, parce qu'elle avait une apparence de droit, c'était la prétention qu'avait lord Robert de passer avant lui, soit d'une chambre dans l'autre à *Quélus*[1], soit sur la route : enfin il y avait une prétention de passage. Le général Lannes prit de l'humeur de cette prérogative appuyée sur une ancienneté, ou quelque chose de semblable; et pour trancher la difficulté, il s'y prit de cette manière :

On allait faire sa cour au prince régent (le père de don Pédro) à une maison de plaisance appelée *Quélus*, et située à quatre lieues de Lisbonne. On allait à cette résidence comme on aurait été à la Malmaison ou à Saint-Cloud, dans une calèche à quatre chevaux. Le ministre d'An-

[1] Résidence royale de la cour de Lisbonne.

gleterre avait un équipage leste et bien tenu, qui faisait le désespoir et la jalousie des gens du général Lannes. Le général le rencontrait sur la route comme il rencontrait lord Robert à la porte de l'appartement du prince régent, et cela l'ennuyait. Un jour, il dit à un de ses cochers, jeune homme intelligent, mais qui comprenait quelquefois par-delà ce qu'on lui disait : — Comment, coquin, tu ne trouveras pas le moyen de me faire arriver avant cet Anglais?

Le cocher n'aimait pas les Anglais plus que son maître, et de plus il comprenait les chevaux dans l'anathème. Le dimanche suivant, conduisant le général, il rencontre l'équipage de lord Robert, et, pour obéir à son maître et satisfaire en même temps son esprit vindicatif, il accroche la voiture anglaise qui, toute légère et d'ailleurs prêtant le flanc à l'attaque, ne put résister au choc et tomba dans un fossé. Le général fut, *dit-on*, désespéré de la maladresse de son cocher ; mais ses chevaux étaient tellement lancés qu'il fut impossible de les arrêter pour porter secours au confrère en diplomatie. Arrivé à Quélus, on demeura quelque temps avant de passer dans la salle d'audience ; on attendait le ministre d'Angleterre. Ne l'attendez pas, dit le général, je ne crois pas qu'il vienne.

Voilà comme on m'a raconté l'histoire ; mais je commence par dire que je n'en affirme pas l'authenticité. Je ne puis garantir qu'une chose dont la réalité m'est connue : c'est l'antipathie du général Lannes pour les Anglais ; et si l'affaire ne s'est pas passée comme je viens de la raconter, cela devait être ainsi.

Quoi qu'il en soit, Junot n'avait aucun désir d'aller au bout de l'Europe faire de la politique et de la dissimulation, lui le plus franc et le plus communicatif des hommes. Et puis, il désirait rester à Paris ; il avait un extrême désir ou de faire son service comme premier aide-de-camp de l'empereur, ou de reprendre le commandement de la première division militaire, qu'on aurait séparée du gouvernement de Paris. Voilà quel était alors son vœu. Il pensait bien que Murat, qui était beau-frère de l'empereur, ne demeurerait pas dans le gouvernement de Paris, et, dans son cœur, il désirait encore être à la tête de l'administration militaire de la capitale de la France. Junot avait une vive affection, à part l'ambition satisfaite, pour cette ville qu'il avait maintenue calme et paisible dans des temps orageux. Les magistrats, comme les maires, le préfet de police, le préfet de la Seine, étaient tous des hommes estimables qu'il appréciait à une haute valeur.

Il y avait ensuite une sorte de lien entre lui et la grande ville; et ce lien était formé par une mutuelle estime, ainsi que le prouvent les deux lettres que je vais transcrire. L'une est la lettre d'adieu que Junot écrivit aux autorités de Paris en partant pour Arras; l'autre est la réponse qu'il adressa aux maires et au préfet pour les remercier du souvenir qu'ils lui offrirent au nom de la ville de Paris. La première sera transcrite avec tout ce qui l'accompagnait, pour faire voir comment on était encore à Paris, cinq mois seulement avant la publication de l'empire.

1re DIVISION militaire.   LIBERTÉ.   ÉGALITÉ.

Au quartier-général à Paris, le 3 nivose an XII de la République française.

J. A. Junot, général divisionnaire, commandant la première division militaire et la ville de Paris.

AU PRÉFET DU DÉPARTEMENT DE LA SEINE, ET AUX MAIRES DE LA VILLE DE PARIS.

Citoyens,

Je quitte le commandement de la ville de Paris

auquel j'ai été nommé le 8 thermidor de l'an VIII, par le premier consul, et je vais prendre le commandement de la division d'élite de l'armée d'Angleterre, qu'il vient de me confier.

Si depuis l'an VIII la tranquillité a été maintenue dans cette grande ville, je ne prétends pas m'en attribuer tout l'honneur: c'est aux Parisiens mêmes qu'il appartient. C'est à l'administration paternelle des premiers magistrats, à la bonne conduite de la garde nationale, que je dois rapporter le succès qui a couronné mes efforts et récompensé mon zèle.

Il sera glorieux pour moi, citoyens, et tous mes vœux seront satisfaits, si j'emporte les regrets des premiers magistrats et des citoyens de la plus grande ville du monde.

J'ai l'honneur de vous saluer,

J. A. JUNOT.

La réponse à cet adieu fut le don d'une épée sur la lame de laquelle était écrit:

Donnée au général Junot par la ville de Paris.

Junot fut touché jusqu'au fond du cœur de cette marque d'estime offerte au nom d'une ville qu'on peut à bon droit nommer la première du monde, et il répondit ce peu de mots à la lettre qui accompagnait ce don, d'autant plus honorable que l'épée n'avait du reste aucune valeur comme prix matériel.

Citoyens,

Les sentiments d'estime et d'affection que vous m'exprimez de la part du préfet et du conseil municipal de la ville de Paris, sont pour moi la récompense la plus flatteuse que j'en pouvais recevoir, et j'y suis extrêmement sensible.

J'accepte avec reconnaissance l'épée que vous m'offrez au nom de la ville de Paris. Je la porterai le jour de la gloire; elle guidera les braves de la division d'élite, et me rappellera toujours l'époque où j'ai eu l'honneur de commander dans la grande ville, les devoirs que m'imposent la nouvelle preuve de confiance de ma patrie, et l'estime et l'amitié dont m'honorent les habitants et les magistrats municipaux de la ville de Paris.

J'ai l'honneur de vous saluer,

J. A. JUNOT.

Ne sachant pas se déterminer, Junot résolut d'aller prendre conseil de l'archi-chancelier ; il lui avait toujours témoigné de l'attachement, et Junot avait pour lui une confiance et une estime entières. Il écouta fort attentivement tout ce que Junot lui dit, et finit par conclure qu'il devait partir.

— Mais, disait Junot, je ne ferai que des sottises; comment imaginer que je pourrai me plier à tous les ménagements, à toutes les duplicités qu'exige la diplomatie?

— Ne vous en faites pas un monstre, répondait Cambacérès, et d'autant plus que j'ai un conseil à vous donner : demeurez tel que vous êtes. C'est la plus habile des diplomaties que la franchise; et puis, mon cher général, *il faut obéir à Sa Majesté.*

Lorsque Junot me rapporta la conversation qu'il avait eue avec l'archi-chancelier, cette dernière parole me frappa plus que tout le reste. J'étais bien jeune alors, et je concevais difficilement une versatilité aussi excessive dans un homme de l'âge de Cambacérès. Je me rappelai que le 21 janvier, à deux heures du matin, il s'était élancé à la tribune de la Convention pour faire prononcer l'arrêt, et demandant l'exécution dans les vingt-quatre heures. Si sa conduite n'avait pas été le résultat d'une profonde et intime conviction, elle était bien répréhensible.

Tu es trop sévère, me dit mon frère, tu exiges d'un homme les vertus d'un dieu. L'archi-chancelier est dévoué au pouvoir existant, voilà son affaire. Sans doute, il serait mieux qu'il fût autrement ; mais pour être ce qu'il est, il n'est pas plus méchant que les autres hommes ; et lorsque dernièrement il fit proclamer l'empire à son de trompe comme un marchand de vulnéraires, il a été dans l'intime conviction qu'il agissait noblement parce qu'il obéissait.

J'ignorais ce que cela voulait dire, je me le fis expliquer, et j'appris qu'en effet, le 8 floréal à neuf heures du matin, le chancelier du sénat faisant *fonction de héraut d'armes*, partit du Luxembourg pour parcourir Paris, accompagné du plus pompeux cortége, afin de proclamer la nomination de Napoléon à la dignité d'empereur des Français. Il était suivi du général en chef gouverneur de Paris, de l'inspecteur général de la gendarmerie, du préfet de la Seine, du préfet de police, du président du corps législatif, du président du tribunal, des maires des douze arrondissements, des généraux de division, des généraux de brigade, et de tous les officiers supérieurs se trouvant à Paris. Ce nombreux cortége parcourut les boulevards, les principales rues de Paris et les places publiques, et l'on publia à son de trompe et de timbales l'avénement de Napoléon à la couronne.

Libéralement parlant, je ne puis blâmer cette démarche; mais je ne sais pourquoi je fus fâchée d'apprendre qu'elle avait eu lieu de cette manière.

J'ai déjà dit que je ne pouvais, à cette époque, quitter Paris sans un déchirement de cœur. J'étais jeune; Paris était alors un lieu de féerie, j'y avais tous mes amis, mon frère, ma plus petite fille que j'étais contrainte d'y laisser, parce qu'elle était trop jeune pour lui faire entreprendre une aussi longue route : tout cela me brisait l'âme. Et puis, madame Lannes ne me racontait pas des choses engageantes sur Lisbonne. Il paraissait que la société était nulle ou bien sous l'influence de l'Angleterre. Et l'échantillon que nous avions de la noblesse portugaise, qui heureusement valait mieux que cela, et qui était représentée par M. de Lima, ambassadeur du prince régent, n'était pas fait pour me donner une grande confiance dans l'agrément que je devais trouver au sein de la belle Lusitanie. Du reste, à quelques exceptions près, je ne m'étais pas trompée, ainsi que je le ferai voir plus tard.

Enfin le voyage fut arrêté. L'empereur décida Junot, en lui parlant avec confiance de ce qu'il exigeait de lui. Il le chargeait non-seulement de l'ambassade de Lisbonne, mais d'une mission délicate et secrète à la cour de Madrid, où cependant il avait le général Beurnonville pour ambassadeur. Mais les affaires prenaient un aspect assez sérieux pour que toute l'attention de l'empereur se dirigeât surtout vers ses alliés du Midi. Le Portugal était neutre, mais tellement cauteleux, qu'il fallait une surveillance intime, et l'Espagne était si pitoyablement gouvernée, qu'il était plus que nécessaire de surveiller également ses démarches. L'Angleterre s'agitait et menaçait de bouleverser de nouveau l'Europe pour sa querelle. L'Espagne lui avait déclaré la guerre, le 12 ou le 15 décembre de cette même année; mais le ministre qui régnait en Espagne serait-il de bonne foi aussi long-temps que le demandaient nos intérêts? Voilà la question qu'il fallait éclaircir. La nation espagnole était dès lors ce qu'elle a été deux ans plus tard, ce qu'elle a été depuis, grande et belle nation, mais il y a des exceptions partout.

Une grande et imposante cérémonie avait eu lieu vers la fin de décembre : c'était l'ouverture du corps législatif. L'empereur fut dans cette circonstance ce qu'il fut si souvent dans les années glorieuses qui commençaient pour lui leur ère immortelle. Son discours fut simple et digne. Il venait demander justice au peuple français de la mauvaise foi de l'Angleterre et l'accuser de vouloir troubler la paix de l'Europe. On a bien souvent, depuis la chute de Napoléon, repris toutes ses paroles pour en tirer de mauvaises armes émoussées contre lui. Ces armes, sans le blesser, semblaient pourtant le frapper, aux yeux de gens prévenus, qui arrivaient au jugement avec l'intention de condamner. C'est ainsi que ses discours de cette époque ont été *traduits*, commentés à la guise de ceux qui ensuite disaient : *Voyez ce qu'il a fait....! voyez ce qu'il disait....*

Mais si la force des choses entreprises pour la perte de la France, l'a contraint à agir comme il l'a fait, qui peut lui en adresser des reproches? C'est ce qu'il faut examiner et juger avec un esprit dégagé de ces préventions funestes qui emmaillottent l'histoire et l'empêchent de marcher dans la route qui lui appartient, d'un pas ferme et sûr. Quant à moi, je rapporterai les expressions de l'empereur telles que je les ai entendues et telles qu'il *les a dites;* c'est-à-dire que je les rapporte, convaincue que son intention était alors véritablement d'agir comme il le disait. Il voulait dès lors organiser l'Allemagne ainsi qu'il l'a fait depuis; et ses projets à cet égard, qui depuis furent tournés en dérision et en blâme par ces mêmes princes qui formaient la fédération germanique, trouvaient à cette époque dans ces mêmes hommes non-seulement des approbateurs, mais des courtisans serviles, qui mendiaient une couronne, quelques centaines de sujets, quelques arpents de souveraineté, l'alliance de l'empereur à tout prix, même avec une cousine au dixième degré, et qui voulaient surtout obtenir leur indépendance et ne plus donner à l'empereur d'Autriche le titre d'empereur d'Allemagne. Quant à Napoléon, il désirait, dès cette époque, mettre à exécution le projet pour lequel armait Henri IV, lorsque le fer d'un assassin l'arrêta.

« *Je ne veux pas accroître le territoire de* « *l'empire*, dit l'empereur au corps législatif, « mais en maintenir l'intégrité. Je n'ai pas l'am- « bition d'exercer en Europe une plus grande in- « fluence, mais *je ne veux pas déchoir de celle* « *que j'ai acquise.* »

Le ministre de l'intérieur parla aussi en exposant la situation de l'empire. Mais je ne trouvai pas son discours ce qu'il devait être. Il rappela trop l'affaire de Malte, et parla trop longuement des efforts de l'Angleterre pour agiter le continent. Il y avait des faits à présenter à cet égard qui étaient eux-mêmes des accusations. La convention signée à Stockholm entre la Suède et l'Angleterre, par laquelle cette dernière puissance s'engageait à payer un subside à l'autre pour qu'elle agît hostilement contre la France; cette conduite des deux cours était, à elle seule, un texte plus facile à mettre en œuvre que celui de Malte déjà oublié, tandis que l'autre venait d'avoir lieu. J'en fis la remarque, et l'on me répondit que cela appartenait au ministre des relations extérieures. Mais puisqu'en présentant l'exposé de la situation de l'empire, celui de l'intérieur avait parlé des mouvements de l'Angleterre, de Malte et du traité d'Amiens, cette dernière attaque pouvait y trouver sa place, et en première ligne.

Un fait de la vie de Napoléon, qu'il est important de rapporter, fut l'acte auquel sa fierté se soumit vers cette même époque. Il est possible de tout dénaturer, de tout présenter sous un faux jour, et la malignité n'a que trop de couleurs sur sa palette pour barbouiller les teintes pures et brillantes du portrait d'un grand homme. C'est ainsi, comme je le disais tout à l'heure, qu'en s'obstinant à réfuter les paroles de Napoléon, en disant qu'il *pensait autre chose*, en passant légèrement sur ses actions grandes et belles, en soutenant qu'il avait des projets pour la suite, et qu'il ne fallait pas faire attention à ce qui précédait ; c'est ainsi qu'un rideau est continuellement tiré sur une belle vie depuis quelques années. Heureusement qu'il se trouve des mains qui ne laisseront pas rouiller les anneaux à la tringle.

Au mois de janvier 1805, l'empereur écrivit au roi d'Angleterre, et lui adressa directement sa lettre.

« Je ne vois aucun déshonneur à faire le pre-
« mier pas, disait-il ; j'ai prouvé, je crois, au
« monde que je ne crains aucune des chances
« de la guerre ; mais la paix est aujourd'hui le
« vœu de mon cœur. Je supplie Votre Majesté de
« ne pas se refuser le bonheur de la donner au
« monde... Qu'elle ne laisse pas cette satisfaction
« à ses enfants.... Je voudrais qu'elle fût davan-
« tage convaincue de cette vérité qu'une nouvelle
« coalition ne peut qu'accroître la grandeur et la
« prépondérance continentale de la France. »

L'événement le prouva dans cette même année. Et voilà la lettre qui a été si étrangement rapportée dans des livres aussi injurieux qu'ils sont mensongers ; voilà comment on a pu présenter la démarche la plus noble et la plus dégagée de toute cette petite gloire, cette vanité que Napoléon ne connut jamais ; c'est en disant que cette lettre fut écrite non-seulement *pour abuser les Français, mais pour traiter d'égal à égal avec une tête couronnée....* C'est bien au moment le plus lumineux de la gloire de Napoléon, lorsqu'il était le souverain adoré et légalement reconnu de la plus grande nation de l'Europe, qu'il aurait eu la *gloriole* de vouloir traiter *par vanité* avec un souverain insensé et un prince comme le prince de Galles. En vérité, je suis quelquefois tentée de repousser avec humeur loin de moi les livres écrits avec ce fiel amer qui blesse toute raison. Il semblerait qu'il est question de convaincre un tiers arrivant des déserts de l'Afrique, ou bien se réveillant depuis une heure d'un sommeil de plusieurs siècles. Aussi de pareilles personnes trouvent-elles fort simple que ce soit le *ministre* qui réponde *au ministre* (M. de Talleyrand), et qui lui donne pour raisons d'impertinentes billevesées, sa Majesté, dit le ministre anglais, ne pouvant répondre plus « particulièrement à la communication qui lui « a été faite, avant de l'avoir fait connaître aux « puissances du continent. »

Pendant ce temps on ordonne en France une levée de soixante mille hommes. Ce sont les conscrits de l'an XIV disponibles au 22 septembre de cette même année 1805. Une autre loi ordonne la construction d'une ville dans la Vendée. Non-seulement Napoléon a pacifié ces provinces incendiées et inondées de sang français, mais il repeuple leurs cités, il relève leurs murailles, il rend l'ame et la fertilité à leurs campagnes dévastées par les guerres civiles. Est-ce de l'orgueil encore? Je le veux bien. Un orgueil qui donne des résultats pareils vaut toutes les hypocrisies modestes derrière lesquelles se retranchent la nullité méchante et l'impuissance vindicative.

Pendant ce temps une escadre sort de Rochefort malgré la rigueur de la saison ; elle porte des armes et des munitions qu'elle va débarquer à la Martinique, ayant à son bord un brave et loyal ami de Junot, un frère d'armes de l'Égypte, le général Joseph Lagrange. Il conduit ses troupes *aux Roseaux*, chef-lieu de l'île anglaise *la Dominique*, opère une descente avec tout le succès qu'il devait obtenir, s'empare de la garnison, de l'artillerie, détruit les magasins, enlève les bâtiments mouillés dans le port, puis l'escadre appareille pour le retour. Toute cette besogne est terminée à la fin de février, et l'escadre était partie de l'île d'Aix, échappant à la croisière anglaise, le 11 janvier de cette même année, c'est-à-dire cinq semaines avant. L'escadre était composée d'un vaisseau à trois ponts, de trois frégates et quatre vaisseaux de ligne. L'amiral *Missiessi* la commandait. Cet exemple, celui d'Algésiras, plusieurs autres encore, prouvent que nous faisions aussi bonne contenance sur mer que sur terre. Cette même escadre portant le général Joseph Lagrange, après avoir porté des armes et des munitions à la Martinique, détruit une partie de la Dominique, ravitaille la Guadeloupe. Alors il régnait dans tous les cœurs français une volonté de seconder le maître, d'accroître sa propre gloire personnelle à lui-même, pour en former cette couronne toute lumineuse dont la France était alors si superbement couronnée... Alors tout marchait au son des trompettes victorieuses; alors tout était gloire et honneur; alors on parlait une autre langue...

Lorsque le départ de Junot fut résolu, lorsque j'appris qu'il me fallait quitter la France, je m'occupai, malgré le déchirement de cœur que j'éprouvais, des préparatifs de notre voyage. L'empereur me parla fort longuement un jour sur la conduite qu'il fallait tenir avec la noblesse portugaise et la noblesse espagnole. « Une ambassadrice, me dit-il, est une *pièce plus* importante qu'on ne croit dans une ambassade. Cela est partout, et chez nous plus qu'ailleurs, en raison du préjugé qui existe contre la France. C'est à vous à donner aux Portugaises une idée juste des façons de la cour impériale. Ne soyez pas haute, ne soyez pas vaine, et encore moins susceptible, mais apportez dans vos relations avec les femmes de la noblesse portugaise une grande réserve et une grande dignité. Vous trouverez à Lisbonne plusieurs femmes émigrées de la cour de Louis XVI, vous en trouverez aussi à Madrid, faites une attention scrupuleuse à vos démarches vis-à-vis d'elles. C'est dans cette circonstance qu'il faut vous rappeler les leçons de Mme Permon *dans ce qu'elles avaient de bon*. Prenez surtout garde de vous moquer des usages du pays lorsque vous ne les comprendrez pas, ni de l'intérieur de la cour. On dit que l'on peut s'en moquer et en médire. Si vous ne pouvez vous empêcher de faire l'un ou l'autre, *médisez*, mais ne vous moquez pas. Rappelez-vous que *les souverains ne pardonnent jamais une raillerie*. Soyez très-bien pour l'Espagne : vous serez présentée à la cour; soyez circonspecte en étant confiante : vous devez me comprendre...»

Et comme je le regardais comme pour l'interroger, il dit avec une sorte d'humeur :

« J'entends par *circonspecte*, point *bavarde*, « point *caillette*. La reine d'Espagne vous fera

« des questions sur l'impératrice, sur la princesse
« Louis, sur la princesse Caroline, sur la princesse
« Joseph; c'est à vous à savoir mesurer vos pa-
« roles... L'intérieur de ma famille peut être ex-
« posé à tous les regards... cependant il ne me
« serait pas agréable que mes sœurs fussent
« peintes par un mauvais peintre. (Je n'ai jamais
« oublié cette expression). — Votre Majesté, dis-je
« alors, doit penser que je ne puis être accusée
« même de l'intention de mal faire.

« Je le sais.... je le sais... mais vous êtes mo-
« queuse... vous aimez à raconter... c'est une
« chose que vous devez éviter... La reine d'Es-
« pagne vous fera d'autant plus de questions que
« l'ambassadrice de France à Madrid ne connaît
« pas du tout la cour impériale et fort peu la
« France, ayant passé toute sa jeunesse dans l'é-
« migration... La reine vous fera donc beaucoup
« de demandes sur l'impératrice et sur la cour.
« Tant qu'elles n'auront pour objet que la façon
« dont on porte une robe, cela va bien... mais aus-
« sitôt que l'entretien prendra une tournure plus
« sérieuse, ce qui arrivera, parce que Marie-
« Louise est une personne fine et madrée, alors
« prenez garde à vous... Quant à moi, vous sa-
« vez que mon nom ne doit être prononcé que
« comme il l'est dans le Moniteur. »

« Il y a, me dit-il une autre fois, une personne à Madrid qui, dit-on, me déteste ; c'est la princesse des Asturies... Faites attention à ce que vous direz devant elle... Elle parle français comme vous... Mais vous parlez italien, n'est-ce pas?... c'est très-bon cela!... Et il se promenait en souriant. — C'est très-bien... Ils parlent peu français à Madrid et à Lisbonne, mais presque tous parlent italien. Voyons, comment vous en tirez-vous ?

Je lui récitai ce beau sonnet de Pétrarque :

> Levommi il mio pensiere in parte ov'era
> Quella ch'io cerco, e più non trovo in terra
> Ivi fra lor ch'al terzio cerchio serra
> La rividi più bella e men altera, etc., etc.

L'empereur parut frappé de mon accent.

Qui vous a donc appris à prononcer ainsi? me demanda-t-il. Je vous avais entendu parler souvent italien, mais jamais réciter de la poésie. Vous la déclamez à la française sans la chanter à l'italienne, et vous avez raison. Savez-vous des vers du Tasse par cœur?

Je lui en dis quelques-uns, puis encore de Pétrarque, puis quelque chose du Dante.

— Oh! c'est à merveille, dit-il en se frottant les mains. Vous apprendrez facilement le portugais en parlant ainsi l'italien ; et puis vous leur plairez... Mais rappelez-vous ce que je vous ai dit pour le *cailletage*... Comment êtes-vous avec la princesse Caroline?

— Mais très-bien, à ce que je présume, Sire.

— Et avec la princesse Pauline? » Voilà quel était le nom qu'il voulait dire depuis qu'il me recommandait de n'être pas caillette. J'ai souvent remarqué que l'empereur, malgré son caractère absolu et directement prononcé dans les grandes choses, avait souvent d'immenses détours pour arriver à un but tout rapproché du point de départ, et cela pour des niaiseries, comme, par exemple, le fait que je viens de citer. A cette époque, l'Angleterre écrivait d'affreux libelles sur les personnages de la famille impériale. La princesse Pauline et madame Bonaparte la mère y étaient surtout présentées sous les couleurs les plus odieuses, et en même temps les plus fausses relativement à madame Lætitia, dont le caractère n'avait rien que d'honorable. Mais enfin l'empereur connaissait tous les pamphlets, et ceux-là l'affectaient bien plus que ceux qui étaient répandus quelques années avant par ordre secret de la Prusse et par les intrigues non avouées et peut-être même inconnues du cabinet de l'empereur de Russie (1802). Napoléon était vulnérable dans cette partie de son âme, exposée au souffle médisant du monde, à un point incroyable pour quelqu'un qui ne le connaît pas bien. Aussi, tout en me parlant, il me suivait des yeux, dans mon regard, dans mon sourire, dans mon repos, pour savoir par ma physionomie elle-même si je ferais ce qu'il voulait que je fisse.

« Recevez beaucoup, me disait-il aussi ; que votre maison soit agréable à Lisbonne comme elle l'était à Paris lorsque vous étiez *madame la commandante;* mais qu'on s'y amuse avec dignité et convenance; ce que vous avez vu ici doit vous guider, soit comme exemple, soit comme préservatif. Madame de Gallo, madame de Lucchesini, madame de Cetto, cette duchesse anglaise, vous avez là-dedans de quoi prendre et beaucoup à éviter... Vivez en bonne harmonie avec vos camarades diplomatiques, mais ne formez de liaisons avec aucune; il s'ensuit de petites picoteries de femmes dont ensuite les maris se mêlent; et quelquefois deux puissances seront au moment de se détruire parce que deux péronnelles se seront chamaillées, ou bien que l'une aura eu un chapeau plus élégant que celui de l'autre.

Je me mis à rire.

Ne croyez pas que je plaisante, et soyez fort circonspecte dans ce genre de relation. Il paraît que cette lady Fitz-Gérald est un tambour-major en jupons, et une espèce de harangère; laissez-la dans la position qu'elle-même a choisie. Elle y est ridicule, c'est assez pour me venger d'elle. »

Ce fut en plusieurs fois que j'eus ces différentes conversations avec l'empereur. Il paraît qu'il mettait une grande importance à faire paraître dans un jour favorable une des femmes de la nouvelle cour, chez un peuple où l'Angleterre avait du crédit, et par cela même beaucoup de relations.

CHAPITRE XV.

Mes préparatifs de départ pour Lisbonne. — Notre maison montée sur un pied magnifique. — L'état-major de Junot est dissous. — M. le colonel Laborde seul l'accompagne à Lisbonne. — MM. Verdières et de Vanberchem. — Aventure des ânes et des coqs. — Les arrêts, le punch et la vieille hôtesse. — Les fanfares autour des remparts. — M. de Limoges et la vicomtesse de Puthod. — La miniature volée. — Singulière épître du voleur. — Son audace et son sang-froid. — Perte de mes boucles d'oreilles. — Colère du prince Eugène. — La fête des maréchaux.

Une des choses qui acheva de me faire prendre dans une véritable aversion ce malheureux voyage de Portugal, fut l'obligation dans laquelle je me vis de souscrire à la plus étrange des manies, celle de conserver d'antiques usages, parce qu'ils existent depuis plusieurs siècles; et j'avoue que cette ridicule coutume de porter des paniers pour être présentée à la cour me parut la chose la plus stupide. Madame Lannes me dit que, malgré tous ses efforts et ceux du général, il avait été impossible de les éviter, et qu'il était d'absolue nécessité que je fisse faire les miens à Paris; car, pour compléter le ridicule de la chose, il n'y avait pas moyen de songer à faire faire le moindre objet à Lisbonne. Elle m'engagea également à prendre avec moi tout ce qui était nécessaire à l'établissement d'une maison, et je traitai avec elle pour tout ce qu'elle avait laissé à l'hôtel de l'ambassade de France à Lisbonne, situé au *Chafariz de Louretto*. Quant à mes malheureux paniers, ce fut Leroy qui me les fit. Comme je devais être présentée au printemps, je fis faire deux habits qui pouvaient aller dans les trois saisons qui suivent l'hiver, l'un en crêpe blanc doublé, brodé en lames d'or, avec la toque à plumes blanches, également brodée en or, et l'autre en moire rose, brodé en lames d'argent, avec une guirlande en feuilles d'argent mat, mais non brodée, seulement appliquée sur la robe et marquant le contour de ces horribles paniers. La toque était semblable à la robe. Mesdemoiselles Lolive et de Beuvry m'avaient fait plusieurs robes d'un goût parfait, qui contrastaient d'une manière choquante pour les paniers avec cette dernière preuve de la barbarie du goût du moyen âge. Quant à Junot, sa toilette de présentation était toute prête : c'était son uniforme de colonel-général des hussards, qu'il portait au couronnement. Nous verrons plus tard quel effet il produisit à Lisbonne.

Lorsqu'il fut question de régler tout ce qui avait rapport à l'intérieur de sa maison, en ce qui ne regardait pas le gouvernement, Junot s'occupa de classer, plus ou moins heureusement selon le succès de ses soins, les officiers et les personnes de l'état administratif qu'il ne pouvait, et, à bien dire, qu'il ne voulait pas emmener avec lui. M. de Deban Delaborde, son premier aide-de-camp, fut le seul désigné pour le suivre en Portugal; M. de Colbert demeura à Paris, et fut attaché, soit immédiatement, soit peu de temps après, au maréchal Berthier; ce qui lui fut beaucoup plus profitable que de venir en Portugal. M. Verdières demeura également en France et passa dans un régiment; M. Charles Vanberchem, frère de notre ami, et l'officier de prédilection de Junot, fut vivement recommandé par lui à Oudinot, qui venait d'être nommé commandant de la division d'élite des grenadiers d'Arras. Cette recommandation ne fut pas faite par lui comme une recommandation ordinaire, et elle ne devait pas l'être non plus. Ce jeune homme, si distingué par son esprit et ses manières, son instruction, ses talents, et cela à vingt-deux ans, joignait à tous ces avantages, l'avantage bien précieux dans son état, d'une bravoure si brillante qu'elle était enviée par Junot lui-même, et qu'Oudinot, maître habile dans cette matière, lui rendait une justice qui valait un hommage. Bon, spirituel, gai jusqu'à la folie, Charles Vanberchem, sans être beau garçon comme l'avait été son frère, plaisait par sa gracieuse tournure, sa physionomie fine et expressive; et toute sa personne enfin était trouvée convenable, même par les vieilles grand'-mères qu'il réveillait à minuit avec M. le général Verdières, qui n'avait pas alors sa respectable rotondité et qui n'était qu'un vénérable capitaine de cavalerie, la plus drôle et la plus plaisante personne que l'on pût rencontrer. Lui et Charles Vanberchem s'étaient liés aussitôt après l'arrivée du dernier, qui était officier d'état-major, mais point aide-de-camp. Ces deux respectables personnages s'ennuyaient à mourir à Arras, et, de bonne foi, on ne pouvait leur en faire un crime; car l'air qu'on respirait était lui-même mortel comme ennui. Junot et M. de Colbert, l'un comme général en chef, l'autre comme sérieux et roide de sa nature, tenaient la bride un peu haut à ces jeunes têtes; mais le moyen d'empêcher des enfants de rire et surtout de faire rire? Ils y étaient tous deux bien experts; et c'était pitié que de les voir contraints à faire la mine grave. Un soir, ils se promenaient sur les remparts de la ville; c'était l'été; le ciel était pur, l'air doux, le temps admirable, et le repos le plus parfait enveloppait la ville, qu'on voyait plutôt qu'on ne l'entendait. Il était onze heures du soir, et à cette heure en Artois tout dort et tout est paisible. Au-dessous des remparts sont les faubourgs. Là on entendait seulement quelque bruit dans les maisons habitées par les maraîchers et les marchands de bestiaux; par intervalles on distinguait la voix joyeuse de quelque jeune paysanne qui arrangeait ses paniers de fruits ou de légumes, ou bien d'une autre qui chantait en s'occupant à traire ses vaches.

— Pardieu! dit Charles à M. Verdières, j'ai bien envie de causer un peu avec cette jeune fille qui chante là-bas. Sa voix est fraîche et pure; elle doit être jolie. Cela me dédommagera de la diable de journée que j'ai été contraint de passer au quartier-général. Décidément, on s'ennuie trop ici, excepté les lundis (c'étaient les jours où je recevais).

— Mais tu vas te casser au moins la tête, lui répond le capitaine Verdières.

— Bath! voilà une belle distance!... soixante pieds peut-être....

Il excellait dans tous les exercices de la gymnastique et aurait été capable de grimper à un mur lisse. Il se mettait déjà en devoir de descendre, lorsqu'un âne, logé probablement dans la maison de la belle laitière, se mit à braire d'une voix encore plus sonore que celle de la jeune fille.

— Oh! oh! dit Charles.

Et tout aussitôt il se mit à lui répondre. L'âne, qui était dans un moment d'insomnie, répliqua; et voilà la conversation engagée entre le capitaine de cavalerie et le porte-choux.

Parmi les talents que les deux amis possédaient, il y en avait un qui était porté à un degré fort éminent; c'était celui de contrefaire tous les animaux; et M. le général Verdières, tout sérieux qu'il peut être aujourd'hui devenu, ne doit pas en avoir perdu le souvenir, si la perfection s'en est altérée. Il ne voulut pas rester silencieux tandis que Charles Vanberchem causait si bien; il attaqua un gros dogue qui lui répondit du creux de sa poitrine, et la conversation devint générale entre vingt ou trente gros chiens de garde qui étaient dans le voisinage. Pendant ce temps-là, les ânes allaient leur train en aliborons de bonne compagnie. Cela commençait à être un peu bruyant; mais où l'harmonie devint vraiment infernale, ce fut lorsque Charles Vanberchem se mit en tête de faire des agaceries à un coq : c'était l'enfer. Je logeais encore assez loin des remparts. J'allais me coucher lorsque ce vacarme, impossible à rendre, parce que sa nature était tellement étrange que rien ne pouvait la faire reconnaître, parvint jusqu'à moi. J'ouvris ma fenêtre : oh! alors il y eut du fantastique dans l'affaire; car dans l'intervalle de quelque causerie, il était venu à l'idée du capitaine Verdières que, par ce beau temps si pur et si doux, il serait bien agréable de donner du cor, et il avait été chercher le sien; puis, avec Charles, il faisait le tour des remparts de la ville, causant avec leurs amis d'en bas et jouant quelques fanfares. C'était à croire que le chasseur des bois faisait sa tournée. On pense bien que la promenade des jeunes fous ne fut pas bien longue. Quelques vieilles têtes, réveillées par le vacarme, se plaignirent, et les deux causeurs furent aux arrêts pendant deux jours.

Le général Verdières logeait chez une vieille dame nommée madame de Gomecourt. Dieu sait les plaintes portées au général en chef, au chef d'état-major, au général Dupas qui, en l'absence de

Junot, était le croque-mitaine du jeune état-major ! M. Verdières avait voulu changer de logement, mais d'abord la chose n'était pas facile, et puis il était bien. La grande difficulté qui s'était élevée depuis quelque temps, c'était la musique que faisaient ces messieurs avec leur terrible cor ; et puis le punch, les joyeux rassemblements entre bons camarades, tout cela était honni et presque défendu, car le général en chef avait parlé, et il ne plaisantait pas. Un soir, ils étaient réunis sept à huit bonnes têtes chez M. Verdières, ils voulaient boire du punch, rire et donner du cor. Comment faire ? il était onze heures passées. « J'y suis ! s'écrie Verdières !... faites le punch !.. » Il passe sa pelisse, s'arrange, et prenant lui-même le bol de punch, il se met gravement en marche en disant à deux de ses camarades de le suivre, et se dirige vers l'appartement de son hôtesse, qui venait de rentrer et comptait encore son gain de la soirée. M. Verdières demande à être introduit, et, du ton le plus respectueux, il dit à la vieille dame qu'il n'a pas voulu faire de punch dans sa maison sans lui en offrir les *prémices*, comme les anciens offraient, dit-il, le tribut de leurs moissons à leurs dieux (il est bon de remarquer que ces mauvaises têtes-là faisaient du punch tous les jours, seulement à une autre heure), et que lui et M. Vanberchem prennent la liberté de lui en présenter un verre; et, pendant ce temps-là, Charles en avait en effet rempli un, et le présentait, presque un genou en terre, à la vieille marquise, qui aurait bien pu se fâcher de la politesse malhonnête de ces jeunes fous; mais, tout au contraire, elle prit non-seulement bien la chose, mais le verre de punch, et puis encore un autre. Charles et M. Verdières étaient d'un sérieux que rien n'ébranlait, pas même la *Fatime* de madame de Gomecourt, qui voulut aussi tâter du breuvage fortifiant. Le résultat de cette manœuvre fut que, non-seulement la vieille hôtesse permit qu'on fît du punch, mais qu'elle en but presque autant, si ce n'est plus, que ses illustres hôtes qui, la voyant en gaîté et l'œil émerillonné, entreprirent de lui faire donner la permission de donner du cor : — Mais, mes enfants il me semble qu'il est bien tard, et vous allez réveiller toute la ville... Si encore vous pouviez *jouer* doucement.

— Comme une flûte, disait Charles.

— Une flûte! reprenait l'autre, un *harmonica*.

Et au bout d'un quart d'heure de clarinette en flûte et de flûte en *harmonica*, les démons sonnaient *hallali* de toute la force de leurs poumons, tandis que la vieille hôtesse buvait son punch.

Cette fois, madame de Gomecourt n'osa pas se plaindre, et de fait elle n'en eut pas envie. Pour la morale de l'histoire, je dirai qu'elle avait alors soixante-quatorze ans.

Ce bon Charles!... je l'aimais comme un frère, et Junot également. Il écrivait à notre ami Billy Vanberchem, lorsque nous partîmes pour le Portugal :

« Je n'emmène pas ton frère avec moi pour
« ne pas interrompre sa carrière militaire, qui
« sera plus qu'honorable. Il fera un rapide che-
« min dans l'armée, s'il n'est pas arrêté par un
« boulet dans son chemin. Je le laisse à Oudinot,
« auquel je le recommande de la manière la plus
« pressante, et qui saura l'apprécier. »

Hélas! la prédiction de Junot s'est vérifiée!... Capitaine et officier de la légion-d'honneur à vingt-deux ans, chef de bataillon d'une intrépidité rare, les grenadiers lui avaient donné le surnom de *l'aide-de-camp pousse avant*, parce que, en avant! était toujours son cri de guerre lorsqu'il était devant l'ennemi. Il mourut d'une hémorragie, suite de ses blessures après la bataille de Wagram.

De tout son état-major Junot ne garda que M. de Laborde. C'était le plus excellent, le plus digne des hommes, si dévoué à son général!... un cœur si français!... une bravoure si franchement *brave!*... « *Allons, Laborde*, lui disait l'empereur le jour de la bataille d'Austerlitz en lui donnant des ordres, *prends ces deux régiments, marche à ce village, et conduis-moi ces braves gens-là à la Laborde...* » Lorsque M. de Laborde répétait ce mot, il pleurait comme un enfant... J'ai beau chercher autour de moi, je ne trouve plus de caractères comme ceux-là..... C'est que le génie qui les inspirait s'est éteint aussi sur les rocs de Sainte-Hélène.

Junot voulait que tout ce qu'il laissait derrière lui fût heureux et placé. Il avait près de lui à Arras le mari d'une de mes amies fort intimes, M. de Limoges, ancien commissaire des poudres, homme instruit, aimable, ayant d'excellentes manières, qualité qui se perd tellement aujourd'hui, où la grossièreté envahit tout, sans que le bien s'en trouve mieux, qu'on en apprécie d'autant mieux le souvenir de ceux qui étaient polis et bien élevés. M. de Limoges entendait son affaire à merveille, mais il ne voulait pas s'expatrier. Il demanda à Junot de le faire rentrer dans l'administration dans laquelle il occupait jadis une place honorable, et il fut nommé directeur ou inspecteur, je ne sais lequel des deux, de la poudrière de Metz. Le nom de M. de Limoges me rappelle une anecdote assez drôle dans laquelle il joue un rôle.

Il était alors banquier et devait partir le lendemain pour Bordeaux pour les affaires de sa maison. Il va au spectacle à Favart, ayant dans sa poche une tabatière en écaille doublée en or, et garnie de même, sur laquelle était une superbe miniature d'Augustin, représentant madame de Limoges tenant son fils dans ses bras. Cet enfant avait alors deux ans et il était admirablement beau. Madame de Limoges était belle femme, et l'ensemble de ce tableau était charmant. M. de Limoges se sert de sa tabatière pendant le spectacle, sort, et, donnant le bras à une femme de sa connaissance, il se sent pressé, se retourne, ne voit près de lui qu'un jeune homme de la plus charmante figure et d'une tournure élégante, qui lui demande pardon de l'avoir poussé [1]. C'était autre chose qu'il

[1] M. Charles Vanberchem et M. Verdières, qui étaient toujours à l'affût de quelque bon tour à faire, trouvèrent sur la cheminée du bureau du général, à Arras, deux jours après notre arrivée, un gros paquet de cartes sur lesquelles était écrit : *M. de Limoges, ancien commissaire des pou-*

voulait dire; car, rentré chez lui, M. de Limoges s'aperçut qu'il était volé : il en fut vivement peiné. Cette tabatière lui était précieuse doublement, et pour le mérite et pour le sujet de l'ouvrage. Il fit sa plainte, écrivit un article qu'il fit insérer dans tous les journaux, par lequel il disait avoir perdu une boîte qu'il désignait, et promettait dix louis de récompense à celui qui lui rapporterait la miniature seulement; puis, comme ses affaires l'obligeaient de quitter immédiatement Paris, il partit pour Bordeaux. Deux mois après il revint et trouva un petit paquet à son adresse. Il l'ouvre, et sa joie est grande en trouvant non pas sa tabatière, mais la miniature avec une lettre assez curieuse que voici, et dont j'ai lu l'original.

« Monsieur,

«Je conçois tous vos regrets d'avoir perdu la

dres. Les malignes pestes prirent les cartes, et ajoutèrent à toutes le mot *pommades*, remirent par-dessus une carte intacte, puis relièrent le paquet, qui fut emporté par l'homme que l'on charge de ces sortes de commissions dans les villes de province. Heureusement que M. de Limoges était chez une femme de la société à laquelle on l'avait recommandé de Paris, et chez qui on remit une de ces cartes poudrées et pommadées. Il en fut quitte pour refaire les cartes; et comme il était rempli d'esprit, il ne s'en fâcha pas.

miniature que j'ai l'honneur de vous faire parvenir. Un enfant aussi charmant, une aussi belle femme doivent faire les délices et l'orgueil de celui qui a le droit de les faire peindre. Mais veuillez me permettre un avis : Quand on a un enfant et une femme comme les vôtres, qu'on les fait peindre par Augustin et qu'on les porte sur une tabatière, on a une boîte en or et l'on entoure la miniature de beaux diamants bien blancs, bien choisis ; cela eût été beaucoup plus honorable pour vous et beaucoup plus profitable pour moi.

« J'ai l'honneur de vous saluer,

« Le voleur.

P. S. Vous promettez dix louis de récompense à celui qui vous rapportera votre miniature ; en bonne foi, cette promesse est un peu gasconne, car vous ne me jugez pas assez simple pour en faire l'essai ; mais je verrai si vous promettez avec intention de tenir. Mettez les dix louis dans votre poche, et venez à Favart après-demain, je me paierai par mes mains. »

Cette singulière épître fut remise chez M. de Limoges, pendant qu'il était à Bordeaux. A son retour, il s'empressa de mettre en effet les dix louis dans sa poche et d'aller à Favart; mais ce fut vainement, le voleur avait été peut-être plus malheureusement chanceux qu'avec lui et s'était fait arrêter.

— Comment, disais-je à M. de Limoges, vous auriez mis les dix louis dans votre poche et vous auriez eu la patience de vous laisser voler?

— Pourquoi pas? J'avais promis; il fallait de la conscience et de la bonne foi. Que cet homme fût un coquin, la chose n'est pas douteuse; mais que ma parole dût être religieusement acquittée, c'est un point non moins douteux.

Ce fait me rappelle encore une petite aventure qui m'arriva dans les fêtes du couronnement. C'était à un bal que nous donna le prince Eugène dans son hôtel de la rue de Lille. Le fait est court, mais peut servir de texte pour de longues réflexions.

Nous étions tellement en fête, et conséquemment en toilette, que nous avions souvent besoin de recourir à l'extraordinaire. Le jour du bal du prince Eugène, j'avais une robe garnie en géranium pourpre avec des feuilles d'argent, et par une bizarrerie que je ne recommencerai pas, et qui pourtant faisait bon effet, je mis pour parure du corail et des diamants. J'avais des coraux magnifiques que mon frère avait fait tailler pour moi à Marseille et qu'il avait choisis grain par grain pour que la teinte fût plus égale ; les poires surtout étaient d'une beauté remarquable par leur longueur et leur grosseur. Ce jour-là, pour qu'elles fussent semblables au reste de la parure, j'avais ôté le bouton du haut et l'avais remplacé par deux solitaires, que Junot m'avait donnés pour les fêtes du couronnement. Je commençais une contredanse avec le prince Eugène, lorsque je sentis une forte douleur aux oreilles, causée par la pesanteur des poires de corail. Le prince m'engagea à les ôter, et j'appelai Junot pour les lui donner à garder. Mais il portait ce même soir le frac de hussard, et cette forme d'habit ne comporte pas de poches, comme on le sait. Junot me dit de songer à reprendre mes boucles d'oreilles, et qu'il les mettait sur la cheminée derrière moi, et s'en alla. Je me retournai, je les lui vis poser et me remis à danser. Lorsque la contredanse fut finie, je voulus remettre mes boucles d'oreilles, et le prince m'y fit songer le premier ; mais nous n'eûmes pas la peine de les reprendre, elles avaient disparu.

Le prince fit d'abord une exclamation beaucoup plus énergique que la mienne. Il éprouva un mouvement de colère qu'il me fut difficile de réprimer. Il était d'autant plus fondé, qu'aucun domestique n'était entré dans le salon pendant la contredanse. Junot, que j'avais appelé et qui avait aussitôt compris à quel point cette scène me faisait souffrir, dit au prince qu'il était venu reprendre mes boucles d'oreilles pendant que je dansais et qu'il les avait serrées dans une poche extérieure de son habit. Le prince était tout-à-fait en colère. Lui si bon, si parfait, si soigneux lorsqu'il recevait du monde chez lui !.... Au fait, il y avait une grande foule, et mes boucles d'oreilles ne furent *jamais* retrouvées.

Les fêtes se succédaient et rivalisaient d'élégance et de magnificence. L'armée en donna d'abord une au théâtre Olympique, rue Chantereine. Elle fut bien ; mais celle que les maréchaux donnèrent à l'empereur dans la salle de l'Opéra n'a jamais eu de sœur. C'était une magie, une féerie. On a parlé depuis du bal des pauvres, de ces fêtes arrangées sans goût, présidées par des femmes qui pouvaient être fort élégantes, mais qui étaient encore bien éloignées de cette excessive recherche dans la magnificence telle que celle qui prêtait son lustre à la fête des maréchaux. Cette décoration de la salle toute en gaze d'argent et en guirlandes de fleurs toutes fraîches et brillantes ; cette profusion de bougies éclairant de splendides parures ; des groupes de femmes charmantes étincelantes du feu des diamants; ces robes dont quelques-unes brodées en pierreries forçaient de baisser la paupière, tandis que des touffes de fleurs fraîches embaumaient l'air au milieu d'un hiver rigoureux; et puis cette musique ravissante : c'était un véritable enchantement. Ah! c'est qu'alors nous étions vraiment au royaume de féerie.

CHAPITRE XVI.

L'empereur devient amoureux. — Madame******** — Le bal du ministre de la guerre. — Les olives. — Déclaration indirecte. — Dîners de cour et dîners dans la rue. — Comparaison. — Déjeuners à la Malmaison. — Réflexions de l'empereur sur la toilette. — L'impératrice Joséphine. — Les femmes blondes et maigres. — Conversation avec l'impératrice. — Madame de La Vallière. — Le roman servant de bréviaire. — M. de Lima, ambassadeur de Portugal. — Ses sottises. — M. d'Araujo, ministre des affaires étrangères en Portugal. — Son portrait. — Scène de voleurs. — Frayeur du secrétaire. — La montre et la chaîne. — M. de Talleyrand et M. de Cherval. — Portrait de M. de Rayneval. — Adieux de Junot à l'empereur. — La parole d'honneur de l'empereur.

Avant mon départ il se passa un événement qui devait attirer l'attention sur l'empereur plus que sur tout autre homme à qui semblable chose serait arrivée. Il devint amoureux; mais amoureux de bonne foi, et, s'il faut dire ce que je pense à cet égard, je crois qu'il ne le fut jamais qu'en cette circonstance, et puis une autre fois cependant; mais il y avait alors bien des années d'écoulées entre cette époque et celle-ci.

La femme dont l'empereur était amoureux avait une réputation intacte. Elle était charmante; et tout ce qui attirait en elle a toujours été fort compris par moi. C'était un spectacle curieux que la vue des agitations que fit naître cet événement. Jusque là on n'avait pas même pensé que l'empereur fût vulnérable. Il lui arrivait bien de s'adresser quelquefois à une femme; mais, pour dire la vérité, la chose était presque une insulte, du moins l'ai-je toujours considéré ainsi; et depuis, chaque fois qu'il porta son attention sur quelqu'un, ce fut de même. Il n'eut que dans l'occasion que je viens de citer cette attention, cette délicatesse qui sont les compagnes d'un sentiment vrai. Napoléon était incapable d'aimer avec passion, avec entraînement, mais enfin il aima madame ******* comme il pouvait l'aimer.

Je m'aperçus peut-être la première de cet événement, car c'est un événement et même de haute importance, que l'amour d'un souverain comme Napoléon. Le ministre de la guerre avait donné une fête pour le couronnement.

Les femmes seules étaient assises pour le souper à différentes tables ; car déjà les distinctions étaient rétablies, et il y avait loin de là aux repas fraternels qu'on nous forçait à faire dans la rue, dans ce beau temps de liberté où votre cou était coupé si vous ne descendiez pas, malgré la pluie, pour manger avec le crocheteur du coin.... Ah ! que de parades nous avons vu représenter à côté des scènes qui se jouaient sur le théâtre du monde !.... Mais enfin, en 1804 nous avions un empire, une cour, et dès-lors des distinctions. La table à laquelle mangeait l'impératrice était donc la table d'honneur. La dame préférée, étant attachée à la cour, y était placée. J'étais à côté d'elle. L'empereur n'avait pas voulu s'asseoir, il faisait le tour de la table, parlait à chaque femme ; et comme ce soir-là il était de la plus gracieuse et de la plus charmante humeur, cette fête rappelait tout ce qui est raconté des fêtes de la cour de Louis XIV. Nous en étions alors aux comparaisons admiratrices pour ce règne si vanté ; depuis nous en avons appelé, et nous avons bien fait ; mais alors, je le répète, nous n'avions encore aucun exemple de nous-mêmes et nous étions *élèves*. Nous ne fûmes pas long-temps à devenir maîtres.

L'empereur faisait donc le tour des salons,

disant un mot agréable à chacun, et, comme je l'ai dit, de cette amabilité qu'il savait avoir, et qui était, au reste, irrésistible quand il voulait l'employer. Il avait causé avec l'impératrice comme un jeune *cavaliere servente*; il avait ôté une assiette des mains du page pour la lui donner; enfin il était charmant, et d'autant plus charmant, que ces manières n'étaient pas les siennes. Mais il voulait être aimable uniquement pour *une* femme, et ne voulait pas qu'on le remarquât. Cela seul était une preuve d'amour. Il vint enfin de notre côté; il avait long-temps manœuvré pour arriver là, et encore ne fut-ce pas à ma voisine qu'il s'adressa d'abord. Il me demanda si j'avais beaucoup dansé, si j'emportais bien des colifichets en Portugal, qu'il me recommandait, au reste, de donner aux Portugaises un échantillon de notre élégance, comme je leur en présenterais moi-même un de bonne grace et d'amabilité.

Je fus stupéfaite de cette urbanité de paroles et de manières. L'empereur était appuyé sur le dos de nos deux chaises, de façon qu'il se trouvait entre madame******* et moi. Elle voulut atteindre un petit *ravier* de porcelaine, dans lequel étaient des olives, mais elle ne pouvait y parvenir. L'empereur s'avança entre nos deux chaises, et prenant le *ravier*, il le plaça devant madame *****.

— Vous avez tort de manger des olives le soir, lui dit-il, cela vous fera mal.

Ceci était bien une autre affaire que mon *amabilité*, l'empereur s'intéressant à la santé d'une femme?... La chose méritait attention, et je lui donnai la mienne.

— Et vous, madame Junot... vous ne mangez pas d'olives...? vous faites bien... et doublement bien de ne pas imiter madame ********; car en tout elle est *inimitable*.

Mais ce qu'il faut avoir entendu, c'est l'inflexion de la voix; ce qu'il faut avoir vu, c'est le regard qui suivit ces paroles... Madame ******** baissa les yeux et rougit beaucoup, mais sans répondre. L'empereur demeura encore quelques instants derrière nous également en silence, puis il continua sa tournée. Alors madame ******** leva les yeux, et son beau regard le suivit avec une expression remarquable... Il y avait une magie profondément attirante dans l'amour d'un homme comme Napoléon; et dans ce moment, cet amour se présentait sous une forme jeune et pure, une délicatesse sentie, qui prouvent qu'il est des sentiments qui peuvent long-temps sommeiller, et qu'il existe de fraîches matinées à tout âge.

De toute cette immense assemblée qui avait les yeux attachés sur l'empereur, il n'y eut que moi et l'impératrice peut-être qui reçûmes une communication immédiate de la chose comme elle était réellement. C'était *de l'amour*, et non pas une préférence plutôt insultante qu'honorable, et qui toujours amenait avec elle deux résultats fâcheux. L'un était le mépris lorsqu'on cédait ; l'autre un sentiment vindicatif lorsqu'on résistait. Mais ici il n'y avait rien de tout cela, c'était un amour comme aux jeunes années ; et la voix de Napoléon, son regard, tout en lui m'en donna la preuve dans cette soirée. L'impératrice avait probablement deviné ce que j'avais été à portée de si bien juger, parce que la jalousie a des yeux et des oreilles dont les facultés se multiplient dès qu'elle a besoin de voir et d'entendre. Je fus invitée à déjeuner à la Malmaison où était souvent la cour, malgré le froid de la saison ; et bien que j'eusse été d'un grand déjeuner qui avait eu lieu chez l'impératrice à Paris, quelques jours avant, elle me fit entrer dans sa chambre dès qu'elle sut mon arrivée, et me parla avec une sorte de confiance amicale sur mon départ qu'elle savait me faire beaucoup de peine. Elle me chargea de plusieurs commissions pour des objets de la

Chine et de l'Angleterre, puis elle revint encore à mon départ :

— Si vous éprouvez trop de regret de quitter vos amis, me dit-elle enfin, pourquoi ne pas demander à Bonaparte [1] de ne rejoindre Junot que dans quelques mois... Voulez-vous que je lui en fasse la demande?...

— Oh madame, m'écriai-je vraiment alarmée, je vous conjure de n'en rien faire!

— Pourquoi cela ?... vous craignez peut-être que je n'aie pas assez de crédit sur l'empereur pour l'obtenir de lui?... Vous pourriez vous tromper, madame Junot.

Et elle faisait tourner très-vite le gland du coussin sur lequel elle s'appuyait.

— Je supplie Votre Majesté de ne pas m'attribuer une si ridicule pensée. Mais l'empereur m'a parlé lui-même de mon départ et de mon séjour à Lisbonne, sur lequel j'ai reçu de lui des instructions trop détaillées pour admettre qu'il ne prît pas beaucoup d'humeur si je lui faisais parvenir une pareille demande.

---

[1] J'ai déjà dit que l'impératrice fut encore quelque temps à s'accoutumer à nommer l'empereur de son titre d'*Auguste*, surtout avec les personnes qui, comme moi, lui rappelaient d'anciens souvenirs.

— Était-ce de votre voyage qu'il vous parlait avant-hier soir à souper chez Berthier ?

— Oui, madame, il me parlait de *ma toilette* et de mes devoirs comme Française élégante; c'est un sujet que l'empereur ne traite pas ordinairement.

— Et madame ********, lui parlait-il aussi de sa toilette ? dit l'impératrice avec un sourire qui n'avait pas mal d'aigre-doux.

— Non, madame; il lui a dit, autant que je puis m'en rappeler, qu'il ne fallait pas manger d'olives le soir.

— Eh!... puisqu'il lui donnait des conseils, il devait lui dire qu'il est ridicule de faire la Roxelane avec un aussi long nez.

Je fus confondue de l'apostrophe, et ne répondis rien; l'impératrice se leva de la causeuse sur laquelle elle était assise, et s'approcha de la cheminée, en apparence, pour se chauffer les pieds, mais bien plutôt pour ouvrir un volume du roman de madame La Vallière qui venait de paraître depuis quelques semaines, et qui avait une grande vogue.

— Voilà un livre, me dit-elle en le repoussant avec humeur, qui tourne les têtes de toutes les jeunes femmes qui ont des cheveux blonds et qui sont maigres... Elles se croient toutes des *fa-*

vorites... mais on y mettra bon ordre... A propos de cela, savez-vous bien, madame Junot, qu'on a voulu vous brouiller avec moi, il y a quelques années, lors d'un voyage que je fis à Plombières... Mais, je vous ai rendu justice... pauvre petite femme!...

Quant à cela, je savais à quoi m'en tenir: sans doute l'impératrice devait me rendre justice, parce que j'étais innocente de toute faute envers elle. Mais voilà ce qu'elle n'avait pas fait, et les plus misérables caquetages avaient formé la base de son jugement. Mais le respect me fermait la bouche, et l'inutilité d'une réponse me frappa surtout plus que tout le reste. Quant à l'impératrice, il était évident qu'elle avait beaucoup deviné, mais qu'elle savait peu, et comptait sur moi pour en apprendre davantage, relativement à l'avant-veille.

— Comment trouvez-vous madame *******?

— Charmante, madame.

— Vraiment?

— Oui, madame; elle est aimable, et je la trouve jolie et parfaitement élégante.

Pour quelqu'un qui commençait sa carrière diplomatique, je prenais un bien mauvais chemin. L'impératrice, qui était douce et bonne réellement, me lança un regard de colère qui aurait pu donner de l'émotion à un cœur moins résolu que le mien à être toujours d'une extrême indépendance dans ce pays de cour si traître et si mensonger.

— Ne vous êtes-vous pas aperçue, me dit l'impératrice après un moment de silence, que Murat lui fait sa cour?

J'étais déterminée à ne donner dans aucun des piéges où pouvaient m'entraîner des questions insidieuses; n'étant pas d'ailleurs l'amie de madame *******, j'étais parfaitement libre de dire que je ne voyais pas ce dont on me parlait. C'est ce que je fis.

— Comment, s'écria Joséphine, vous ne l'avez *pas vu* avant-hier soir, à souper! Après que l'empereur vous eut quittées toutes deux, il vint se placer sur le dos de la chaise de madame ******* et lui parla pendant un grand quart d'heure.

— Votre Majesté voudra bien remarquer qu'avec le bruit que faisait autour de moi la circulation de quatre ou cinq cents personnes, il était difficile que j'entendisse ce qui se disait auprès de moi, à moins que je n'eusse la volonté d'écouter, ce qui n'est pas dans mes habitudes.

J'étais blessée. Le fait est que le prince Murat était en effet venu *se percher* sur les bâtons de la chaise de madame ******* et lui conter ce qu'il débitait à toutes les femmes qui étaient jeunes et jolies. Je crois bien qu'il aurait voulu que la conversation devînt plus sérieuse, mais il trouvait une résistance à laquelle il ne se souciait pas du tout de livrer bataille, parce qu'il se doutait de sa vraie cause. L'impératrice me parla encore de madame ******** dans des termes qui me firent juger quelle était la source d'où lui venaient une partie de ses renseignements. J'aurais pu répéter après *le petit* marquis :

J'aurais beaucoup à dire, et belle est la matière...

mais comme lui aussi je pouvais ajouter :

Mais je ne les tiens pas dignes de ma colère...

Joséphine avait une vie empoisonnée par tous les rapports que lui faisaient chaque jour une foule de femmes, non-seulement dans la classe ordinaire et appartenant à la portion tout-à-fait inférieure de son service, mais par celles qui, étant dans la maison d'honneur, auraient dû conserver au moins l'attitude de gens qui chez eux mangent à table. Il y en avait qui étaient de véritables vipères. J'en signalerai quelques-unes, parce que justice doit être faite, dans le monde, de ces femmes qui ne pardonnent jamais un succès, qui fouillent dans votre vie pour en exhumer jusqu'à un tort passé; qui alors sont sans pitié, vous poursuivent de leur blâme, tout en étant coupables de ce qu'elles vous reprochent, et vont même jusqu'à être jalouses d'une faute, parce que l'éducation, le cœur plus noblement placé, l'âme plus élevée, vous l'auront fait commettre avec des nuances qui demandent le pardon, tandis que cette faute commise par elles demeure dans toute sa laideur et toute sa nudité. Mais l'impératrice avait le besoin d'écouter ces femmes là; ses heures n'étaient pas toutes remplies, et le compte qu'elles lui rendaient de la conduite vraie ou fausse de toutes les personnes de la cour, lui fournissait un bulletin qu'elle rédigeait de son côté, et qui souvent, présenté à l'empereur lui-même, lui donnait des idées bien absurdes sur quelques intérieurs des hommes les plus attachés à son service. Je me rappelle qu'en 1807, je rectifiai une erreur commise volontairement sur celui de Duroc. Je connaissais heureusement la chose dont il était question, et, dans une audience que j'obtins un jour de l'empereur à son retour de Bayonne, je fus assez heureuse pour faire parvenir la vérité jusque sous les yeux du maître.

L'impératrice Joséphine s'aperçut enfin que je ne savais rien, ou que le résultat de mes observations était pour moi seule. Il était onze heures, et elle n'était pas encore habillée; je sortis et fus me promener dans les chambres de ces dames, auxquelles je fis une petite visite en attendant que l'on se réunît dans le petit salon du déjeuner, à l'extrémité du pavillon de gauche. Il me prit une forte envie de rire en trouvant madame de La Vallière sur toutes les tables de nuit. J'entrai chez madame ********; elle l'avait comme les autres. Cette fureur de lire madame de La Vallière et de la transporter dans cette cour impériale, si belle d'une vraie gloire, si vraiment belle sans accessoires de *charlatanerie*, me fit penser à la colère de l'empereur, lorsque, quelques années avant cette époque, il se mit dans une colère violente en lisant un mauvais pamphlet appelé une *Quinzaine du Grand Alcandre*, dans lequel il était comparé à Louis XIV, surtout, disait-on, pour l'argent qu'il donnait à ses maîtresses. Et lorsque je parlai à Junot de cet épisode, assez singulier dans la nouvelle vie de l'empereur, il fut de mon avis, lui qui le connaissait si bien, quand j'ajoutai qu'il prendrait une prévention défavorable, mais au point de ne jamais pardonner la chose, contre ceux qui les premiers auraient sanctionné et donné un corps à cette première accusation, qui, d'absurde qu'elle était, et morte et oubliée, prit tout-à-coup une nouvelle force et redevint active. Je prouverai plus tard que je ne me trompais pas.

Nous pûmes juger à cette époque de l'amabilité particulière de quelques Portugais. Le comte d'Araujo, ministre de Portugal à Berlin, venait d'être rappelé pour remplir à Lisbonne la place importante de ministre secrétaire d'état des affaires étrangères; il avait été presque toute sa vie absent du Portugal, et c'est peut-être pour cette raison qu'il était si aimable. Il parlait français avec une grande facilité, ainsi que je le ferai voir dans des lettres qui me sont restées de lui. L'italien et l'anglais lui étaient aussi familiers; et la littérature de ces trois pays, ainsi que celle d'Angleterre, il les possédait également. J'aimais beaucoup M. d'Araujo. Je faisais une comparaison entre lui et M. de Lima, ambassadeur de Portugal à Paris; et en voyant cette forfanterie de l'un, ce mensonge *blagueur* (je demande pardon de me servir d'un terme aussi vulgaire), cette assurance de mauvais ton proclamant des bonnes fortunes de coulisses d'Opéra, cette caricature des héros de Marmontel, cette manière d'être m'était odieuse. M. de Lima divertissait beaucoup de gens dont l'esprit de bon goût ne pouvait que railler, en apprenant, par exemple, que M. de Lima portait des ciseaux dans sa poche pour couper les cordons de sonnettes. — Mais, en vérité, disait-il en regardant sa figure mulâtresse dans une glace, en vérité, je n'en ai jamais eu besoin.

On riait de ces sottises-là, et moi, je me fâchais. Il est de fait que la tolérance accordée aux mauvaises manières de M. de Lima fit un très-mauvais effet en Portugal, où il écrivait à ses sœurs, les deux femmes les plus prudes et les plus austères de la cour de Lisbonne. M. d'Araujo, qui n'écoutait jamais M. de Lima que le sourire sur les lèvres, mais un sourire qui aurait dû arrêter un conteur moins intrépide que M. de Lima, M. d'Araujo détruisit bien un peu la prévention que l'ambassadeur avait donnée à sa cour.

Mais que voulez-vous faire de gens qui ont dix oreilles pour entendre le mal et pas une pour entendre le bien? me disait un jour en Portugal M. d'Araujo.

M. le comte d'Araujo avait à cette époque cinquante et quelques années. Il n'avait jamais été beau, mais sa physionomie était vive, spirituelle et en même temps bonne et prévenante; sa tournure était celle d'un homme bien né, qui a toujours représenté son souverain. L'existence d'ambassadeur donne en général à un homme une tenue et des manières tout-à-fait particulières aux autres hommes. Lorsqu'ils sont mal choisis, ils demeurent toujours doublure de l'étoffe et ne sont que cela. Mais quand il se trouve en eux un attrait qui seconde cette représentation habituelle à laquelle ils sont soumis, alors ils sont ce que je disais plus haut, des hommes à part dans la bonne grâce et la bonne tenue du monde.

M. d'Araujo nous précéda de quelques semaines. Il lui arriva dans son voyage un épisode à la Gil-Blas. Il fut arrêté par des voleurs, dévalisé et fort maltraité. Il était habituellement très-calme. Lorsqu'il fut arrêté, les brigands le tirèrent brutalement de sa voiture et lui demandèrent où était son argent. Le comte d'Araujo avait un secrétaire indignement poltron. Lorsque les voleurs tirèrent son maître et lui de la voiture, ils le jetèrent au fond d'un fossé, où le pauvre garçon demeura sur son nez dans un état d'agonie qui n'inspire guère d'intérêt dans un homme quand c'est la peur qui le cause; quant à M. d'Araujo, il était aussi calme qu'une semblable aventure pouvait le lui permettre, et réfléchissait surtout comment il pourrait sauver une montre que madame de Talleyrand envoyait à madame la duchesse d'Ossuna, et un autre bijou également précieux dont il était chargé pour la marquise d'Ariza, mère du duc de Berwick. La montre était en émail bleu avec une flèche en diamants, et les douze heures indiquées par douze gros diamants ; l'autre bijou était une chaîne en perles et en diamants, montée par Foncier, et un petit chef-d'œuvre qui devait être sans prix à Madrid, où toutes les pierreries sont si mal mises en œuvre. M. d'Araujo songeait donc, au milieu des *bandoleros* qui l'entouraient, à sauver ces deux bijoux. La montre était déjà dans l'une de ses bottes, et la chaîne dans un endroit où, à moins d'avoir la tentation de lui donner le fouet, les voleurs ne l'iraient pas chercher. D'ailleurs ce qu'ils voulaient surtout, c'était de l'argent ; et ces malheureux bijoux ayant été vus à Bayonne avec quelques autres, avaient fait dire que M. d'Araujo avait été chargé de faire remonter en France les diamants de la couronne de Portugal. C'était sa prudence qui avait fait le mal. Pour mettre plus en sûreté les objets dont il était chargé, il les portait sur lui ; car alors l'Espagne était si bien administrée, qu'on ne pouvait se promener à une lieue de Madrid sans crainte d'être enlevé par une belle troupe de brigands, bien habillés, bien armés, qui avaient bien meilleure façon que les troupes royales, qui n'avaient ni pain, ni souliers, ni argent. Aussi, lorsqu'ils se rencontraient face à face avec les brigands, toute la honte était du côté des soldats du roi. On ne partait jamais sans une escorte de sept à huit hommes au moins. Les plus sûres étaient celles qui se composaient d'Aragonais et d'Asturiens. M. d'Araujo avait bien pris cette escorte; mais ne voyant rien, et d'ailleurs peu craintif, il partit un matin avant son escorte, qui devait le rejoindre à midi au dîner. A peine eut-il fait deux lieues, qu'il fut arrêté ainsi que je l'ai dit. Les voleurs pillèrent les voitures de suite, cassèrent tous les coffres de celle du ministre; mais ne trouvant pas ce qu'ils cherchaient, car ils n'avaient qu'un sac où était le courant de la route, ils tirèrent les couteaux et commencèrent à menacer M. d'Araujo, qui ayant enfin mis à l'abri, comme je l'ai dit, la montre et la chaîne, les envoya promener, leur dit qu'ils étaient des coquins, et qu'il les enverrait tous pendre. Ce n'était pas une manière analogue à sa position; mais il fallait toujours, me disait-il, imposer à des hommes par une attitude étrangère à leurs coutumes, dans des circonstances comme celle où il se trouvait.

—Mais vous braviez la mort! lui dis-je; et alors permettez-moi de vous dire que c'est folie; car enfin, du couteau à votre poitrine, il n'y avait pas loin.

—Oh! non.... je ne le crois pas... Et puis d'ailleurs, ajouta-t-il après avoir réfléchi un moment, c'est égal.... Je ne devais pas m'abaisser avec de tels scélérats.... Ils pouvaient *prendre*, mais moi je ne devais jamais leur donner.

Il paraît que son secrétaire n'était pas aussi absolu que son maître dans les idées de dignité personnelle, car il faisait les prières les plus humbles aux brigands. Mais lorsqu'il entendit le comte refuser péremptoirement de livrer l'argent et les bijoux qu'il avait avec lui, il oublia tout respect et toute convenance.

Monseigneur! s'écria-t-il, mais vous n'y songez pas! — Mes bons messieurs, je vais vous dire, moi, où il est l'argent. Et il se levait à moitié de son fossé où les voleurs l'avaient jeté. — Tenez, regardez, là, à gauche, sous le coussin, un petit bouton dans le panneau.... C'est cela, mes bons messieurs.... Prenez tout, mais ne nous tuez pas.... Les bijoux sont là aussi....

Et tout ce discours était dit avec des dents qui claquaient l'une contre l'autre assez fortement pour se briser.... Le pauvre homme était pâle comme un spectre, et pendant plusieurs mois il fut comme fou.

Mais, monseigneur, vous n'y songiez pas! disait-il lorsqu'ils furent remontés en voiture. C'est alors qu'il apprit que son patron avait sauvé la montre et la chaîne; il fut effrayé au point de vouloir rappeler les voleurs pour les leur *rendre*, car enfin ils comptaient dessus, disait-il.

Tant que je vis M. d'Araujo, je pris une meilleure opinion de la cour de Lisbonne.

Le prince qui choisit bien ses ministres, me disais-je, n'est jamais un homme sans mérite.

J'aurais eu raison s'il avait choisi ses ministres pour les écouter et les laisser agir. Mais ce n'était pas de cela qu'il était question vraiment.

Il fut décidé que nous emmènerions M. de Cherval avec nous. M. de Talleyrand prit envers lui une attitude de protection qui était fort inutile, parce que notre amitié pour M. de Cherval était à elle seule suffisante pour que Junot et moi lui fissions tout le bien qui dépendait de nous. Il vint à Lisbonne comme notre ami, sans aucune dénomination. Voilà, par exemple, ce qu'aurait pu faire M. de Talleyrand pour un camarade de séminaire, un ami d'enfance, un parent. Il fallait combattre la prévention terrible de l'empereur, et la chose lui était facile, à lui ministre des affaires étrangères, lui qui pouvait si bien réfuter les mensonges de M. de Bourrienne. Mais, enfin, la justice de Dieu fera également la part de chacun.

Junot, toujours bon pour ceux qu'il avait connus dans les temps moins heureux de sa vie, accueillit alors un nommé Legoy, honnête et brave garçon, qui avait, je crois, été dans la même étude que Junot, lorsqu'il étudiait pour être avocat. Il lui fut attaché en qualité de secrétaire particulier. Il y avait encore de cette manière un nommé Magnien, chirurgien-major de quelque régiment incorporé, et qui, restant ainsi sans place, n'en pouvait espérer aucune, n'ayant pas de talent, si ce n'est celui de savoir le dictionnaire par cœur, ce qui avait sa commodité quand il faisait sombre et qu'on ne voulait pas déplacer un gros volume. Junot fut encore pour lui une providence. Cet homme eut en un jour les agréments d'une immense fortune sans en avoir les ennuis, qui sont plus forts qu'on ne pense vulgairement, quoi qu'on en dise. Il serait fort inutile de s'arrêter sur un tel sujet, si plus tard il ne me donnait lieu à prouver que l'ingratitude peut être portée à un point idéal.

Mais la personne la plus remarquable sous tous les rapports que nous emmenions avec nous, c'était le secrétaire d'ambassade, M. de Rayneval le fils. Il arrivait alors de Pétersbourg, où il remplissait le même poste auprès du général Hédouville, et, sans lui laisser prendre de repos, on le faisait repartir pour Lisbonne.

On est heureux à avoir à tracer un portrait

comme celui de M. de Rayneval. C'est surtout aujourd'hui, lorsque je regarde autour de moi, lorsque je ne rencontre que des pantins politiques, des Gilles, des Cassandres, ou des hommes ambitieux sans amour de la gloire, et enfin parmi cette foule innombrable nul caractère estimable, rien qui provoque même mon assentiment, c'est alors que je suis tout heureuse d'avoir à parler d'un homme qui présente à la fois dans son individu public et privé l'homme d'honneur, d'intégrité, et surtout l'homme habile, et puis le père de famille, le mari, le fils, l'ami. Toutes ces qualités sont dans M. de Rayneval avec une telle netteté, une telle franchise, que la malveillance, qui toujours s'attaque à la vertu, n'ose pourtant parler devant lui.

M. de Rayneval n'était, lorsque je l'ai connu, ni père de famille, ni mari; mais il était bon fils, bon ami, bon frère et bon citoyen. Rien de tortueux ne dictait sa politique. Il était franc et loyal. Lorsque Junot eut travaillé avec lui, il me dit que M. de Rayneval lui faisait aimer la diplomatie.

Il est difficile d'être plus modeste avec un talent aussi supérieur. Il a la candeur d'un enfant à côté d'une expérience profonde. Cette alliance a une apparence extraordinaire d'abord, puis ensuite elle inspire du respect. Je connaissais beaucoup sa sœur et son beau-frère. Ce dernier était l'un de nos meilleurs acteurs du théâtre de la Malmaison. C'était notre Figaro et notre Crispin. Madame Didelot, sœur de M. de Rayneval, était alors une charmante personne avant qu'une terrible maladie de nerfs eût altéré ses traits.

M. de Rayneval possède à un degré supérieur le talent de la musique. C'est une chose plus utile qu'on ne pourrait le croire dans la carrière diplomatique : je dirai même dans toutes, mais principalement dans celle-là. Il ouvre les salons que bien souvent on fermerait à l'étranger qui n'apporterait que la seule qualité de son rang diplomatique. C'est une épreuve que j'ai souvent tentée et qui toujours a réussi. Quant à M. de Rayneval, il est musicien comme il faut l'être pour s'amuser et amuser les autres. Il joue de tous les instruments, chante toutes les parties, et, comme il est inutile de le dire, à livre ouvert. Il compose tout aussi facilement, et avec tout cela il est mélomane à un point que je ne puis dire; mais je le puis cependant, et par un seul fait que je vais raconter.

Nous étions à Lisbonne; Junot était parti pour Austerlitz, et M. de Rayneval était demeuré chargé d'affaires pendant toute son absence. J'allais quitter Lisbonne pour revenir en France. M. d'Araujo me donna à dîner pour prendre congé. Nous étions chez lui dans sa jolie maison de Belem, autour d'une table élégamment servie, comme tout ce qui se faisait chez lui. Après avoir beaucoup causé, on faisait silence, comme cela arrive quelquefois à un changement de service. Nous étions vingt-cinq personnes à peu près, parmi lesquelles surtout étaient de graves personnages, de vénérables têtes à perruque, comme le comte de Campo Allange, ambassadeur d'Espagne à Lisbonne. Il faut dire que M. de Rayneval composait alors un opéra, et que les grands dîners l'ennuyaient à périr. Tout à coup, au milieu de ce silence profond, on entend un grand éclat de voix, puis une roulade et le point d'orgue, enfin un commencement d'ariette. C'était M. de Rayneval, qui à toutes ses qualités joint celle d'être complètement distrait[1]. Il avait oublié qu'il était en grande représentation, qu'il dînait chez son ministre, et qu'il n'était pas en robe de chambre, en pantoufles et devant son piano, chantant et composant ainsi qu'il le croyait.

---

[1] J'ai remarqué que les hommes distraits sont tous excellents. Mon frère était le plus distrait des mortels, et l'on sait ce qu'il était aussi!

Comme il était extrêmement aimé, et que, malgré l'apparat de la réunion, nous n'étions que des personnes amies, après le premier moment de surprise, la chose nous mit d'autant plus en joie que M. d'Araujo était lui-même mélomane déterminé et bien capable d'en faire autant au premier dîner que le chargé d'affaires de France lui donnerait.

Nous avions espéré ne partir qu'au printemps; mais les ordres que Junot avait pour l'Espagne hâtèrent notre départ. Les affaires se brouillaient de plus en plus. Tout faisait croire à une troisième coalition continentale. L'influence de l'Angleterre dans les cours de Lisbonne et de Madrid pouvait devenir dangereuse dans ces moments d'agitation, précurseurs de l'orage, et nous dûmes quitter Paris au milieu du carnaval de 1805, lorsque tout était radieux de bonheur, que tout retentissait de chants de fête, d'éclats de joie... Ce n'étaient pas les bals et les mascarades que Junot regrettait, mais il craignait que la guerre se fît sans lui, et, dans sa franchise, il le dit à l'empereur.

— Votre Majesté, toujours si bonne pour moi, lui dit-il, ne veut pas m'affliger au point qu'elle ne pourrait ensuite elle-même rien réparer.... Je ne puis encore appuyer sur la blessure si vive que j'ai reçue en apprenant la nouvelle de la bataille de Marengo.... Sire, jamais votre Majesté ne s'est trouvée à une bataille sans que je fusse près d'elle... je la conjure de me promettre qu'elle me rappellera aussitôt qu'elle pourra croire que le canon grondera.

L'empereur fut ému. — Je te le promets, dit-il à Junot, en lui tendant la main, et il ajouta :

— *Je t'en donne ma parole d'honneur.*

— Eh bien ! je pars content. Je servirai votre Majesté avec plus de zèle, parce que je n'aurai pas d'inquiétude.

CHAPITRE XVII.

Départ de Paris le mardi gras 1805. — Mon chagrin. — Incidents de notre voyage à travers la France. — Le canon tiré sur notre route. — Les maires et les préfets. — Les perdreaux truffés de Barbezieux. — Angoulême et sa fonderie. — Le Carbon-Blanc et le yacht de la ville de Bordeaux. — Description de la ville. — M. Charles Lacroix. — Beauté de la préfecture. — Notre promenade en ville. — Lettre que j'écrivis à cette époque à la vicomtesse de Puthod. — Notre voiture se brise. — Ma fille. — Appréciation du préfet de la Charente. — Le général Pommereuil. — Les jurements. — Grand dîner. — La violette double. — Le printemps et la France. — Adieux. — Le château Trompette et Tropette. — M. de Talleyrand au séminaire. — M. de Cherval. — Notre départ de Bayonne. — Portrait du prince de la Paix. — La grisette et la femme de qualité. — La maison de Madrid. — L'empereur et les secrets à double partie.

Le moment où je quittai ma maison fut très-douloureux pour moi. Nous laissions un de nos enfants qui tétait encore. C'était la première fois que je m'en séparais, et j'éprouvais un déchirement qui m'allait au cœur. Junot était bon père et sentait ce que j'éprouvais sans doute; mais une mère lorsqu'elle est atteinte l'est à l'âme; c'est une réelle souffrance; il me semblait que j'abandonnais ma pauvre petite Constance. Cependant je la laissais sous la surveillance de madame Maldan, ma belle-sœur, qui restait dans mon hôtel en mon absence, et j'étais bien assurée au moins que ma fille serait parfaitement soignée.

Nous partîmes à minuit le jour du mardi gras. C'était un peu piquant pour une jeune femme de dix-neuf ans. Mais ce que je puis affirmer, c'est qu'au moment où je passai la barrière, j'étais loin de songer aux fêtes, et que nul accent joyeux ne résonnait autour de moi. Je souffrais de la plus vive douleur que j'aie ressentie de ma vie. J'ai éprouvé sans doute des peines, et je crois affirmer que nulle existence ne fut peut-être plus agitée par le malheur que la mienne. Mais tout pâlit devant le souvenir d'une première expatriation; car alors je ne voyais la chose que de cette manière. Cependant, l'avenir qui se déroulait devant moi avait bien ce qu'il fallait pour consoler une jeune tête. Non-seulement j'allais, avec le titre d'ambassadrice, dans une cour étrangère, mais l'empereur avait ordonné à Junot de voyager en France avec tout l'apparat qu'exigeait sa nouvelle dignité. On tirait le canon là où il y en avait, autrement c'étaient des coups de fusil, des pétards même qui s'en mêlaient aussi, et puis les harangues des maires, la politesse des sous-préfets, des préfets, que cela ennuyait autant que nous, mais qui devaient le faire comme nous devions le recevoir. C'était le premier ambassadeur que Napoléon envoyait depuis qu'il était empereur, et il voulait donner à cette mission tout l'éclat qu'il était possible qu'elle reçût. Barbezieux est le seul endroit où je me sois vraiment amusée, parce que nous y fîmes un dîner parfait avec des perdreaux aux truffes, des dindes truffées, enfin les gourmandises de tout un dîner de députés ventrus, et cela sans aucun ennui des autres bons dîners qui en avaient plus que tout autre chose. J'aurais tort cependant, si j'étais ingrate envers le préfet d'Angoulême, M. de Bonnaire. Notre voiture cassa au pied de son pain de sucre de ville, et nous fûmes forcés de nous y arrêter pendant deux jours. Pour me distraire, Junot imagina de me faire voir la fonderie, qui était et qui est bien toujours à une lieue de la ville. Je vis couler une pièce de canon, ce qui me fit grand plaisir. Je n'avais jamais vu le Vésuve; on me dit que je pouvais prendre une idée de la lave dans cette matière de feu liquide que contient *la gueuse*. A cette époque, toutes les fonderies de France allaient avec une grande activité. Celle de Douai avait, je crois, quinze cents pièces dans ses magasins. On était encore en paix, mais tout annonçait la guerre, et nous ne pouvions nous dissimuler que ce moment de repos avait été bien court. C'était du moins l'opinion de Bordeaux, où nous arrivâmes au bout de onze ou même douze jours de route: on voit que nous allions un vrai pas d'ambassadeur.

Lorsque nous descendîmes à Saint-André de Cubzac, nous trouvâmes un bateau parfaitement arrangé, avec des matelots habillés de blanc, qui nous attendaient pour nous transporter de l'autre côté de la Dordogne. C'était la ville de Bordeaux, je pense, qui en avait pris le soin; et lorsque nous fûmes au Carbon-Blanc, ce fut le yacht même de la ville qui nous passa à l'autre bord.

J'ai toujours aimé Bordeaux. Sa position, son aspect, cette magnifique rade peuplée de mille vaisseaux, cette activité tout industrielle, ces physionomies à la fois vives, spirituelles et si bonnes en même temps; car le peuple de Bordeaux, comme sa haute classe, est remarquablement d'un caractère généreux. J'aime Bordeaux.... Aussi combien je fus péniblement affectée en voyant tout le mal que lui avait fait la rupture du traité d'Amiens. Beaucoup de faillites en avaient été la suite. Les vins ne s'expédiaient plus ni pour l'Angleterre ni pour l'Amérique. C'était une vraie calamité sur cette belle et florissante cité; et ce qui semblait s'annoncer n'était pas fait pour les rassurer. Cependant nous ne nous aperçûmes pas dans leur accueil qu'ils eussent de l'humeur ou même de la peine, et le préfet de la Gironde, M. Charles Lacroix, qui était alors à Bordeaux, nous reçut dans sa belle préfecture, où il nous donna une hospitalité presque royale, nous dit que les têtes pouvaient être chaudes à Bordeaux, mais que le cœur était parfait, et que l'empereur, s'il voulait suivre un plan qui lui avait été présenté pour établir deux canaux afin de donner à la capitale de cette partie du Midi des rapports directs avec l'intérieur de la France, ce que le canal du Languedoc ne faisait nullement; si l'empereur voulait donner aux Bordelais cette marque de son intérêt, disait M. Charles Lacroix, je ne doute pas que cette province ne soit la plus dévouée de son empire.

Pourquoi ce projet n'a-t-il pas été exécuté? Je l'ignore.

Je vais transcrire ici une lettre écrite par moi de Bordeaux à une de mes amies, la vicomtesse de Puthod, pour donner une idée de la manière dont les Bordelais nous accueillirent. Madame de Puthod, qui habite en ce moment même sa terre de Mondespit près de Bordeaux, a conservé toutes les lettres que je lui écrivais à cette époque, et souvent j'en transcrirai quelques-unes, comme rendant plus fidèlement les impressions de l'instant qu'on rappelle.

Bordeaux, le 16 février 1805.

« Me voici enfin arrivée dans cette ville que
« vous aimez tant, ma chère Antoinette. La ma-
« nière dont nous y avons été reçus, m'a fait
« croire un moment que les Bordelais étaient
« guidés par votre amitié pour moi, dans l'accueil
« qu'ils m'ont fait. Cet accueil a d'autant plus
« flatté Junot ainsi que moi, que nous savons qu'en
« cet instant ils ont une assez forte prévention
« contre tout ce qui vient *de Paris*, et qu'au-delà
« du devoir que la ville devait remplir, on ne
« pouvait rien exiger d'eux. Mais ils y ont mis
« de la cordialité, et leur conduite affectueuse
« leur a acquis mon amitié pour toujours.

« Je vous dirai du reste, *qu'aux accidents près*,
« notre voyage a été fort brillant. Depuis Paris nous
« n'avons eu qu'une suite de dîners, de déjeuners,
« et, si nous l'avions voulu, de goûters et même de
« soupers. Vous savez que les provinces se ressem-
« blent toutes à cet égard; et faire manger les ar-
« rivants, voilà l'extrême politesse. Mais un vé-
« ritable ennui est celui que nos voitures nous
« ont fait éprouver. Celle de ma fille, quoique
« toute neuve, a cassé cinq fois depuis Paris. La
« mienne, qui avait résisté jusqu'à Tours, se cassa
« dans les environs de cette ville par un temps
« affreux, la pluie tombant avec violence et le
« vent soufflant à déraciner les arbres de la
« route. Je fus cependant contrainte de descen-
« dre, afin qu'on pût attacher tant bien que mal
« le ressort brisé, et que nous pussions gagner
« Tours, dont nous étions encore à une lieue envi-
« ron. Je m'enveloppai dans ma capote de voyage
« et gagnai une chaumière voisine............
....

« Je vais aller chez le préfet, M. Charles de
« Lacroix, qui me donne un dîner de trente per-
« sonnes, dont je me passerais fort bien, car je
« suis excédée de fatigue. J'ai cependant promis
« d'aller au grand théâtre, ce soir, pour voir une
« représentation extraordinaire que M. de La-

« croix prétend n'avoir lieu que pour moi; ce
« que je ne puis croire. C'est Gavaudan, qui est
« ici depuis deux jours, et qui, dit-on, ne de-
« vait jouer que dans dix ou douze jours.

« Je vous envoie une superbe violette double
« que j'ai cueillie ce matin dans le jardin du gé-
« néral commandant la ville, qui m'a donné
« un fort beau déjeuner. Vous savez, chère amie,
« que dans notre idiome de fleurs, la violette
« signifie *amitié*. Au moment d'une séparation,
« peut-être bien longue, gardez ce gage de la
« mienne.

« J'ai trouvé ici la saison aussi avancée qu'elle
« peut l'être à Paris au mois de mai : les arbres
« sont feuillés, les rosiers chargés de fleurs, et
« le fruit de la cerise est déjà presque formé.
« Je respire avec délices cet air balsamique du
« printemps que je trouve comme par hasard
« dans mon chemin. Que de jours heureux nous
« avons passés à Bièvre dans cette même sai-
« son!....

« Adieu, je vous quitte pour faire ma toilette
« et aller à mon grand dîner. Je commence à
« être fatiguée de toute cette représentation.
« Hélas! bientôt je regretterai peut-être ces soins
« et ces attentions dont je me plains aujour-
« d'hui..... Dans cinq jours je quitte la France

« pour m'enfoncer dans les sables et les monta-
« gnes de l'Espagne..... Il m'arrivera souvent
« sans doute de pleurer sur tout ce que j'ai
« laissé derrière moi, et, comme le dit M. de
« Chateaubriand, de rappeler avec amertume la
« patrie absente..... Le temps pourra affaiblir,
« mais non détruire mes regrets. Le souvenir de
« mon enfant que j'ai laissé si jeune loin de
« moi! celui de mon frère, de ce frère que j'aime
« comme un ami, *cet ami donné par la nature*,
« et que je respecte comme un père....... le
« vôtre, ma chère Antoinette..... celui de tant
« d'amis..... Voilà des sentiments qui jamais
« ne pâliront dans mon cœur; et, quel que soit
« le sort brillant qui m'attend au pays lointain
« vers lequel je marche, mon retour dans cette
« France chérie sera toujours le premier, le plus
« cher de mes vœux [1].....

« Mes compagnons de route sont parfaits pour

---

[1] Toutes les lettres citées dans ces mémoires ne sont point écrites de souvenir, elles sont copiées sur les originaux. Madame la vicomtesse de Puthod a bien voulu me laisser transcrire les miennes, et en cela elle m'a fait un grand plaisir, car j'y ai retrouvé une foule de détails minutieux qui ne se placent pas dans des notes, et qu'on est charmé de retrouver ensuite, parce qu'ils ont un cachet du moment qui ne se retrouve plus ensuite.

« moi. Quant à M. de Lajeard, vous le connais-
« sez, et vous savez combien il est naturellement
« attentif. Magnien dort et mange, et je le place
« dans les zéros pour former le total. M. de Ray-
« neval, que je connais encore trop peu pour
« le juger, me paraît fort bien. Il est poli, quoique
« distrait; ce dont alors on lui sait plus de gré. Il
« m'a déjà gagné le cœur en étant aimable pour
« ma fille. Joséphine a fort bien pris ses agaceries,
« et ils en sont déjà au tutoiement. La chère pe-
« tite créature ne souffre pas le moins du monde
« du voyage : il est vrai de dire qu'au train dont
« nous allons, il n'y a pas moyen de se fatiguer..

. . . .

« Nous avons trouvé à Angoulême un préfet
« fort aimable dont j'ai souvent entendu parler à
« M. de Limoges. C'est M. Bonnaire [1]. Il nous a
« été fort hospitalier, et cela bien à propos, car
« nous étions encore dans une ornière : mais
« avec tout le désir possible de bienveillance,
« qu'il y aurait de bons croquis à prendre parmi
« ces préfets et ces sous-préfets qui tiennent à
« vous haranguer et à vous faire dîner comme
« Dandin tenait à juger! Le préfet de Tours

[1] Avant d'aller à Angoulême, il était à la préfecture d'Ille-
et-Vilaine, où il était fort aimé.

« est le seul de tous ceux que j'ai vus depuis
« Paris, qui ne m'ait pas ennuyée; mais son
« portrait est bien plaisant, quoique pourtant
« il n'ait rien de ridicule. C'est M. de Pomme-
« reuil, ancien officier-général d'artillerie ou
« du génie. Il a beaucoup d'esprit, et Junot pa-
« raît fort le considérer. Qu'il a une bien drôle
« de manie !.... Imaginez-vous, ma chère, qu'à
« chaque mot qu'il dit, il commence un jure-
« ment qu'il ne finit jamais, mais qui arrive en
« mourant, tué qu'il est sans doute par la ré-
« flexion. Cela donne à la conversation un tour
« particulier dont je vous laisse deviner le pi-
« quant et l'originalité. Il est fort aimable. Je
« l'ai vu à Paris plusieurs fois dans un voyage
« qu'il y fit avant notre voyage d'Arras. Il vint
« même à Bièvre; ce qu'il m'a rappelé avec son
« sifflement ordinaire. J'aime beaucoup les hom-
« mes qui ont un caractère quelconque d'origi-
« nalité, et le général Pommereuil est bien dans
« le cas d'attirer l'attention par la sienne. Il est
« fort spirituel, etc., etc. »

Nous demeurâmes deux jours à Bordeaux. J'allai me promener avec ma fille, que la voiture commençait à ennuyer, et cela était concevable pour un enfant de trois ans; mais je n'en étais pas moins inquiète pour la suite du voyage, car nous avions encore devant nous la perspective de trente jours de réclusion dans cette *vilaine boîte*, comme Joséphine appelait la voiture, et cela sans compter les jours de repos. Nous avions quatre journées de Bordeaux à Bayonne, puis de là treize jours de marche jusqu'à Madrid, et de Madrid tout autant jusqu'à Lisbonne. Ma pauvre petite souffrait impatiemment sa prison, elle, si vive et si agissante!.... Elle était alors habillée en garçon, ce qui lui donnait encore plus d'envie de courir, je crois.

En allant nous promener le long de la rivière, tout en nous amusant à voir couler sur l'eau des *couralins* remplis de charmantes filles aux yeux noirs, aux dents blanches, aux joues fermes et rosées, car c'était un dimanche, et elles se donnaient le plaisir de descendre la Garonne en *couralin* malgré le froid assez piquant qu'il faisait encore; tout en *musant* donc, et suivant les grandes jambes de M. de Cherval et la lourde personne de M. Magnien, nous arrivâmes aux ruines du Château-Trompette, à cet endroit qui depuis est devenu une promenade charmante. A cette époque il n'en allait pas ainsi, et les ruines de la forteresse étaient seules en cette place. M. de Cherval, qui avait toujours quelque anecdocte pour le lieu où il se trouvait, nous en raconta une assez drôle sur le Château-Trompette. Il était au séminaire, et il avait seize ou dix-sept ans. Il était alors l'ami de cœur de M. de Talleyrand, qu'on appelait dans ce temps-là l'abbé de Périgord (et même *l'abbé couleur de rose*). Or un jour il advint que l'un de ces messieurs devait faire la lecture pendant le souper dans le réfectoire. Le régent était, comme cela arrive toujours, détesté de toute la jeune troupe qui était sous sa férule; et toutes les fois qu'ils pouvaient mutuellement se faire quelque bonne pièce, c'était de bonne guerre. On lisait ce jour-là l'Histoire de la Guienne. Le jeune séminariste, arrivé à un endroit du livre, prononça très-haut et très-lentement : Et lorsque le Château-Tropette.....

— M. l'abbé, dit le régent, on dit Trompette.

Le séminariste se lève, fait une révérence à son chef, et reprend :

Et lorsque le Château-Tropette.....

Le régent était colère; il se lève, et l'œil tout enflammé, il crie au jeune abbé :

Monsieur, ne m'avez-vous pas entendu? Je vous ai dit qu'on nommait ce château le Château-Trompette.....

Le séminariste se lève encore à son tour, salue son supérieur, se rassied, et reprenant son livre toujours avec un sérieux imperturbable, il dit:

Et lorsque le Château-Tropette, que les *ignorants* ont jusqu'à présent nommé Château-Trompette.....

— Monsieur, vous m'insultez! s'écria le supérieur...

— Moi, monsieur, dit le jeune abbé; pas le moins du monde. Et descendant de sa chaire, il vient montrer au supérieur la phrase imprimée en effet dans le livre, et que par malice il avait prononcée avec affectation pour arriver à la suite.

C'était vraiment une chose amusante que d'entendre M. de Cherval raconter toutes ces joies, ces folies des jeunes années de M. de Talleyrand et des siennes. D'abord la chose ne me frappa point par son vrai jour original. Il y avait un extrême intérêt que j'attribuai, au commencement, à la manière piquante du narrateur; mais ensuite je m'aperçus que tout le charme consistait particulièrement dans l'opposition de ces tableaux naïfs, dont la candeur ou l'innocente malice faisaient les tons plus ou moins chaleureux, produisaient des teintes plus ou moins vigoureuses ou gracieuses, avec cette vie présente et passée qui promettait un avenir plus effrayant encore. M. de Talleyrand, offert à mon imagination comme un jeune homme gai et malin sans méchanceté, faisant consister ses plaisirs à manger trois ou quatre pots de confitures dans une nuit; bon ami alors, candide et tout animé de ce feu de la jeunesse qui décore et embellit tout, ayant des illusions enfin; car M. de Cherval, qui l'avait aimé comme un frère, persistait à ne le voir qu'avec les lunettes qu'il avait à cette époque de sa vie, sans vouloir comprendre que les années avaient dû changer les siennes, au point d'y mettre des verres de myope; M. de Talleyrand ainsi présenté à moi, et luttant dans ma pensée avec le M. de Talleyrand qui, disait-on, avait provoqué la fameuse épigramme de Lebrun [1], ne pouvait s'accorder avec mes propres pensées. Il n'a pas tenu à M. de Cherval que je n'aie cru M. de Talleyrand *un bon homme spirituel.* Il eut un jour à Lisbonne une conversation avec M. d'Araujo qui me fit faire pour la première fois des réflexions assez bizarres sur notre ministre des affaires étran-

---

[1] L'adroit Maurice, en boitant avec grâce,
Aux plus dispos peut donner des leçons;
Au front d'airain, au cœur de glace,
Toujours il fait son thème en deux façons :
Dans le parti qui lui paie un salaire,
Avec effort il porte un pied douteux,
L'autre est fixé dans le parti contraire,
Mais c'est le pied dont Maurice est boiteux.

gères. Junot en était aussi, et comme moi il était alors fort en goût de M. de Talleyrand. J'étais amie de sa nièce, j'avais été tendrement chérie de son oncle; et toutes ces raisons, fortifiées du sentiment général qui chez nous prend avec autant de violence qu'il part ensuite, m'avaient inspiré une sorte d'attachement pour lui. Mais ce sentiment s'est évanoui devant sa conduite pour un ami malheureux, dont les talents pouvaient l'effrayer, et plus tard devant l'ingratitude dont il paya les bienfaits de l'homme qui, d'abord son idole, fut renversé plus par lui peut-être que par ses propres fautes. M. de Talleyrand et Fouché, voilà, avant le gouvernement anglais (car je prie de croire que je mets une grande différence entre le cabinet de Saint-James et la nation), les vrais bourreaux de l'empereur Napoléon. Cette digression n'est point hors d'œuvre, car c'est à cette époque, dans ce voyage, que je fus à même de voir de plus près les menées de l'homme dont je parle, qui était un nommé Izquierdo, agent du prince de la Paix, et employé par M. de Talleyrand dès ce temps-là, et commençant l'attaque sur l'Espagne, malgré les assurances réitérées du ministre de son innocence et de sa non participation à tout ce qui se fit alors dans la péninsule; tout ce que je pouvais voir et entendre me donna des impressions bien profondes et bien remarquables. Junot correspondait *directement* avec l'empereur. Avant de quitter Paris, il y avait reçu des ordres d'une telle nature, qu'il ne put s'empêcher d'en faire la remarque. L'empereur, tout en accordant une grande confiance à ceux qui étaient à la tête de cette immense machine, dont les rouages encore neufs ne marchaient pas avec une entière facilité, se méfiait assez d'eux pour avoir une contre-partie de surveillance. Cette manière était-elle bonne? Peut-être le fut-elle pendant un temps; néanmoins il est impossible que le colosse de l'empire, déjà embarrassé dans ses mouvements en raison de la longueur démesurée de ses membres, n'éprouvât pas une gêne nouvelle par la multiplicité des entraves. Mais telle est la conséquence funeste d'employer des traîtres que l'on a fait trahir soi-même : on se méfie d'eux parce que l'on sait de quoi ils sont capables. On s'en méfie, et ils se blessent, parce que jamais l'homme, même le traître, ne veut convenir de ses fautes. Et pour excuser une nouvelle trahison, il oppose au nouveau blâme le mal que lui faisait éprouver le châtiment d'un premier crime. C'est ainsi que l'on voit autour de l'empereur ces hommes qui, dès cette époque de 1804, s'agitaient dans leurs fautes passées en en méditant de nouvelles, et ménageant, pour se sauver, la perte de celui qu'ils avaient élevé sur les ruines des autres.... Quelles turpitudes! quel chaos!... et combien elle fut affreuse la première lueur qui jaillit de ces ténèbres!... Elle obscurcit de sa terrible puissance le soleil tout brillant de notre gloire. Et comme la voix de Dieu commanda la lumière, et la lumière fut, cette voix de la haine comprenant toute la France dans l'anathème qu'elle lançait sur un seul homme, appela les ténèbres sur elle, et la nuit nous enveloppa.

Cette haine incompréhensible contre l'empereur, conçue par des hommes qu'il avait comblés de bienfaits, prit sa source dans cette vanité blessée, qui ne voulut admettre aucun raisonnement pour excuser ce qu'ils appelaient sa méfiance. Junot le comprit, et je n'oublierai jamais une conversation fort longue que nous eûmes, à la suite de la lecture d'une dépêche confidentielle qu'il devait *lire seul*, à laquelle il devait *répondre seul*, et dont il devait également diriger *seul* les opérations qu'elle indiquait. Elle le mettait, du reste, en relation directe avec le prince de la Paix, homme qui excitait alors une sorte de curiosité en Europe, quand on avait le temps d'y songer. C'est encore là une de ces réputations singulièrement établies, qui se sont soutenues parce qu'elles *étaient là*, et qui, le jour où le bon sens les rencontra dans sa course, les renversa d'un souffle. Mais Junot, qui avait encore des illusions dans ce temps-là, et qui ne pouvait se mettre dans la pensée qu'un homme fût porté au ministère pour gouverner une grande nation avec une grande médiocrité, avait, au contraire, une prévention favorable pour le prince de la Paix; il croyait qu'un homme sorti de la classe ordinaire (car, malgré son *don*, Manuel Godoï était fort peu de chose comme naissance) devait avoir franchi la distance de l'obscurité au pouvoir à l'aide de ses grands talents. Nous devions apprendre que la nullité pouvait en faire autant.

Arrivés à Bayonne, Junot me laissa en arrière, et partit pour Madrid à franc-étrier avec le colonel Laborde. C'était une chose étrange, et bien particulière à l'époque, que de voir un ambassadeur franchir une distance de deux cents lieues à franc-étrier. Toujours est-il que Junot partit et nous laissa à Bayonne, ma fille et moi, nous recommandant aux soins de M. de Rayneval et de M. de Cherval, qui firent la route avec moi, marchant ainsi qu'il convenait à une digne et respectable ambassadrice de dix-neuf ans.

Comme il avait été arrêté à Paris que nous ferions un séjour assez long à Madrid, Junot s'était informé si je pourrais être logée convenablement pendant les cinq ou six semaines que j'y passerais. A cette époque, il n'y avait qu'une seule *possada*, *la Croix-de-Malte*, et ce n'était ni un lieu convenable pour moi, ni un logement commode. Nous ne pouvions raisonnablement pas demander l'hospitalité à l'ambassadeur de France, étant toute une colonie; et puis, il y avait dans la conscience de Junot une droiture qui s'opposait à ce qu'il fût le commensal de l'homme qu'il supplantait pour ainsi dire momentanément. L'intention de l'empereur avait été d'abord que nous logeassions à l'ambassade : ce fut Junot qui le supplia qu'il n'en fût rien.

Nous étions un jour à parler de cette difficulté de me loger à Madrid, et Junot, qui était toujours de ceux qui tranchent le nœud quand ils ne peuvent le couper, parlait déjà de m'envoyer alors à Lisbonne, sans m'arrêter autrement que deux ou trois jours à Madrid, ce qui n'était pas de mon goût, parce que je voulais au moins que ce voyage, puisque j'étais obligé de le faire, devînt pour moi un objet d'études et d'observations; et *brûler* Madrid me paraissait une chose peu convenable d'ailleurs aux volontés de l'empereur. Nous étions à causer de notre embarras, lorsque l'un de nos amis intimes, Alphonse Pignatelli, aimable et excellent garçon, frère cadet du comte Armand de Fuentès, également notre ami, entra chez moi pour me faire sa visite du matin, chose à laquelle il ne manquait jamais.

« Si vous voulez courir la chance d'être logée horriblement mal dans une petite maison de garçon, me dit-il aussitôt qu'il sut quel était le sujet de notre entretien, je vous offre ma maison de la *calle del Clavel* (la rue de l'OEillet), à Madrid. Je ne prendrais pas cette licence, si je n'étais certain que vous ne trouverez rien qui puisse vous convenir. Mais je vous préviens que vous serez fort mal. Il y a quelques lits, quelques meubles; je crois bien aussi par-ci par-là quelques rideaux aux fenêtres, mais voilà tout. Voyez si vous voulez vous exposer à camper dans mon ermitage, cela vous sera encore plus commode que *la Croix-de-Malte*. »

On peut penser que nous acceptâmes avec empressement l'offre de notre ami. Il écrivit aussitôt à son intendant à Madrid, pour que le *brasero* fût au moins garni de *noyaux d'olives,* nous dit-il, et que vous ne pestiez pas autant que je le fais, moi, contre l'Espagne....

Il avait l'Espagne en grande antipathie, ainsi que son frère; mais je crois qu'Armand la haïssait encore plus qu'Alphonse. Qu'ils étaient tous deux d'excellentes créatures! et combien Alphonse était surtout un homme distingué! Il avait de l'esprit, et un esprit tout français. Il l'était d'ailleurs par sa mère. Son père, le comte de Mora[1], avait épousé la fille du comte d'Egmont; lui et son frère avaient été élevés en France, et toutes leurs manières, leur accent, tout en eux rappelait les hommes de bonne naissance de notre époque de bonne éducation; car il ne faut pas que les hommes d'un certain temps, bien qu'ils soient nés dans la rue de l'Université, ou la rue Saint-Dominique, soient dans l'illusion qu'ils sont bien appris au moins; il n'en est rien du tout. Je ne décide pas si la question est ou non meilleure dans ses résultats; jusqu'à ce que je voie sortir des Richelieu, des l'Hôpital, des Turenne, des Condé, des Molé, des Lesdiguières, des Villars, ou des hommes qui les vaillent, de cette nouvelle école, dégagée de la moindre politesse, je garderai mon opinion. Du reste, je suis de même pour le parti opposé; et jusqu'à ce que je rencontre en mon chemin, sortant de l'école républicaine, des Tibérius Gracchus, des Solon, des Lycurgue et des Léonidas, je crierai à haute

---

[1] Celui dont parle mademoiselle de l'Espinasse.

voix contre le ridicule de cette affectation de grossièreté et de malpropreté que cherchent à montrer quelques-unes de ces têtes sans cervelle, qui s'imaginent qu'ils sont républicains comme Brutus, parce qu'ils ne se lavent pas les mains et qu'ils coudoient une femme dans la rue, ou bien ne la salueront pas, ou lui couperont la parole, ou enfin mille gracieusetés semblables. Mais l'une des idées les plus grotesques du parti-fou (car il ne faut pas comprendre que tout le parti républicain est de cette trempe : j'en connais dont j'honore le caractère et les opinions, que je partage même, et que je me glorifie de partager; il en est même qui voient la France surtout dans le système qu'ils caressent. Ils sont au moins conséquents, et ne marchent pas sur la route de Charenton); l'une des idées donc que le *parti-fou* se fait grande gloire de propager, c'est qu'il n'existe de beauté, de *vertus*, d'agréments, que chez les grisettes. Ce n'est que là que l'on trouve des charmes, de l'esprit même, enfin tout ce qui séduit. Les femmes de la bonne société !... Foin de celles-là. Une jeune femme de dix-huit ans, qui aura de beaux grands yeux bleus, comme en possède mademoiselle de La.....e, par exemple, ou bien un ravissant visage, comme mademoiselle Claire de B., une taille de nymphe, des manières gracieuses; eh bien! tout cela ne vaut rien, parce que ces demoiselles sont des personnes bien élevées. Que voulez-vous répondre à des fous qui vous jettent au visage de pareilles pauvretés? Il faut les conduire à l'hospice des lunatiques, comme le Michel de la Fée aux Miettes.

Dernièrement quelqu'un me parlait précisément de cette volonté de ne trouver d'agrément à une femme que si elle est la reine de Saba ou bien une grisette; et on ajoutait que c'était l'opinion générale de la jeune génération. Mais quelle est cette folie? demandai-je; car enfin il me semble qu'on peut mener à l'autel, avec amour, une jeune fiancée spirituelle, bien élevée, et doublant ses charmes naturels par une éducation soignée.

— Oh! pour une femme! pour le mariage! c'est autre chose, me répondit-on.

— Ah! Eh bien! quelle est donc l'autre raison?

J'avoue que j'étais devenue tout-à-fait bête depuis mon attaque de choléra.

— Mais c'est parce que..... parce que..... Et la personne qui me disait cela ne savait comment me narrer l'affaire. Enfin elle y parvint.

— C'est parce que c'est plus commode!

Oh! alors je partis d'un de ces bons rires que depuis si long-temps j'ai perdus de vue, et dont le souvenir m'est devenu presque étranger.

Comment!... en vérité, je ne m'imaginais pas que les régénérateurs de notre époque accommodaient ainsi la morale à leur convenance... Ainsi donc, c'est de cette façon qu'ils honorent ce peuple qu'ils reconnaissent pour leur souverain?... c'est en proclamant leurs femmes et leurs filles les plus corrompues de toutes les classes, et en contribuant en effet à les corrompre?... S'il en est de même de toutes les branches de ce qu'ils appellent *la lumière régénératrice*, on ne pourra bientôt plus dormir en sûreté derrière dix verroux.

Voyez un peu où m'entraînent encore mes pensées vagabondes?... Retournons à Madrid.

Je partis donc de Bayonne, où j'avais passé trois jours très-bien chez M. Dubrocq, notre banquier, et j'entrai en Espagne. Maintenant les tableaux vont changer : les personnages seront bien encore quelquefois les mêmes, mais ils joueront sur un autre théâtre, avec d'autres costumes et d'autres décorations. L'influence de Napoléon se fera bien encore sentir, quoiqu'à l'autre bout de l'Europe; mais déjà elle devenait universelle. Bien plus, peut-être, que Charles-

Quint, il pouvait comprendre que cette monarchie unique pouvait être la sienne. Il avait eu l'art de le persuader à ceux qui l'entouraient et qui étaient également dévoués à un système tout-à-fait opposé à celui qu'ils servent maintenant. Ce qui peut être le sujet de quelques instants de réflexion, c'est le mobile que l'empereur employait pour gagner à sa cause les esprits qui pouvaient être récalcitrants malgré leur attachement à sa personne : il leur présentait l'état d'abjection où le despotisme et la superstition avaient plongé l'Espagne et le Portugal. Partant d'un point qui n'était pas positif en vérité, il offrait à l'œil attristé d'un Français vraiment patriote, et, par cela, porté à la philanthropie envers des peuples malheureux, le tableau de leurs misères. C'est ainsi qu'il s'y est pris, je puis l'affirmer, en ce qui regarde Junot du moins, pour faire adopter implicitement toutes ses idées d'envahissement et de prépondérance exercée sur une nation étrangère. Car si l'on croit que dès 1804 Napoléon parlait ouvertement à ses généraux, tous enfants de la révolution, de ses plans d'asservissement et de ses projets pour l'avenir, sortant de l'intention d'être le protecteur de ces mêmes nations, on se tromperait étrangement.

CHAPITRE XVIII.

Notre entrée en Espagne. — Tableau de ce pays. — Parallèle de son état, de ses ressources en 1805 et 1806, et de ce qu'il fut plus tard. — Réflexions détaillées sur les mœurs, les habitudes, les préjugés, le caractère des Espagnols. — Quel rang l'Espagne doit occuper parmi les autres nations. — Mot remarquable de l'empereur à la suite d'une conversation avec moi.

L'Espagne d'aujourd'hui, l'Espagne de 1807, même lorsque l'armée française la traversa pour gagner la frontière du Portugal, ne ressemble pas à l'Espagne qui s'offrit à moi lorsque je fis mon entrée dans cet antique royaume, au mois de mars 1805.

Le maréchal de Villars dans ses mémoires, madame de Villars elle-même, dans le peu de pages si parfaitement spirituelles qu'elle nous a laissées, madame la comtesse d'Aulnoy, quelques autres Français, ont laissé leurs souvenirs de cette époque, c'est-à-dire, du commencement du dix-huitième siècle. En entrant en Espagne je devais avoir le désir de connaître par avance le pays que j'allais parcourir, et j'avais emporté de Paris une foule de livres que je ne cessai d'interroger depuis mon départ jusqu'à mon arrivée à Yrun, premier village espagnol. Junot se moquait de moi, et me demandait si je pouvais croire sérieusement que ce fût un guide certain qu'un livre écrit en 1700 ou en 1680. Je pensais bien un peu comme lui; mais, disais-je, il y aura toujours quelque chose. Le livre si excellent de M. de Bourgoing ne démentait guère toutes ces vieilles coutumes d'auberges, n'offrant que des murailles dégarnies et nulle assistance. Arrivée à Bayonne, j'appris que les mesures que l'on prenait en 1680, lorsque les Français vinrent conduire à Bayonne la charmante et malheureuse fille d'Henriette d'Angleterre étaient toujours les mêmes en 1805. Nous fîmes nos arrangements avec un homme de Saint-Sébastien, qui nous fournit une armée de mules pour traîner nos voitures; car de courir la poste à cette époque, il n'y fallait pas songer autrement qu'à franc-étrier. On pouvait, à la vérité, établir par avance des relais, mais en prévenant, et alors pour une seule voiture; et encore cela coûtait-il des sommes folles. M. Ouvrard, qui dans ce temps-là traitait d'égal à égal avec un souverain, allait ainsi de Bayonne à Madrid avec la rapidité d'une flèche; car, pour dire la vérité, je n'ai jamais été aussi vite, en courant la poste, que je l'ai fait en Espagne, dans les petites courses que j'ai faites ainsi autour de Madrid.

Il ne fallait pas songer à voyager ainsi avec cinq voitures, un fourgon, et une foule de caisses, de paniers que nous avions avec nous, parce que, étant en guerre avec l'Angleterre, nous n'avions pas voulu commettre le sort de notre bagage aux chances de la mer. Le chef des *mules* (car on peut ranger les muletiers dans la classe *mules*) s'engagea à nous transporter à Madrid en treize jours de marche. Treize jours!......
Il fallait du courage pour entreprendre cette route, marquée comme une route d'étape, que rien ne pouvait changer; que notre volonté ne pouvait altérer ni d'une heure d'avance, ni d'une heure de retard. Le *mayoral* avec lequel mon interprète me faisait communiquer, me regarda avec des yeux qui semblaient m'accuser de folie lorsque je lui fis demander si, le temps étant beau et les chemins faciles, il ne pourrait pas gagner une journée sur l'itinéraire qu'il me présentait; il ne me comprit même pas. Depuis

trente ans cet homme faisait le voyage de Bayonne à Madrid, et de Madrid à Bayonne. Il avait d'abord couché à Yrun, en partant de Bayonne, puis à Villa-Franca, puis à Tolosa, puis à Vittoria. Il ne comprenait pas la possibilité de payer le *ruido de casa* dans d'autres *possadas* que dans celles des villes que je viens de nommer; ensuite, l'eût-il compris, il ne l'aurait pas fait, parce que M. de Villars a dit une vérité parfaite sur ces honnêtes gens-là :

Après les muletiers, disait-il, *ce que je connais de plus têtu en Espagne, ce sont les mules.*

J'en eus plusieurs preuves dans le long voyage que je fis lors de cette première excursion en Espagne, qui me faisait traverser le royaume dans sa plus grande étendue. Je revins de la même manière à mon retour en France, et il me fut facile d'examiner un peuple si voisin de nous, et si peu connu, si mal jugé. Mes réflexions sur l'Espagne diffèrent en certains points de plusieurs jugements qui ont été portés depuis notre entrée dans ce pays, lorsque la nature du caractère de l'habitant était changée par les événements qui avaient bouleversé le royaume. Ceux qui regardaient et qui parlaient après avoir jeté un coup d'œil en courant, sur une province, dans laquelle, bien souvent, ils n'entraient même pas, n'ont pu donner une idée précise du pays, alors en habit étranger et totalement déguisé, qu'ils voulaient peindre. Il y a plus ; il faut comprendre l'Espagne pour analyser ses mœurs singulières, ses coutumes imposées par les besoins, par le climat, l'avoir long-temps habitée. J'ai vu l'Espagne dans un temps tout ordinaire de paix et de tranquillité. Alors nulle haine ne faisait fermer les maisons et tirer, des fenêtres, des coups de fusil sur le Français qui passait dans la rue, ni mêler du poison au verre d'eau accompagnant le morceau d'*azzuccar espongado* qu'on vous offrait. C'était de bon cœur, quoiqu'avec phlegme, qu'on vous disait :

Toda la casa es a la disposicion de usted;

et vous affligiez ceux qui, vous disant cette parole amicale, recevaient de vous un refus. Comme nous plaisantons de tout, on a trouvé très drôle de dire :

Oh! sans doute, *la casa es a la disposicion de usted!* et puis quand on veut un verre d'eau, on ne peut pas l'avoir.

Oui, sans doute, cela était ainsi; mais à quelle époque? lorsque la nation entière s'était soulevée pour défendre la cause de son souverain. Et qui aurait parlé à l'empereur de l'attachement passionné que la nation espagnole a toujours porté à ses rois; qui lui aurait révélé le caractère véritable des habitants de cette partie de la péninsule (car je ne mets pas du tout le Portugal, sauf quelques exceptions, et l'on sait qu'elles confirment la règle, dans la même catégorie que l'Espagne, il s'en faut de beaucoup); qui aurait présenté ce pays tel qu'il était à l'empereur, lui aurait épargné de grandes fautes et à la France de grands malheurs. Je sais que le général Beurnonville, qui avait été six ans ambassadeur de France à Madrid, et qui pouvait avoir des notions sûres relativement à ce peuple presque inconnu pour nous, avait parlé dans un sens fort opposé à celui d'un grand personnage qui, depuis, a trouvé à propos de démentir et ses paroles et ses conseils. Junot fit de même; mais n'anticipons pas sur cette époque, que je puis éclairer d'un jour complet, car je l'ai parfaitement suivie, et je possède des documents certains pour appuyer mes raisonnements. Quant à présent, je crois qu'il peut être intéressant de présenter l'Espagne telle qu'elle était en 1805, avant aucune agitation, telle enfin que Cervantes nous l'a peinte, ainsi que Lesage. L'étude de ce pays est une des choses les plus curieuses; on éprouve un sentiment tout-à-fait étrange en rencontrant au bout de l'Europe un peuple qui, marchant au milieu du désordre le plus complet dans son administration morale et physique, continue sa route dans la vie des empires avec cette même tranquillité, ce pas aussi régulier qu'il pouvait l'avoir sous Charles-Quint, lorsqu'il allait par l'univers à l'abri de la bannière de la force et de la puissance. Il n'avait pas changé. Le système héréditaire était là dans sa plus entière vigueur: le mal héritait du mal, le bien héritait du bien. Le duc de l'Infantado succédait aux huit duchés, aux vingt-sept titres de son père, comme le bandolero de Valence avait pour héritage le poignard et le couteau du sien. C'était un ordre dans le désordre tout-à-fait digne d'une profonde observation. J'étais jeune alors, mais, quoique je n'eusse que vingt ans, j'aimais à observer; et puis j'avais près de moi un ami dont les rares lumières étaient précieuses pour me guider dans mes observations. Combien je me trouvais heureuse de les avoir faites avec une scrupuleuse sévérité, lorsque je me trouvai en Espagne, six ans plus tard, au milieu du bouleversement général, de l'incendie de tout ce pays, que nous avions allumé de nos propres mains. Lorsque je serai à ce moment, je rapporterai une conversation que j'eus à Saint-Cloud avec l'empereur. Elle le frappa à un tel point que je sais qu'il dit le même soir :

« Madame Junot m'a dit, sur l'Espagne, des paroles si étranges que je croyais qu'elle extravaguait... *Mais ce pourrait bien être* NOUS *qui fussions des fous.* »

Ceci fut dit à un retour de Bayonne en 1808, au mois d'août. A cette époque je ne connaissais l'Espagne que comme elle était avant l'invasion. Je la voyais comme je l'avais vue. Il y avait, surtout en *Castilla Vieja*, en 1805, un sentiment pour l'empereur, qui tenait vraiment de l'affection. Je parlais donc d'après ce que *j'avais vu et senti*, et ce que l'empereur *avait vu et senti* en 1808 et 1809 ne s'accordait guère avec mes paroles ; et pourtant tout était conséquent.

Les coches de colleras ont été trop souvent décrits pour que j'en fasse ici une nouvelle peinture. Je dirai seulement ma terreur lorsqu'à une descente rapide, bordant un précipice de trois cent pieds de profondeur, dans une route fort belle et pavée de grandes dalles à la manière des voies romaines, car c'est encore un des beaux héritages de l'Espagne, le mayoral lança ses sept mules pour qu'elles en usassent à leur caprice et volonté. Or, comme ces dames ne tiennent à la voiture, comme on le sait, que par une simple corde qui vient se rattacher à la cheville-ouvrière, mais qui du reste n'est aucunement fixée au timon, que même on enlève, on peut juger de l'effroi qu'on éprouve en se voyant à la merci de ces bêtes quinteuses et singulièrement fantasques et contrariantes. La voiture de ma fille surtout, aussitôt que je la vis entraîner avec cette rapidité étonnante, me causa un saisissement et un serrement de cœur qui voilèrent mes yeux et me rendirent froide. Je voulus crier, je poussai même un cri perçant, mais je ne pus recommencer, mon gosier s'était contracté. Arrivés au bas de la montagne, le *mayoral* et son *zagal* étaient à peine essoufflés, quoiqu'ils eussent suivi à pied leurs méchantes péronnelles de bêtes; ils se mirent à rire en voyant ma figure consternée, et vinrent à la portière en tendant la main.

— Qu'est-ce donc qu'ils veulent? demandai-je à mon interprète.

— Ils demandent *la bonne main* à votre excellence, comme en Italie, me dit l'homme, parce qu'ils ont été bon train en descendant.

— *Para bendir su eccelencia,* dit le mayoral en venant à ma portière la main tendue vers moi, et essuyant son front, comme s'il eût fait la plus belle besogne du monde. On me dit que c'était l'usage, et qu'il fallait lui donner. Mais je lui aurais plutôt adressé des injures que donné de l'argent, si j'avais suivi mon mouvement.

Rien n'est comparable à cette première vue d'un pays si étrangement opposé au nôtre, et par ses coutumes, et par son langage, et par ses mœurs. L'Angleterre, séparée de la France par le détroit, est bien moins différente de notre pays que l'Espagne ne l'était du dernier village de la France, situé sur le bord de la Bidassoa. Je partis le matin de Saint-Jean-de-Luz et fus coucher à Irun, misérable bourgade de l'autre côté de ce bout de ruisseau, ou plutôt de marais, pour parler plus juste, dans lequel est cette île de la Conférence, où le ministre fripon disait au ministre honnête homme : *Il n'y a plus de Pyrénées.* Une semblable parole dite en 1660 devait faire espérer qu'en 1805 on trouverait au moins vestige de quelques rapports entre les deux peuples; mais il n'en existait aucun. Et bien plus, malgré l'alliance apparente qui était grandement mise à découvert depuis le directoire, malgré cette fraternité qui semblait établie entre les deux nations, je m'aperçus que les deux peuples n'étaient pas amis dans la frontière... La curiosité que nous inspirions n'avait rien de bienveillant, et je suis sûre que dans les *possadas* on nous faisait payer le *ruido de casa* bien plus cher qu'à un Italien, et peut-être même qu'à un Anglais, bien qu'il fût hérétique.

En passant à Buytrago, où nous nous arrêtâmes pour déjeuner, je demandai à voir un château qui avait appartenu au duc de l'Infantado. J'avais par un hasard singulier une relation fort étendue de ce que cette habitation était en 1680. Le curieux de la chose était surtout de la posséder : je voulais donc juger de la vérité de la voyageuse. Mais hélas! ce n'est pas en Espagne qu'un château résiste cent vingt-cinq ans. Je ne vis que des ruines; et pourtant en 1680, il existait alors des choses précieuses dans cette maison. Il y avait, entre autres raretés, un tableau qui représentait la princesse d'Éboly, cette femme dont la beauté et l'esprit captivèrent Philippe II. Le duc de l'Infantado descend en ligne directe, par les femmes il est vrai; mais en Espagne, cette différence est nulle et ne fait rien; aussi dit-on : descendre *en ligne directe*, bien que cette ligne soit féminine; le duc de l'Infantado descend donc de ce don Ruy Gomez de Silva, que Philippe II fit duc de Pastrane et prince d'Éboly. Je savais que ce tableau existait; mais le château n'étant jamais habité, n'était plus que des ruines assez peu sûres même à parcourir, à ce que me dirent l'alcade et le curé que je questionnai. Le curé parlait français, et j'en fus très contente; il connaissait l'histoire de ce tableau, que, du reste, j'ai retrouvé dans le palais du duc de l'Infantado à Madrid, avec son même cadre d'argent ciselé dans lequel on retrouve encore des traces de dorures. La princesse d'Éboly, alors maîtresse de Philippe II, y est représentée assise sous un pavillon attaché à quelques branches d'arbre. Elle vient de se lever, et plusieurs amours préparent tout ce qui est nécessaire pour une toilette de chasse. La princesse était ravissante de beauté; mais elle ne pouvait être bonne, puisqu'elle a aimé Philippe II. Elle avait aussi été placée dans un autre tableau que je savais avoir été également à Buytrago; et c'était surtout celui-là que je désirais voir, parce qu'il s'y trouvait un homme célèbre, c'est don Carlos. Ce tableau existait encore en 1804, dans la famille de l'Infantado; c'était une chose précieuse et que je désire que les malheurs de la guerre lui aient laissé. Ce tableau représentait l'entrée de la reine Élisabeth de France à Valladolid lorsqu'elle fut y chercher un trône et un tombeau. Don Carlos y est représenté à cheval, ainsi que la reine; car alors les reines d'Espagne faisaient toujours ainsi leur entrée. Don Carlos était vêtu de blanc avec un pourpoint taillé et tout brodé de pierreries ; sur sa tête, il avait un petit chapeau relevé sur le côté et tout couvert de plumes blanches. Le prince était pâle et assez beau ; il avait les cheveux blonds et même un peu hasardés, mais pas autant que son père et son aïeul. Ses yeux étaient bleus, et si le peintre ne l'avait pas flatté, ils étaient beaux. La reine était vêtue d'une robe de satin bleu dont le corps de jupe était en velours découpé sur du brocart d'or, montant jusqu'au col et boutonné par de gros boutons de rubis. Les manches étaient fort étroites avec de grands ailerons aux épaules, et les manches, aussi longues que sa jupe, pendantes à partir de l'épaule et se rattachant aux côtés avec des roses de diamants. Un très-grand vertugadin, qui devait être fort incommode à cheval, soutenait sa jupe de satin bleu tailladée en bâtons rompus sur du brocart d'argent. Elle portait une fraise très haute et très-roide, dans laquelle s'enchâssait un très joli visage. Sur sa tête était un petit chapeau de velours noir dont le bord n'avait pas plus d'un doigt de largeur, et dont la forme était presque juste à sa tête ; de gros diamants formaient une sorte de cordon pour le fixer, et sur le côté gauche était un petit bouquet de plumes blanches attaché avec une aigrette de pierreries... Sur son corps de jupe, on voyait une foule de chaînes en perles d'une extrême grosseur et de pierreries qui devaient être admirables. Une chose qui me frappa, fut le mouchoir qu'elle tenait à la main en même temps que la bride de son cheval; ce mouchoir était brodé presque en entier, comme le serait un mouchoir de nos jours fait pour une élégante qui n'aurait pas fort bon goût. La seule différence, c'est qu'il y avait du fil d'or passé dans la broderie. Sur un balcon, on voyait le roi Philippe II avec son regard sinistre, ses cheveux roux déjà blanchissants, son visage long et blême; vieux, ridé et laid; il portait un habit de velours noir avec le collier de la Toison d'or, et paraissait poursuivre de son œil faux et méchant les malheureuses victimes qui passaient au-dessous de lui. Ce tableau, dont j'ignore le nom d'auteur, est d'une bonne peinture; et cela est naturel: cette époque était celle de la renaissance des arts, et l'Espagne fut grandement privilégiée par les grands talents qui donnaient alors le produit de leur savoir. J'ai placé ici la description de ce tableau, parce qu'il devait, selon mon itinéraire, se trouver sur mon chemin en allant à Madrid. Je devais aussi trouver le château de Lerma, sur un coteau à quelques centaines de toises de la bourgade qui porte ce nom. Ce château, bâti par le cardinal de Lerma, et dans le temps où il fut construit, offrait l'aspect d'une habitation royale, avec ses triples arcades, ses pavillons, ses cours spacieuses; et tout ce que le faste le plus ambitieux peut produire avec de l'argent et de la puissance, était réuni dans cette habitation d'un *privado* [1] : mais je ne trouvai plus que des bâtiments presque ruinés. Ce château appartenait, comme il appartient encore, au duc de l'Infantado. Je ne parlerai pas maintenant de Burgos, de Valladolid, parce que Junot m'attendait à Madrid, et que je ne vis toutes ces villes que lors de mon retour en France. Je ne les vis même avec le détail qu'elles méritent que dans le temps *de ma campagne*, lorsque je les habitai plusieurs mois, mais avec le sentiment que devait produire le souvenir des années antérieures, et surtout celui du caractère original que la guerre lui fit prendre. C'est pourquoi je pense que la relation de mon voyage en Espagne offrira plus d'intérêt, prise à l'époque de mon ambassade en Portugal.

J'arrivai à Madrid le 10 de mars, à trois heures de l'après-midi. Junot, qui était prévenu, vint au-devant de moi avec le général Beurnonville, notre ambassadeur à Madrid. J'avais connu le

[1] Ministre favori.

général Beurnonville à Paris, et je fus charmée de le voir. Après que Junot m'eut embrassée ainsi que sa fille, il m'annonça qu'Alphonse Pignatelli ne nous avait pas menti en nous prévenant que sa maison était à peine logeable.

« Figure-toi une sorte de *possada* un peu mieux arrangée que le reste, mais n'ayant pas même une chambre convenable. » « Madame de Beurnonville est aux regrets, me dit alors le général, de ne pouvoir vous offrir un logement à l'ambassade de France; mais nous sommes aussi fort mal, et nous-mêmes nous en sommes à la plainte. »

Tout cela se disait en cheminant vers la calle del Clavel, où était située la maison d'Alphonse Pignatelli. Les deux ambassadeurs étaient montés dans ma voiture, et nous arrêtâmes enfin devant notre demeure temporaire. Je vis d'abord une maison blanche, ayant tout-à-fait l'aspect d'une maison anglaise; une petite porte, ainsi qu'on en voit beaucoup à Madrid comme à Londres, quelque différence qu'il existe d'ailleurs entre les deux villes, un marteau en cuivre parfaitement luisant, puis un charmant petit vestibule éclairé par un jour doux, pavé en marbre et bien sablé comme dans une habitation flamande; l'escalier était, ainsi que la maison elle-même, petit, mais élégant et de bon goût. Nous arrivâmes ensuite dans une antichambre, une salle à manger : tout cela charmant. Le salon, la chambre à coucher, tout était parfaitement simple; ce qui, dans un pays où la moindre chose est dorée comme un calice, devait faire paraître cette maison fort peu convenable pour un homme comme don Alphonse. Le lit de la chambre à coucher était une corbeille en bronze doré, de laquelle paraissaient sortir une grande quantité de fleurs admirablement ciselées. Au-dessus était passé, dans un anneau doré, un immense voile de gaze pourpre, brodé d'une lame d'or de la largeur d'un doigt, descendant en façon de rideaux, et formant ce qu'on appelle dans les pays chauds une *moustiquière*. Les matelas du lit étaient en satin blanc; la tenture de la chambre en nankin des Indes, avec une large broderie en laine pourpre, formant des arabesques. De grands divans, des meubles parfaitement *confortables* complétaient l'ameublement de cette charmante retraite, que des tableaux de prix, de belles porcelaines, des bronzes de France, achevaient de faire la plus agréable habitation qui fût bien certainement à Madrid, après les deux maisons de la famille d'Ossuna et celle de la marquise d'Arizza,

Ces deux messieurs s'amusaient de mon étonnement. Junot me dit qu'il avait organisé cette petite conspiration pour me donner le plaisir de la surprise, et, dans le fait, elle fut entière; car, d'après ce qu'Alphonse m'avait dit à Paris et ce que m'avait confirmé Junot, je m'attendais à trouver une maison de garçon, mal en ordre, et *inlogeable*.

Madame de Beurnonville venait de se marier; elle était une demoiselle de fort grande maison; son père était le comte Louis de Durfort, frère du *Beau Durfort*. Madame de Beurnonville avait été parfaitement élevée; elle était douce, son esprit avait une finesse tout agréable, d'une malice qui jamais n'était offensante; je n'ai vu à personne ce désir de plaire qui guidait toutes ses actions tout en conservant néanmoins de la dignité. Elle était non-seulement considérée à la cour de Madrid, mais fort aimée. Sa réputation était également parfaite à Venise, où elle avait passé une partie de sa jeunesse. Son frère, le comte Amédée de Durfort, et sa sœur, mademoiselle Amélie de Durfort, étaient tous deux avec elle. Le général Beurnonville[1] avait eu le bon esprit d'apprécier l'entourage que lui offrait sa nouvelle famille.

[1] Une réclamation des plus bizarres m'a été faite par la

Une personne qui leur était étrangère, mais que ses relations mettaient en rapport avec eux, était le premier secrétaire d'ambassade, M. de Vandeuil. Je le classe dans le petit nombre des personnes dont le souvenir m'offre à la fois un

famille du général Beurnonville. Dans l'un de mes précédents volumes, j'ai dit qu'il *s'appelait lui-même* l'Ajax français, et non pas qu'il s'était nommé lui-même ainsi, chose fort différente. Je suis malheureuse d'avoir été assez sotte pour ne pas exprimer non-seulement ma pensée, mais la vérité. Je n'ai pas lu les onze ou douze biographies que l'on m'a envoyées copiées avec une belle et parfaite écriture; mais j'ai le plus profond respect pour la personne qui me les a adressées, et je n'en mets aucune en doute. Le moyen d'abord de le faire : elles sont en partie tirées des journaux du temps, et je ne discute pas leur parfaite autorité. Mais ce que je persiste à dire, c'est que M. le général Beurnonville, parlant à ma personne, à Madrid, m'a dit plus de vingt fois, en citant tel homme de notre armée que l'empereur venait de nommer maréchal :

« Vous conviendrez qu'il est dur de voir un blanc-bec comme ce petit Murat, comme ce Lannes, devenir des puissances de l'armée, tandis que je demeure dans l'obscurité, moi qui les ai faits sous-lieutenants !... eux qui étaient à peine sous-officiers quand j'étais ministre, général en chef !.... quand on m'appelait l'Ajax français ! »

Voilà ce que je puis certifier, parce qu'il n'y a point erreur. J'ai une très-bonne mémoire, et me rappelle parfaitement ce qui me frappe dans une conversation; et certes, ce mot était de nature à le faire.

aspect de bonté loyale et d'esprit juste, et toujours d'accord avec la raison. M. de Vandeuil est le petit-fils d'un homme célèbre, et n'avait aucun des inconvénients de son alliance, c'est-à-dire que, comme beaucoup de rejetons de gens illustres, il ne vous jette pas à la tête la célébrité de son aïeul, et cependant elle en vaut la peine, car cet aïeul est Diderot : madame de Vandeuil est sa fille.

La cour avait quitté l'Escurial pour Aranjuez lorsque j'arrivai à Madrid. Le printemps était alors dans toute sa pompe, et ce moment de l'année était le plus favorable pour voir cette charmante retraite royale. Déjà en traversant la Castille j'avais foulé les plantes les plus odorantes et les plus rares dans notre flore parisienne. Les champs des environs de Burgos m'offrirent à mon passage de vrais trésors en histoire naturelle. La province de Guipuscoa et Alava est encore plus riche, parce qu'il s'y joint des minéraux admirables. J'ai trouvé près de Buytrago deux grenats et un cristal de Titan, que j'ai fait tailler ensuite et qui étaient fort beaux. Un des principaux ornements de ces prairies, objet déjà fort rare en Espagne, c'est l'asphodèle (*asphodelus ramosus*). Une autre plante, qui fleurit dans toute l'Espagne, est un thym trèsodorant (thymus mastichina) : on le retrouve dans toutes les provinces. J'aimais la botanique avec passion, et j'avoue que je fus agréablement surprise de trouver un aussi charmant moyen de distraction dans mon long voyage. En entrant en Espagne, je m'étais persuadée que je ne rencontrerais que des sables et des rochers; j'étais loin de m'attendre à ne marcher que sur un tapis diapré, brodé des plus belles fleurs. Les deux Castilles, mais principalement la Vieille, sont une mine féconde pour les naturalistes. C'est en Espagne que je vis pour la première fois, près de Burgos, à *Quintanapalla*, mauvais et affreux village, le chêne vert appelé *quercus Bellotas*, et une autre espèce de ces chênes que Lamarck appelle *quercus Lusitaniæ*[1]. Elle produit la vraie *bellota*, le gland doux qui peut se manger.

Autour de Madrid la nature est moins belle, le sol est ingrat, le terrain nu et ouvert; et cette vaste plaine qui l'entoure n'est interrompue dans sa monotonie que par quelques collines arides et sans arbres, si l'on en excepte l'olivier et le chêne vert, tous deux bien plus propres à rendre un paysage triste que pittoresque. En remon-

[1] D'autres le nomment *Quercus Valentina*.

tant le Mançanarez, on arrive à un bois de chênes verts qui s'étend jusqu'au Pardo, château de plaisance où se rendait souvent Charles III. Voilà le seul côté de Madrid auquel je trouvai de l'agrément. Les montagnes sont là plus rapprochées et forment un contraste avec la plaine, qui est assez agréable. Il y a un peu d'ombrage et des troupeaux de daims très-nombreux. Le château de chasse, soit qu'il fût abandonné comparativement à ce qu'il était sous Charles III, me parut triste et désert, et, comme toutes les maisons royales en Espagne, n'ayant rien qui rappelât la souveraineté.

A l'époque où je fus en Espagne pour la première fois, les habitudes de la cour étaient encore celles qui lui avaient été données par Philippe V, qui lui-même les avait apportées de France. Madrid était abandonné toute l'année par la cour; elle habitait Aranjuez, lieu admirable, dans une position toute champêtre et vraiment romantique; il est situé dans une belle vallée sur le Tage, au sud-ouest de Madrid : tout ce qui entoure l'habitation royale n'est que verdure, ombrage et fleurs. Mais le peu de soin que l'on prend des canaux et des eaux qui circulent dans ces belles prairies, rend le séjour de la cour impossible dès que les chaleurs se font sentir.

Aussitôt que le mois de mai est écoulé, la famille royale quitte Aranjuez et part pour le sitio de *la Granja* ou *San-Ildefonso*, mauvaise imitation de Versailles, entreprise par Philippe V. La Granja est située au nord de Madrid sur la pente d'une chaîne de hautes montagnes. Cette position rend ce sitio une demeure en effet convenable pour l'été. Aussi la famille royale y passe-t-elle juin, juillet et août. Le troisième sitio est *San-Lorenzo* ou l'Escurial. C'est à lui que Philippe II a donné le cachet de son farouche et âpre caractère. L'histoire de son règne est écrite sur ces murs noirs, cette masse de pierres présentant à-la-fois un palais et un monastère, mais sans aucune majesté, et sans l'austérité et sans cette physionomie religieuse que doit avoir un cloître. Il forme la résidence royale depuis septembre jusqu'en décembre, c'est-à-dire, pendant le temps le plus froid de l'année. Et cependant, comme l'Escurial est bâti dans un site ouvert sur la pente du Guadarrama, le climat y est très-rigoureux. Les vents y règnent surtout avec violence. Les montagnes qui l'entourent sont formées de rochers nus et brisés. La nature est morte près de ces régions couvertes d'une neige éternelle, ou bien de ces rochers sans cesse frappés par un soleil ardent. Je reviendrai sur l'Escurial lors de mon retour en France. C'est alors que je l'ai vu très en détail, m'y étant arrêtée trois jours. Quant à présent, j'ai voulu donner une idée des habitations que la famille royale parcourait. En parlant d'une aussi bizarre manière d'arranger la vie, il était nécessaire de donner le *portrait*, si l'on peut parler ainsi des lieux de *campement*, d'une famille royale *nomade*.

Junot ayant pris toutes ses mesures et fait tout ce qui lui avait été ordonné, je demandai à être présentée, et je le fus au roi et à la reine d'Epagne, ainsi qu'au prince et à la princesse des Asturies, le 16 mars de l'année 1805, la cour étant à Aranjuez. Comme je ne devais pas demeurer à Madrid, et que ce n'était qu'en passant que je rendais mes devoirs à la reine, je ne fus pas présentée par mon ambassadrice, mais je le fus en *confidenzia*, c'est-à-dire *en intimité*. Cette présentation porte avec elle un cachet assez singulier pour que j'en parle en détail, ainsi que je vais le faire dans le volume suivant.

FIN DU TOME PREMIER.

www.ingramcontent.com/pod-product-compliance
Lightning Source LLC
Chambersburg PA
CBHW052039230426
43671CB00011B/1713